Allan S. Boress

Jetzt brauche ich Aufträge

Wie Dienstleister, Selbständige und Freiberufler

- ihre Auftragslage stabilisieren
- neue langfristige Kundenbeziehungen aufbauen und
- erfolgreich am Markt bestehen

REDLINE WIRTSCHAFT
bei verlag moderne industrie

Die Deutsche Bibliothek – CIP-Einheitsaufnahme

Boress, Allan S.:
Jetzt brauche ich Auftäge : wie Dienstleister, Selbständige und Freiberufler ihre Auftragslage stabilisieren, neue langfristige Kundenbeziehungen aufbauen und erfolgreich am Markt bestehen / Allan S. Boress. – 3. Aufl. – München : Redline Wirtschaft bei Verl. Moderne Industrie, 2002
ISBN 3-478-85490-3

3. Auflage 2002
1. und 2. Auflage 1998 erschienen unter ISBN 3-478-85000-2

Internet: http://www.redline-wirtschaft.de

Umschlaggestaltung: Vierthaler & Braun, München
Druck: Himmer GmbH, Augsburg
Bindearbeiten: Thomas Buchbinderei, Augsburg
Printed in Germany 85490/1021501
ISBN 3-478-85490-3

INHALT

VORWORT

WIE DIESES BUCH IHNEN HELFEN WIRD, SICH AUFS NEUGESCHÄFT ZU STÜRZEN

Mit diesem Buch wird kein Verkaufsbuch, das Sie bereits gelesen haben, wieder aufgewärmt; es wurde vielmehr ganz neu geschrieben, mit Ihnen als Zielgruppe vor Augen. Dieses Buch bietet eine systematische Annäherung an die Kunst des Verkaufens und hat sich als wirklicher Schlager für Leute erwiesen, die Dienstleistungen verkaufen (anstatt materieller Dinge).
Ich habe dieses Buch geschrieben, um Ihnen und anderen Anbietern von freiberuflichen Dienstleistungen zu helfen. Ich möchte Ihnen die Mühe und die Leiden ersparen, die ich beim Aufbau meiner Firma erfahren mußte. Die dargestellten Fertigkeiten und Strategien werden bei jedem Anbieter von freiberuflichen Dienstleistungen funktionieren, darunter Architekten, Steuerberater, Ärzte, Anwälte, Ingenieure, Berater und alle, die Firmen Dienstleistungen verkaufen. Sogar jene, die beabsichtigen, sich beruflich zu verändern, werden von diesem Buch profitieren. Ich schrieb es, um Ihnen zu zeigen, wie man ein Meister darin wird, freiberufliche Dienstleistungen zu verkaufen.
Ich schrieb es für Leute, die wie ich das Verkaufen hassen, denen aber nichts anderes übrig bleibt.
Ganz konkret werden Sie durch dieses Buch herausfinden, wie Sie:

- mehr verkaufen, indem Sie sich als besser qualifiziert darstellen, besser präsentieren und mehr Geschäfte erfolgreich abschließen;
- viel mehr Verkaufschancen erkennen;
- in einer Wettbewerbssituation mehr verkaufen als Ihre Konkurrenz;
- Ihre Abschlußquote auf über 90 % pushen;
- Käufer dazu bringen, daß sie selbst die Geschäfte abschließen;

- im Nu neue Geschäfte anbahnen;
- die Angst vor Fehlschlägen und Zurückweisungen überwinden (endlich!);
- auf den Kunden zugeschnittene Angebote schreiben, die der Käufer sehen und sofort kaufen möchte;
- darüber hinwegkommen, über den Preis zu verkaufen;
- auf den Kunden zugeschnittene Präsentationen erstellen, durch die Sie das Geschäft für sich entscheiden;
- konkret, und nicht durch bloße Vermutungen, die Motive des Käufers herausfinden;
- die Leute dazu bringen, sich Ihnen anzuvertrauen;
- entscheiden können, ob sich die Leute engagieren und wie man dieses Engagement erzeugt;
- den Verkauf für sich und den Käufer schmerzlos abschließen (und ohne, daß der Käufer es merkt);
- motiviert bleiben;
- Ihre Firma genau so aufbauen können, wie es die Top-Geschäftsleute in den freien Berufen getan haben;
- das Telefon so effizient wie möglich nutzen;
- entscheiden können, ob die Leute mit Ihnen überhaupt Geschäfte machen können, oder ob Sie nur Ihre Zeit verschwenden;
- eine persönliche Beziehung mit dem Käufer aufbauen und ihn dazu bringen, daß er von Ihnen etwas kaufen will;
- den Prozeß der Entscheidungsfindung entdecken und beeinflussen;
- so zuhören, daß die Leute Ihnen genau sagen, wie man ihnen etwas verkauft.

Darüberhinaus noch vieles mehr, einschließlich Beispieldialoge, die Ihnen bestätigen, wie diese Techniken in realen Verkaufssituationen funktionieren.

WARUM SOLLTEN SIE DIESES BUCH LESEN?

Das müssen Sie selbst herausfinden. Nachdem ich vierzehn Jahre lang Tausende von Beratern und Menschen aus allen anderen freien Berufen geschult habe, habe ich festgestellt, daß die Fähigkeit, jemanden davon zu überzeugen, daß er etwas kauft, die größte Fertigkeit der Welt ist. Am Ende bestimmt diese Fertigkeit, wer es in seinem/ihrem Beruf schaffen wird, ganz nach oben zu kommen.

Nachdem Sie dieses Buch gelesen haben, werden Sie mehr über den Verkauf von freiberuflichen Dienstleistungen wissen als 99 Prozent Ihrer Konkurrenz, das verspreche ich Ihnen.

Welches sind Ihre Karriereziele? Dieses Buch wird Ihnen helfen, sie zu erreichen.

DIE „STARS“ DER BRANCHE UND IHRE ERFOLGSREZEPTE: VERKAUFEN, WAS MAN NICHT SIEHT

Neue Aufträge sind das Herzblut jedes freiberuflichen Dienstleistungsunternehmens. Manche Unternehmen gehen zugrunde, weil sie in Zusammenschlüsse gedrängt oder aufgekauft werden; oder sie lösen sich vor den Augen des Eigentümers nach und nach auf, weil weder genügend neue Kunden noch neue Arbeit hereinkommt.
In der heutigen Zeit, wo die Gründer und „Stars“ zahlreicher Firmen sich zur Ruhe setzen (oder hoffen, es tun zu können), erkennen viele, daß ihre Geschäftsteilhaber und ihre Mitarbeiter einfach nicht interessiert oder in der Lage sind, die Umsätze zu steigern.
Viele Firmen wurden von unternehmerisch denkenden Persönlichkeiten gegründet und aufgebaut. Die Arbeit wurde verkauft, weil es sein mußte, um dem Gründer seinen Lebensunterhalt zu sichern. Oft waren diese Unternehmer so gut darin, neue Aufträge an Land zu ziehen, daß sie andere einstellen mußten, damit sie ihnen bei der Bewältigung der vielen Arbeit helfen. Üblicherweise waren diese neuen Mitarbeiter keine geborenen Unternehmer, sondern Fachleute. Sie wurden Dienstleistungsanbieter, weil sie ihre Arbeit liebten, aber nicht, weil sie etwas verkaufen wollten.
Die Absicht dieses Buches ist es, Ihnen zu helfen sich einen Teil der Mühen und Leiden zu ersparen, die ich und andere während des Lernprozesses, wie man freiberufliche Dienstleistungen effizient verkauft, erfahren mußten. Mein Ziel ist es, Sie zu unterstützen, viel vertrauter mit und erfolgreicher in der für mich größten Fertigkeit der Welt zu werden. Ich hoffe, Ihnen eine ganz neue Perspektive von dem zu geben, was Verkaufen von Dienstleistungen wirklich ist.

MEIN VERSPRECHEN

Wenn Sie die Anregungen in diesem Buch gewissenhaft befolgen, wird sich Ihre Verkaufserfolgsquote auf über 90 Prozent verbessern. Dieser Wert basiert auf der Erfahrung anderer, die genau das getan haben. Sie werden auf Dauer keine Angst mehr vor Mißerfolgen und Zurückweisung haben. Und Sie werden in einer sehr kurzen Zeitspanne sehr viele neue Geschäfte tätigen.
Warum? Weil es in diesem Buch keine Theorie gibt. Während meiner Tätigkeit in den letzten vierzehn Jahren als Verkaufs-, Marketing und Firmenberater hatte ich das große Glück, einige der besten Geschäftsleute

(die „Stars") in den freien Berufen kennenzulernen und mit Ihnen zusammenzuarbeiten. In diesem Buch werden Sie systematisch lernen, wie sie und andere äußerst erfolgreiche Geschäftsleute es anstellen, daß sie mehr Geschäfte als ihre Konkurrenten tätigen.

ZUERST ETWAS HINTERGRUNDINFORMATION

Ich hasse das Verkaufen – leidenschaftlich! Selbstverständlich mag ich es, wenn die Leute meine Dienstleistungen kaufen. Haben Sie jemals in einem Einzelhandelsgeschäft gearbeitet? Ich habe es getan. Es gibt einen entscheidenden Unterschied darin, wie Einzelhandelsgeschäfte ihre Produkte verkaufen im Vergleich dazu, wie freiberufliche Dienstleistungsfirmen ihre Dienstleistungen verkaufen. Abgesehen davon, daß der Kunde zu ihm kommen muß, hat der Verkäufer im Einzelhandel etwas Materielles, das er dem Kunden zeigen kann. Sie können es sehen, fühlen, riechen und berühren! Sie können die Überlegenheit eines Produktes erkennen! Dienstleistungsanbieter, die etwas verkaufen oder vermarkten, haben hier einen entscheidenden Nachteil, weil sie ihre immateriellen Dienstleistungen nicht wirkungsvoll zeigen oder darstellen können.
Nach dem College arbeitete ich im Außendienst. Diese Arbeit unterscheidet sich sehr von der im Einzelhandel. Ich mußte Kunden suchen, die mich nicht unbedingt sehen wollten. Noch schlimmer, die Leute versuchten, mich zu manipulieren, anzulügen, erschienen nicht zu den vereinbarten Terminen, stornierten Bestellungen und waren nicht kreditwürdig. Seien wir ehrlich, die Leute behandeln Vertreter anders als andere Menschen! Ich fühlte mich benützt und mißbraucht.
Verkäufer im Außendienst sind einem Leben voller emotionaler Höhen und Tiefen ausgesetzt: der Nervenkitzel des Verkaufens, die Höllenqual bei Zurückweisungen und Fehlschlägen. Genau diese emotionale Achterbahn bringt acht von neun im Verkauf Tätige dazu, wieder damit aufzuhören. Ich bin einer davon.
Nach mehreren Leidensjahren besuchte ich schließlich eine Abendschule. Im Jahre 1976 legte ich das Examen zum Wirtschaftsprüfer ab. Zu diesem Zeitpunkt wollte ich so weit wie nur möglich weg von Kunden und vom Verkauf.
Aber ich war schockiert! Schon ganz am Anfang meiner Laufbahn als Wirtschaftsprüfer fand ich heraus, daß ich nicht nur Aufträge würde hereinbringen müssen, um Geschäftsteilhaber der Firma zu werden, sondern nichts anderes tat als verkaufen! Ob sie es realisieren oder nicht, Wirtschaftsprüfer – und andere Dienstleistungsanbieter – werben immer für ihre Ideen, sei es beim Kunden („Ich denke, Sie sollten in Betracht ziehen, irgend et-

was wegen des überschüssigen Warenbestandes zu tun"), bei ihrem Vorgesetzten („Ich brauche eine Gehaltserhöhung"), bei ihren Mitarbeitern („Können Sie mir das bitte tippen?") und bei den Steuerbehörden. Seien wir doch mal ehrlich: Wer schafft es bis an die Spitze eines Unternehmens? Diejenigen, die Aufträge hereinbringen!
Im Jahre 1980 habe ich selbst eine Firma gegründet. Es dämmerte mir, daß Verkaufen eine Fertigkeit ist, genauso wie Buchprüfung oder Steuerberatung. Und da ich in diesen Fertigkeiten schon ganz gut geworden war, glaubte ich, daß man die Fertigkeit des Verkaufens auch lernen und vereinfachen könnte. Ich kaufte jedes Buch und jede Kassette, die ich zu diesem Thema finden konnte. Ich absolvierte alle Kurse und las alle Fachzeitschriften. Ich war entschlossen, zu lernen, wie man verkauft.

DIE GRÖSSTE FERTIGKEIT

Im November 1980 erkannte ich, daß Verkaufen „die größte Fertigkeit der Welt" ist. Sie werden sich vielleicht daran erinnern, als die Amerikaner einen der größten Verkäufer dieses Jahrhunderts, Ronald Reagan, zum Präsidenten wählten. Es wird allgemein anerkannt, daß er nicht aufgrund irgendwelcher spezieller Fachkenntnisse, die er als Gouverneur von Kalifornien gezeigt hatte, gewählt wurde (dies ist eine gute Verkaufslektion für alle Dienstleistungsanbieter), sondern weil die Amerikaner ihn mehr mochten als seinen Mitbewerber.
Sie werden sich daran erinnern, daß Ronald Reagan am Ende seiner Amtszeit einer der beliebtesten Präsidenten aller Zeiten war. Er hat sich so gut verkauft, daß George Bush aufgrund einer Art „Folgegeschäft" zum Präsidenten der USA gewählt wurde. Das stimmt: 80 Prozent der nach der Wahl Befragten, die im Jahr 1980 Ronald Reagan gewählt hatten, wählten George Bush. Ihre Kunden würden für diese Art von Folgegeschäft alles tun!

DIE VERWENDUNG DES FALSCHEN SYSTEMS

Nur wenig, was ich über das Verkaufen gelesen hatte, traf auf mich zu. Ich hatte keine positive Einstellung, war nicht enthusiastisch, redegewandt oder geschickt in meiner Art aufzutreten. In der Schule war ich nie beliebt. Meine Vorstellung von einem angenehmen Leben war, alleine gelassen zu werden, um nachzudenken und zu lesen. Ich machte mir nicht viel aus Reden. Ich betrachtete mich selbst als Einzelgänger. Ich war Wirtschaftsprüfer und Berater. Aufgrund dieser Eigenschaften mußte ich mir eine eigene Methodik schaffen, mit der ich mich wohl fühlte und den Job trotzdem erledigen konnte.

Ich erkannte, daß jedes Verkaufssystem für freiberufliche Dienstleistungen, auf das ich stieß, ursprünglich entwickelt wurde, um Verkäufer dabei zu unterstützen, Einkaufs- und Büroleitern materielle Produkte wie Kopiergeräte zu verkaufen. Was ich gesehen und gehört hatte, war grundsätzlich aufgemotzt, vertechnisiert und verkompliziert. Es schien, als ob jene, die das Verkaufen von freiberuflichen Dienstleistungen lehrten, im Grunde das Wort „Verkäufer" durch „Freiberufler" ersetzt hatten.

Ich verkaufte ein immaterielles Produkt, nämlich Beratungsleistungen, an Firmeninhaber, Generaldirektoren und geschäftsführende Gesellschafter von in den freien Berufen tätigen Unternehmen. Das unrichtige Verkaufssystem zu verwenden war ebenso falsch, wie einen Wirtschaftsanwalt mit der Verteidigung eines Mörders zu betrauen.

Wenn Sie Dienstleistungen verkaufen, müssen Sie erkennen, daß Menschen andere Menschen kaufen, und nicht Firmen. Da gibt es weder ein Kopiergerät noch einen Computer, den die Kunden sehen oder anfassen können. Es spielt keine Rolle, für welche Firma Sie arbeiten: potentielle Kunden kaufen wegen der individuellen Person, mit der sie verhandeln. Es gibt nichts anderes, auf das sie sich beziehen können.

Firmen, die sehr viel qualifizierter für eine Arbeit sind, Firmen mit großem Namen, verlieren oft gegen weniger kompetente oder weniger bekannte Konkurrenten, weil die Kunden üblicherweise eine erfolgreiche Buchprüfung, eine bestimmte Software oder einen juristischen Schriftsatz nicht erkennen, wenn es Ihnen nicht gerade ins Auge springt. Kunden können nur Resultate einschätzen und die Art und Weise, wie die Dienstleistung präsentiert wird. Die Resultate können jedoch erst dann bewertet werden, wenn der Fachmann schon beauftragt ist.

Deshalb begann ich, anstatt mich dem Verkaufstraining an sich zu widmen, diejenigen zu studieren, die Meister in der Kunst des Verkaufs von Dienstleistungen sind: Ärzte. Sie sagen, Ärzte verkaufen nicht? Da hat man Sie aber ganz schön an der Nase herumgeführt! Auch wenn sie nicht wie Verkäufer aussehen, nicht so wie sie handeln oder grelle Präsentationen vorführen – Ärzte verkaufen immer. Zusätzlich zu all den unnützen operativen Eingriffen, die in den USA durchgeführt werden, drehen Ärzte ihren Patienten ständig ihre Behandlungsmethoden an.

Ich studierte medizinische Fachzeitschriften, befragte Ärzte und las Artikel darüber, wie Ärzte Patientenbefragungen durchführen. Heute bedeutet verkaufen etwas ganz anderes für mich. Statt mich selbst unter Druck zu setzen, meine Dienstleistungen zu verkaufen, erledigen meine potentiellen Kunden einen großen Teil der Arbeit in einem für beide Seiten angenehmen Prozeß.

DIE GUTE NACHRICHT

In diesem Buch werden Sie viel darüber lernen, wie eine Verkaufsuntersuchung durchzuführen ist. Dies ist ein systematischer Lösungsansatz, der oft das Gegenteil der veralteten und altmodischen Verkaufstechniken ist, die für den Verkauf von Produkten geschaffen wurden. Diese Untersuchung wurde entwickelt, um den potentiellen Kunden einen größeren Teil der Arbeit erledigen zu lassen, die Zeit effizienter zu nützen und sich an Ihren eigenen Stil anzupassen. Dadurch werden Sie auch den Verkaufsprozeß voll kontrollieren.

Ich bin fest davon überzeugt, daß wir als Dienstleistungsanbieter die besten Mittel haben, um äußerst effizient Aufträge an Land zu ziehen (Fertigkeiten, die nur die allerbesten Verkäufer haben). Alles was wir tun müssen ist, diese Fertigkeiten zu fördern und sie auf die Art und Weise, wie wir unsere Geschäfte weiterentwickeln wollen, zu übertragen (siehe Anhang 1)

ANHANG 1: ÜBERTRAGEN SIE IHRE BERUFLICHEN FERTIGKEITEN AUF DIE GESCHÄFTSENTWICKLUNG

Nützen Sie Ihre bereits vorhandenen Vorteile, um Ihr Geschäft erfolgreich weiterzuentwickeln

Berater	Top-Geschäftsleute
• fachkundige Diagnostiker • von Natur aus wißbegierig und neugierig • intelligent • hartnäckig und konsequent • gewohnt, Fragen zu stellen • beruhigend • vertrauenswürdig • organisiert/systematisch • als Experten erkennbar • haben bereits weitreichende Kontakte in der Branche aufgebaut • projektorientiert • sollten die Wunden, Zahlungsfähigkeit ihrer Kunden sowie den Entscheidungsfindungsprozeß kennen	

EINE BESONDERE BITTE

Dies ist kein herkömmliches Verkaufsbuch. Viele der Ideen sind vielleicht neu für Sie. Mein Ziel ist nicht, Sie zu einem Verkäufer zu machen, sondern Ihnen dabei zu helfen, erfolgreich, systematisch und problemlos mehr Kaufabschlüsse zu tätigen. Deshalb bitte ich Sie, unvoreingenommen an dieses Buch heranzugehen.

Freiberufler sind äußerst intelligente Menschen. Wir neigen dazu, ziemlich mißtrauisch und kritisch zu sein. Wir sind gut im Nachforschen und suchen im allgemeinen ständig danach, was falsch ist. Das ist das Wesen unserer Arbeit: herausfinden, was falsch ist, und es wieder in Ordnung bringen. In diesem Buch sollten Sie statt dessen danach suchen, was richtig ist.

Da dieses Buch für all diejenigen geschrieben wurde, die immaterielle Dienstleistungen verkaufen, sind die darin enthaltenen Musterkonversationen verschiedenen Berufssparten entnommen. Auf den ersten Blick werden Sie vielleicht denken, daß es nicht genügend Beispiele für Ihre spezielle Situation gibt. Bitte suchen Sie die Gemeinsamkeiten, nicht die Unterschiede.

Ich habe alle möglichen Berater, Anwälte, Ingenieure, Steuerfachleute, Innenarchitekten, Personalberater usw. geschult. Was Sie hier lernen werden funktioniert! Natürlich gibt es immer branchenspezifische Tricks, aber wir haben festgestellt, daß sich dieses Verkaufssystem auf alle Branchen anwenden läßt.

Seien Sie sich dessen bewußt, daß ich in den letzten vierzehn Jahren Tausenden Anbietern von freiberuflichen Dienstleistungen geholfen habe, sehr viel erfolgreicher zu verkaufen. Lassen Sie mich auch Sie trainieren! Wenn Sie die Instrumente und Techniken aus diesem Buch anwenden, besitzen Sie ein *Erfolgsrezept*, das Ihnen viele *neue Geschäftsmöglichkeiten* eröffnen wird.

EINE VORSCHAU

Um Ihnen eine Vorstellung davon zu geben, wie der Verkaufsplan in diesem Buch funktioniert, und um Sie zu motivieren, habe ich das folgende Rundschreiben in dieses Werk aufgenommen, das ich kürzlich von einem Kunden erhielt. Der Kunde ist geschäftsführender Gesellschafter einer Wirtschaftsprüfungsgesellschaft, und das Rundschreiben in Anhang 2 hat er seinen Kollegen in der Geschäftsleitung übermittelt. Es beschreibt, wie der in diesem Buch detaillierte Verkaufsplan in einer wirklichen Situation erfolgreich war.

Lesen Sie, genießen Sie, und verkaufen Sie mehr!

ANHANG 2: WIE DIESE TECHNIKEN EINEM FREIBERUFLER HALFEN, MEHR ZU VERKAUFEN

Rundschreiben

an: Mike, Jerry, Randy, Gwen, Jim, Kris, Pete, Joan, Allan

von: MFS

Betreff: Die Verkaufstechnik

Nachfolgend ein Beispiel dafür, wie wir kürzlich einem Kunden unsere Dienste verkauft haben. Hätten Pete und ich nicht Allans Techniken angewandt, wäre uns dieser Auftrag nicht übertragen worden.
Die Firma bekam unseren Namen von einem unserer Kunden und rief uns an. Basierend auf ein paar von mir gestellten Fragen sprach der Anrufer ungefähr zehn Minuten über sein Geschäft. Seine Aussagen wurden dann dazu verwendet, ausführliche Fragen für unser erstes Treffen vorzubereiten. Während unseres ersten Meetings sprachen wir wenig und hörten viel zu. Der Kunde redete wahrscheinlich während 80 bis 90 Prozent der Zeit. Er teilte uns folgendes mit:

1. Er bekam von seinem derzeitigen Steuerberater keine Steuerplanung.
2. Seine Buchhaltung wurde nicht richtig ausgewertet.
3. Sein firmeninterner Buchhalter wies Schwächen in der Buchhaltung und beim Umgang mit dem Computer auf.
4. Die gesetzten Termine wurden nicht eingehalten.

Bevor wir gingen, deutete ich an, daß wir mit unserer Arbeit sofort beginnen könnten. Er wollte jedoch mehr über unsere Honorarstruktur wissen und bat um ein Angebot. Wir gingen mit der festen Zusage, daß wir uns in zwei Tagen wieder sprechen würden, um unsere nächste Besprechung zu vereinbaren. Für das zweite Meeting nahmen wir die während des ersten Gespräches erörterten Probleme auf und entwarfen einen aus vier Schritten bestehenden Vorschlag, um den Erfordernissen der Firma zu entsprechen. Als wir das Treffen fixierten, war es uns jedoch nicht möglich, den letzten Termin dieses Tages zu bekommen. Hätten wir gewußt, wie wichtig das gewesen wäre, hätten wir einen späteren Termin für die Besprechung gewählt. Während dieses Meetings wollten wir wissen, ob es noch Unklarheiten gäbe, und überprüften noch einmal kurz unser Angebot. Auch während dieser Besprechung versuchten wir nochmals, das Geschäft abzuschließen, aber er wies uns darauf hin, daß er seine Entscheidung erst in drei oder vier Tagen treffen werde.

Der neue Kunde rief uns vier Tage später an und teilte uns mit, daß er sich für uns entschieden habe. Er wollte mich auch wissen lassen, warum er uns gewählt hatte. Er gab folgende Gründe an:

1. Wir waren zwar nicht die Firma mit dem niedrigsten Preis, mit der er verhandelt hatte, aber...
2. Wir hörten zu.
3. Wir waren die einzigen, die auf seine Bedürfnisse eingingen.

Zusammenfassend gesagt, wir nahmen die Dinge auf, die wir während der ersten Besprechung erfahren hatten, da dies offensichtlich seine Sorgen waren und strukturierten unser Angebot entsprechend. Für mich gibt es keinen Zweifel daran, daß dieser neue Kunde selbst verkauft hat. Mit unseren üblichen Techniken hätten wir diese Firma wahrscheinlich nicht als Kunden gewonnen. Erstens, weil wir ihnen genauso vorgekommen wären wie alle anderen Firmen, und zweitens unsere Tarife nicht die niedrigsten waren.
:skr

DANKSAGUNG

Ich hatte das Glück, über Jahre hinweg von großzügigen und geliebten Menschen viele weise Ratschläge für das Verkaufen zu bekommen. Ich möchte mich bei ihnen herzlich bedanken: Barry Boress, Sandy Rubens (in liebevoller Erinnerung), Jordon Rubens, Terry Slattery, Mike Cummings, Steve Taback, Brian Azar und Dave Sandler. Danke!

Ein Teil dieses Buches entstammt meinem Kurs „Ich hasse Verkaufen“, der von dem Amerikanischen Institut für Wirtschaftsprüfer veranstaltet wurde. Alle Auszüge wurden mit dessen Erlaubnis abgedruckt.

Besonderer Dank gilt meiner wunderbaren Ehefrau Christine, die mich sehr bei der Arbeit unterstützt hat; Stella Ashen, meiner Marketingdirektorin, für ihre exzellenten Beiträge; und Toni Vlamis von AMACOM für seine Vorschläge und seine Unterstützung.

TEIL 1

FREIBERUFLER UND DAS VERKAUFEN

KAPITEL 1

WARUM DIENSTLEISTUNGSANBIETER NICHT MEHR VERKAUFEN

Bei den meisten Dienstleistungsanbietern kommt es nur in ungefähr 20 Prozent der möglichen Geschäftsfälle zu einem erfolgreichen Abschluß, obwohl es eigentlich 90 Prozent oder mehr sein könnten. Diese Dienstleistungsanbieter verlieren diese Geschäfte aufgrund ihrer Unwissenheit, Untätigkeit und Passivität.

Die meisten Freiberufler verstehen nichts vom Verkaufen, obwohl sie es vielleicht glauben. Damit Sie Ihre freiberuflichen Dienstleistungen erfolgreicher verkaufen können, lassen Sie uns einen Blick darauf werfen, was Dienstleistungsanbieter davon abhält, mehr zu verkaufen. Die folgenden Erklärungen spiegeln die Ergebnisse von Gesprächen wider, die ich während der letzten vierzehn Jahre mit Tausenden von Beratern, Anwälten, Ingenieuren, Architekten, Designern, Steuerfachleuten und anderen Freiberuflern geführt habe.

„ICH HABE KEINE ZEIT ZU VERKAUFEN"

Aller Wahrscheinlichkeit nach ist Ihnen diese Antwort zuerst eingefallen. Wer hat schließlich schon Zeit zu verkaufen? Man erwartet von uns, daß man unsere Arbeit in Rechnung stellen kann – danach werden viele von uns entlohnt. Als ich meine erste Stelle als Wirtschaftsprüfer antrat, wollte mein Chef mich zu 110 Prozent auslasten.

In der Tat ist mangelnde Zeit während des Arbeitstages die beste Rechtfertigung dafür, nicht mehr Aufträge hereinzubringen. Diese Aussage ist auch berechtigt. Schließlich sind Anbieter freiberuflicher Dienstleistungen keine Verkäufer. Von Verkäufern wird erwartet, daß sie ihre ganze Zeit damit verbringen, ihre Kunden zu beraten und ihnen etwas zu verkaufen. Wir haben Arbeit, die fertiggestellt werden muß.

Natürlich ist Zeitmangel eine bequeme Ausrede für diejenigen, denen das Verkaufen nicht liegt. Tatsächlich gibt es aber vielbeschäftigte Freiberufler, die trotzdem noch Zeit finden, etwas zu verkaufen, sogar in den hektischsten Zeiten, und zwar deshalb, weil sie es wirklich wollen.
Die Mittagszeit ist der beste Zeitpunkt eines Arbeitstages, um mehr Aufträge an Land zu ziehen. Aus wichtigen psychologischen Gründen, auf die ich später eingehen werde, ist der Mittag die Tageszeit, die man üblicherweise alleine, mit den Geschäftsteilhabern oder den Mitarbeitern verbringt. Sogar während der hektischsten Tage nehmen wir uns normalerweise Zeit zum Essen. Warum sollte man die Mittagszeit nicht manchmal mit Kunden, Kontaktpersonen oder potentiellen Kunden verbringen? Vielleicht nicht jeden Tag. Planen Sie vier- bis zwölfmal pro Monat ein Mittagessen (oder Frühstück oder Abendessen) ein, um mehr zu verkaufen. Es besteht Aussicht, daß es vier- bis zwölfmal öfter sein wird, als es Ihre Konkurrenz tut.

„IN MEINER FIRMA IST PERSÖNLICHES MARKETINGGESCHICK FÜR EINE GESCHÄFTSTEILHABERSCHAFT ODER EIN WEITERKOMMEN NICHT ERFORDERLICH"

Sogar in der heutigen wettbewerbsorientierten Zeit gibt es noch Firmen, die Mitarbeiter fördern, welche nicht die geringste Bereitschaft zeigen, neue Aufträge an Land zu ziehen. Zu guter Letzt verdienen dann diese Mitarbeiter das Gehalt eines Geschäftsteilhabers, ohne daß sie sich damit belasten müssen, für die Firma lebenswichtige neue Kunden zu gewinnen. Seien Sie vorsichtig, welche Botschaft Sie Ihren Mitarbeitern vermitteln. Sind sie sich völlig dessen bewußt, daß sie, um Geschäftsteilhaber oder Inhaber zu werden, beweisen müssen, daß sie Aufträge an Land ziehen können? Erwarten Sie nicht, daß sie motiviert sind, wenn sie erst einmal Geschäftsteilhaber sind. Dann könnte es zu spät sein.

„ICH VERKAUFE NICHT GERN"

Kein Spaß? Vielleicht ist dies einer der Gründe, warum Sie Berater, Ingenieur oder Zahnarzt geworden sind. Wenn Sie gerne verkaufen würden, hätten Sie wahrscheinlich eine Laufbahn im Verkauf eingeschlagen.
Ich hasse das Verkaufen. In diesem Buch werden Sie eine andere Art des Verkaufens kennenlernen, die Sie nicht zu einem „Verkäufer" machen wird und die für Anbieter von freiberuflichen Dienstleistungen maßgeschneidert wurde.

„ICH WEISS NICHT, WIE ICH MICH SELBST ERFOLGREICH VERKAUFEN KANN"

Wir Freiberufler sind von Natur aus eher risikoscheu und lassen uns nur auf Geschäfte ein, von denen wir überzeugt sind. Mein Ziel ist, Ihnen die Fertigkeit zu vermitteln, mehr Vertrauen in Ihre Verkaufsfähigkeiten zu haben, und zwar unmittelbar nachdem Sie dieses Buch zu Ende gelesen haben.

„ES GIBT KEIN MEDIKAMENT GEGEN DIE ANGST VOR DEM VERSAGEN"

Versagen Sie gern? Als Freiberufler dürfen wir nicht versagen – oder wir könnten vor Gericht enden.

Leider gilt die Botschaft „Versagen verboten" in einer Firma auf allen Ebenen, in jeder Funktion, einschließlich Auftragsbeschaffung. Freiberufler riskieren nichts, wenn auch nur die kleinste Möglichkeit besteht, daß man sie für einen Mißerfolg zur Verantwortung zieht.

Wenn man freiberufliche Dienstleistungen verkauft, muß man Fehlschläge erleiden, um Erfolg zu haben. Je mehr Fehlschläge man erleidet, desto mehr wird man verkaufen. Deshalb muß es erlaubt sein, bei der Beschaffung von Aufträgen zu versagen, man muß dies sogar aktiv fördern, um Freiberuflern die Möglichkeit zu geben, erfolgreich zu verkaufen.

„ICH NEHME AN, MEINE KUNDEN WISSEN, WAS SIE BRAUCHEN, UND WERDEN DANACH FRAGEN, WENN SIE ES WOLLEN"

Viele von uns zögern, ihre Kunden auf etwas anzusprechen, von dem sie überzeugt sind, daß sie es brauchen, aus Angst davor, die Geschäftsbeziehung könnte darunter leiden. Diese Angst besteht nicht grundlos, im allgemeinen mögen es die Leute nicht, wenn man ihnen etwas „verkauft".

Wenn wir die Kunden jedoch nicht auf ihre zusätzlichen Bedürfnisse ansprechen, überlassen wir sie großzügig Eindringlingen – Außenstehenden, die zu guter Letzt die Aufträge erhalten, die wir genauso gut machen könnten. Zum Beispiel könnte Ihr Kunde einen Außenstehenden fragen, welches Computersystem er sich kaufen soll, doch wer kennt die Unterlagen und Systeme besser als Sie?

Wenn wir unseren Kunden nicht dann entgegenkommen, wenn wir es sollten, öffnen wir auch Außenstehenden die Tür, die ihren eigenen Klüngel von freiberuflich tätigen Kollegen haben. Sie könnten unsere Kunden mit Konkurrenten bekanntmachen und werden das auch oft tun.

Außerdem, wenn wir uns für unsere Kunden nicht einsetzen und ihnen weitere Dienste vorschlagen, verlaufen ihre Geschäfte möglicherweise nicht so zufriedenstellend und erfolgreich wie es sein sollte. Vielleicht würden sich unsere Auftraggeber weniger Gedanken über das Honorar machen, wenn sie mehr Geld verdienen würden. Wir müssen uns für die Klienten einsetzen, um erfolgreich zu sein. Glauben Sie nicht, daß Ihre Kunden wissen, was sie brauchen. Setzen Sie voraus, daß sie genau das brauchen, was Sie glauben, und richten Sie sich danach.

„ICH HABE KEINEN FESTEN AKTIONSPLAN“

Freiberufler erstellen gern Listen; wir brauchen Systeme und Aktionspläne. Ohne eine Liste der von uns zu erledigenden Aktivitäten wollen wir uns im allgemeinen nicht festlegen und tun nur wenig oder gar nichts.
Stellen Sie sich vor, Sie versuchen, einen Beratungsvertrag zu erfüllen, eine Verhandlung vor Geschworenen zu führen oder irgendeine andere Dienstleistung zu erbringen, ohne sich einen Aktionsplan zurechtgelegt zu haben. Der Job würde vermutlich nicht so glatt oder erfolgreich verlaufen, wie er könnte. Das gleiche gilt für die Einhaltung eines persönlichen Verkaufsplanes.
Setzen Sie sich pro Woche eine Anzahl von persönlichen Kontakten mit Kunden, potentiellen Kunden und Kontaktpersonen als Ziel. Beginnen Sie mit drei pro Woche. Am Ende des Jahres werden Sie mehr als 150 Möglichkeiten gehabt haben, die Sie sonst nicht gehabt hätten.

„ICH WERDE NICHT ZUR VERANTWORTUNG GEZOGEN“

In einer Hinsicht sind wir Freiberufler wie Kinder. Wenn wir nicht von unseren Vorgesetzten zur Verantwortung gezogen werden, ziehen wir nur wenige Aufträge an Land. Nur die Besten schaffen mehr – ganz einfach deshalb, weil sie es gerne tun und gut darin sind.
Jene Firmen, in denen die Geschäftsteilhaber und Mitarbeiter die meisten Aufträge an Land ziehen, sind entweder mit Mitarbeitern gesegnet, die gut im Verkaufen sind, oder ihre Leute spornen sich gegenseitig an, neue Aufträge hereinzubringen. Einige Firmen binden die Entlohnung der Mitarbeiter direkt an die Zahl der neuen Aufträge.

„ES GIBT KEINE UNTERSTÜTZUNG ODER ANERKENNUNG VON DER FIRMA“

Die meisten Anbieter von Dienstleistungen sind nicht motiviert, ihr Verhalten aus finanziellen Gründen zu ändern, es sei denn, es bildet einen wesentlichen Teil der gesamten Entlohnung. Firmen haben oft versucht, durch einen Bonus oder finanzielle Zuwendungen (üblicherweise bei den Mitarbeitern) Motivation zu erzeugen – und sie sind oft daran gescheitert. Glücklicherweise bieten uns die freien Berufe im allgemeinen ein gutes Mittel der Unterstützung. Ein wichtiger Weg, Mitarbeiter und Geschäftsteilhaber zu motivieren, ist der psychologische. Erklären Sie diejenigen, die Geschäfte anbahnen, zu den Helden Ihrer Firma. Überschütten Sie sie mit Aufmerksamkeit und Bewunderung. Machen Sie deren Bemühungen allgemein bekannt.

„ES GIBT KEINE GEMEINSAME FIRMENSTRATEGIE“

Wenn sich Ihre Firma kein Ziel bezüglich Wachstum oder neuen Aufträgen gesetzt hat, wird jede Expansion nur aus Zufall passieren. Die Leute arbeiten gerne in einem Team, in dem alle auf der gleichen Wellenlänge sind. Sie müssen wissen, was man von ihnen erwartet und was man von ihnen will.

Die Umsätze eines meiner Kunden, ein regionales Ingenieurbüro, hatten jahrelang stagniert, aber die Verantwortlichen konnten den Grund dafür nicht ausmachen. Wir stellten fest, daß das Problem darin lag, daß jeder sein eigenes Süppchen kochte. Die Verantwortlichen hatten sich nie die Zeit genommen, die Geschäftsentwicklung der Firma zu organisieren oder sich für die nächsten paar Jahre Ziele zu setzen.

Als dies einmal getan war, wurden die Ziele auf die Verantwortlichen (Geschäftsteilhaber) aufgeteilt, wobei jeder einen persönlichen Marketing-Aktionsplan hatte, der ihm bei der Verwirklichung der Ziele helfen sollte. Die Firmenziele für jedes Jahr wurden im Unternehmen allgemein bekannt gemacht und ständig bestärkt durch alle internen Mitteilungen sowie Besprechungen zwischen den Verantwortlichen und den Mitarbeitern. Zusätzlich hatte jeder einen kleinen Zettel mit seinem eigenen Ziel in der Brieftasche, so daß es immer gegenwärtig war.

Nach nur neun Monaten hatte die Firma das Ziel erreicht, das sie sich für das erste Jahr gesetzt hatte, nämlich eine Umsatzsteigerung von 16 Prozent im Vergleich zum Vorjahr. Dies war möglich, weil alle am gleichen Strang gezogen haben: ein gemeinsames Ziel, das gegenüber der Belegschaft ständig nachdrücklich betont wurde, schuf den Impuls, den Antrieb und die Strategie, die für die Auftragssteigerung notwendig waren.

„DIE FIRMENCHEFS SIND KEINE VORBILDER“

Manchmal engagieren mich Firmen, nur um mit ihren Mitarbeitern zu arbeiten, damit diese mehr Aufträge an Land ziehen. Die Geschäftsteilhaber sind daran nicht interessiert. Die Weiterentwicklung der Geschäfte ist unter ihrer Würde.

Vergessen Sie das! Dieser Lösungsansatz funktioniert nicht. Die Geschäftsteilhaber müssen Vorbilder sein. Die Mitarbeiter werden sich an dem Geschäftsführer und an den Geschäftsteilhabern orientieren, wenn es um die Geschäftsanbahnung geht. Wenn die Geschäftsteilhaber neue Aufträge bringen und dies in der Firma auch bekannt gemacht wird (und auch erwartet wird), dann werden es die anderen Mitarbeiter ebenfalls tun. Wenn die Geschäftsteilhaber in dieser Richtung nichts unternehmen, wird nicht viel geschehen.

DIAGNOSE UND BEHANDLUNG: SETZEN SIE SICH FÜR JEDEN TAG ZIELE FÜR IHRE GESCHÄFTSENTWICKLUNG

In diesem Kapitel haben wir elf Gründe betrachtet, warum Freiberufler nicht mehr Aufträge an Land ziehen:

1. Sie haben keine Zeit zu verkaufen.
2. Persönliches Marketinggeschick ist für eine Teilhaberschaft oder ein Weiterkommen in der Firma nicht erforderlich.
3. Sie verkaufen nicht gern.
4. Sie wissen nicht, wie sie sich selbst erfolgreich verkaufen können.
5. Die Firma bietet kein „Heilmittel" für jene, die Mißerfolge erleiden.
6. Sie setzen voraus, daß ihre Kunden wissen, was sie brauchen und dies dann auch sagen.
7. Sie haben keinen Aktionsplan ausgearbeitet.
8. Sie werden nicht zur Verantwortung gezogen.
9. Es gibt keine Unterstützung oder Anerkennung durch die Firma.
10. Es gibt keine gemeinsame Firmenstrategie.
11. Die Firmenchefs sind keine Vorbilder.

Vielleicht habe ich ein paar Gründe ausgelassen. Der Punkt ist, daß all dies nicht als Begründung dafür akzeptiert werden kann, daß es nicht gelingt, mehr zu verkaufen. Dies sind einfach Ausreden, die Sie (und Ihre Mitarbeiter) möglicherweise bremsen. Sie müssen diese Ausreden vergessen, wenn Sie Erfolg haben wollen.

Ihr Verkaufsrezept: Der „Ich hasse Verkaufen"-Aktionsplan

- ➤ Auch wenn Sie einen vollen Terminkalender haben, müssen Sie sich Zeit nehmen, neue Aufträge hereinzubringen, indem Sie sich mit Kunden, potentiellen Kunden und Kontaktpersonen zum Frühstück, Mittag- oder Abendessen treffen. Vereinbaren Sie heute Termine für die nächsten vier Wochen. Haben Sie keine Angst, solche Termine so weit im voraus zu planen. Ihr wertvollstes Gut ist Zeit, und die brauchen Sie, um diese Besprechungen zu planen.

- Fachwissen allein reicht nicht mehr aus. Um langfristig Erfolg zu haben, müssen Sie neue Aufträge an Land ziehen. Engagieren Sie sich von heute an so, daß Sie im Verkauf genauso gewandt werden wie in Ihrem Fachbereich.
- Sie müssen das Verkaufen nicht mögen, Sie müssen es nur tun! Hören Sie auf, sich zu beklagen, und fangen Sie an! Ihr Verkaufsgeschick wird sich mit der Taktik, die Sie aus diesem Buch lernen, entscheidend verbessern.
- Sie können es glauben oder auch nicht: Als Freiberufler haben Sie bereits die notwendigen Voraussetzungen, um ein guter Verkäufer zu sein. Sie müssen diese Voraussetzungen bei der Anbahnung von Geschäften nur mehr umsetzen.
- Wenn Sie versuchen, mehr zu verkaufen, werden Sie Mißerfolge erleiden. Keiner kann jedem etwas verkaufen. Je eher Sie dies akzeptieren, desto leichter wird es werden, Zurückweisungen abzuschütteln und neuen Anlauf zu nehmen.
- Glauben Sie nicht, daß Ihre Kunden wissen, welche Dienstleistungen sie brauchen und Sie dann darauf ansprechen. Setzen Sie eher voraus, daß Sie wissen, was Ihre Kunden brauchen, und sprechen Sie auch mit Ihren Kunden über Ihre Vorschläge.
- So, wie Sie einen Plan erstellen, um eine bestimmte Arbeit zu erledigen, müssen Sie auch einen systematischen Aktionsplan für die Beschaffung von neuen Aufträgen erstellen. Machen Sie jetzt sofort eine Liste von Personen, mit denen Sie ein Gespräch führen sollten: potentielle Kunden, vorhandene Kunden und Kontaktpersonen.
- Überzeugen Sie sich davon, daß es gewürdigt wird, wenn Ihre Mitarbeiter und Ihre Firma neue Aufträge hereingebracht haben. Mitarbeiter, durch die ein neues Geschäft entstanden ist, sollten gut entlohnt und im Büro als Helden gefeiert werden.
- Stellen Sie Einzel- und Gesamtkonzepte für ihre Firma auf. Machen Sie diese Ziele unter allen Ihren Mitarbeitern bekannt, und betonen Sie, was jeder Einzelne tun muß, um diese Ziele zu erreichen.
- Geschäftsteilhaber und Verantwortliche müssen Vorbilder sein, indem sie Leistungen zur Weiterentwicklung der Geschäfte positiv hervorhe-

ben und selbst erbringen, weil die Mitarbeiter sich an den Vorgesetzten orientieren. Wenn sich die Geschäftsteilhaber nicht daran beteiligen, neue Aufträge an Land zu ziehen, wird sich nicht viel tun.

KAPITEL 2

DIE ACHT ALLGEMEIN-GÜLTIGEN EIGENSCHAFTEN DER TOP-GESCHÄFTSLEUTE IN DEN FREIEN BERUFEN

Wie gehen Sie vor, wenn Sie etwas Neues lernen möchten? Versuchen Sie, das Rad neu zu erfinden, den Rat des Mannes von nebenan einzuholen, oder würden Sie von jemandem lernen wollen, der bereits hervorragende Erfolge auf diesem Gebiet vorweisen kann?

Glücklicherweise erkannte ich früh in meinem Streben danach, alles für das Verkaufen von Dienstleistungen Wichtige zu beherrschen, daß ich sehr viel von den Leuten lernen konnte, die darin bereits Erfolg hatten. Als ich diese „Stars" kennenlernte, bemerkte ich, daß sie sich in vielen Dingen ähnlich sind.

GEMEINSAME CHARAKTERZÜGE

Die zahlreichen Persönlichkeiten, die ich befragte und mit denen ich während der letzten Jahre zusammenarbeitete, sind sich in mehreren Aspekten ihrer Persönlichkeit ziemlich ähnlich, obwohl sie sicherlich keine Klone oder typische Verkäufer sind. Lassen Sie uns untersuchen, welche Persönlichkeitszüge diese Leute gemeinsam haben, und erkennen, ob diese Charaktereigenschaften auch den Ihnen bekannten Spitzenleuten zuzuordnen sind. Hier sind acht gemeinsame Merkmale, die ich bei den Topleuten in allen freien Berufen entdeckt habe.

1. *Sie wissen, daß neue Geschäfte das Herzblut der Firma sind.* Es gibt in den freien Berufen eine ganze Menge Gurus, die durch das Land reisen und den Leuten erzählen, wie sie ihre Firma profitabler führen können. Oft ist die Kernaussage ihrer Ratschläge die, daß man das Geschäft verkleinern

sollte, indem man Personal reduziert und sich von „weniger angenehmen" Kunden trennt. Vom Standpunkt des Marketing aus macht das viel Sinn, oder? Haben nicht so in den 70er und 80er Jahren die Leute in Detroit agiert, besonders als die Japaner den Kompaktwagenmarkt anvisierten und der Dollarkurs im Vergleich zum Yen absackte? Hat man in Detroit nicht versucht, weniger, aber profitablere Autos zu bauen? Und kamen aufgrund dessen für die Autohersteller nicht sehr schwierige Zeiten?
Sie sehen, es erscheint logisch, ihre Firma zu stärken und alle außer den Allerbesten zu entlassen. Aber dadurch verringern Sie auch Ihren Marktanteil, die Mundpropaganda und Ihren Einfluß auf den Markt. Wenn Sie darauf aus sind, weniger Geschäfte zu machen, dann ist Konsolidierung das richtige für Sie, weil Sie sich dadurch selbst aus dem Geschäft manövrieren können.
Freiberufler sind berüchtigt dafür, sich auf Gewinnspannen und Endergebnisse zu konzentrieren, während sie die Zwischenergebnisse oder Bruttoerträge ignorieren. Das kann für Sie eine gute Nachricht sein – wenn Sie sich entschließen, nicht zu konsolidieren, sondern Ihr eigenes Geschäftsbuch zu schreiben. Wenn ein Großteil Ihrer Konkurrenz die Geschäfte einschränken möchte, steht Ihnen und einer Handvoll anderer ein großer Markt zur Verfügung.
Die Spitzenleute in den freien Berufen wissen, daß nichts beim alten bleibt. Sie machen entweder einen Schritt nach vorn oder einen zurück. Schränkt man die Geschäfte ein, ist dies, als ob man den Organismus mit Krebs infiziert – es beeinträchtigt die Einstellung eines jeden in der Firma ebenso wie die Gesundheit der Firma. Letzten Endes hat dies im allgemeinen den Tod der Gesamtheit zur Folge.
Neue Geschäfte sorgen für Begeisterung und neues Lernen. Sie schaffen neue Möglichkeiten und erlauben Ihnen, die besten Leute auf Dauer zu halten, so daß sie die Firma nicht verlassen und Ihre Konkurrenten werden. Es ist sicher schwieriger, ein wachsendes Unternehmen zu leiten als eines, das schrumpft, und Sie wollen natürlich auch nicht jedes neue Geschäft, das sich bietet. Aber hat jemand gesagt, daß Erfolg einfach ist?
2. Sie haben eine positive und optimistische Einstellung gegenüber bestehenden und potentiellen Kunden sowie Kontaktpersonen. Üblicherweise sind dies nicht die Merkmale vieler guter Anbieter von freiberuflichen Dienstleistungen. Sie sind eher kritisch, negativ eingestellt und skeptisch. Diese Eigenschaften tragen zwar dazu bei, daß sie in ihrer Arbeit gut sind, können aber ihrem Verhältnis zu den Kunden schaden. Die „Stars" der freien Berufe haben gelernt, daß sie ihren Kunden gegenüber positiv auftreten

müssen, aber allen Geschäften ihrer Kunden gegenüber eine kritische Haltung einnehmen müssen.
Potentielle Kunden fühlen sich sehr viel mehr von positiven Menschen angezogen, weil die positiven Gefühle auf sie ausstrahlen. Dies gibt den Kunden ein Gefühl der Hoffnung, etwas, was sie sehr zu schätzen wissen. Da das eigentliche Wesen der freien Berufe es mit sich bringt, nach dem, was falsch ist, zu suchen, und es dann wieder in Ordnung zu bringen, wird Negatives als gut angesehen und Positives mit Vorsicht betrachtet. Schauen Sie sich die Computerberaterin an, die einen versteckten Defekt in der unschätzbaren Computeranlage ihres Kunden entdeckt. Wenn sie den Kunden darauf aufmerksam macht, wird sie für eine Arbeit, die sie gut gemacht hat, belohnt. Betrachten Sie den Buchprüfer, der einen Angestellten des Diebstahls in den Geschäftsräumen des Kunden überführt. Auch hier würde der Kunde den Wert der Entdeckung erkennen. Die Kunden betrachten es jedoch nicht als sehr wertvoll, wenn die Dienstleistungsanbieter pessimistisch sind, obwohl alles in Ordnung ist.
Mindestens 90 Prozent aller Freiberufler, die ich getroffen habe, haben von Natur aus eine kritische und negative Einstellung. Meistens ziehen aber diese Eigenschaften potentielle Kunden nicht an oder halten bestehende Kunden nicht bei Laune. Es ist eine Tatsache, daß sich Leute von positiven Menschen angezogen fühlen. Der wahre Geschäftsanbahner begreift, daß man in seinem/ihrem Geschäft eine positive Einstellung haben muß.
Jill ist Partnerin einer amerikanischen Anwaltssozietät und zieht für ihre Firma sehr viele Aufträge an Land. Obwohl ihr eine große Menge an Arbeit übertragen wurde, als sich ein Geschäftsteilhaber vor drei Jahren zur Ruhe gesetzt hatte, hat sie ihre Arbeit seitdem verdreifacht. Sie erklärt, wie sie dies erreichen konnte: „Meine Kunden und künftigen Kunden haben in ihrem Leben schon genug Probleme. Ich gebe mir die *größte Mühe*, danach zu suchen, was in ihren Geschäften und persönlichen Situationen gut läuft, und sage es ihnen auch. Dies gibt ihrer Selbstachtung Auftrieb und vermittelt ihnen ein besseres Gefühl in bezug auf sie selbst und mich als ihren Dienstleistungsanbieter. Meine Konkurrenten denken nicht einmal daran, nach etwas anderem zu suchen als nach dem, was nicht so gut läuft. Ich ziehe neue Aufträge an Land, weil ich meinen Klienten und Kontaktpersonen die psychologische Unterstützung und Bestärkung gebe, die sie zu Hause oder am Arbeitsplatz oft nicht bekommen."
Die gute Nachricht ist, daß Sie diese Qualität der Spitzenleute leicht erreichen können. Keine zusätzlichen Kurse oder Studien sind notwendig, Sie müssen sich nur dazu entschließen, Ihren bestehenden und potentiellen Kunden gegenüber positiv und optimistisch aufzutreten. Als Wirtschaftsprü-

fer und Berater dachte ich immer, es sei meine Aufgabe, meinen Kunden ständig zu sagen, wo etwas nicht stimmt. Nun versuche ich bewußt, eine viel positivere Einstellung zu bekommen, wenn ich mit ihnen verhandle.

3. *Die Menschen fühlen sich wohl in ihrer Gesellschaft.* Wenn sie vielleicht auch die Leute, die für sie arbeiten, in Angst und Schrecken versetzen können, besitzen die „Stars" der Branche, egal wie ungeheuer erfolgreich sie auch sind, die Gabe, eine Atmosphäre zu verbreiten, in der die Leute sich wohl fühlen. Am Anfang dachte ich, es sei sehr schwierig, für geschäftsführende Gesellschafter von freiberuflichen Dienstleistungsfirmen zu arbeiten und sich mit ihnen zu beraten – sie sind so erfolgreich! Aber genau das Gegenteil war der Fall: Diese mächtigen Leute gehören zu den nettesten Menschen, die ich je getroffen habe. Bei ihnen fühlte ich mich wie zu Hause, und sie behandelten mich wie einen König. Es ist sehr wahrscheinlich, daß die Fähigkeit, eine angenehme Atmosphäre zu schaffen, ein Grund dafür ist, daß sie bis an die Spitze kamen.

Die Leute beauftragen oder wickeln Geschäfte üblicherweise mit denjenigen ab, die sie mögen und in deren Anwesenheit sie sich wohl fühlen. Auch vom Standpunkt des Verkaufens aus ist es dieses wesentliche Geschick, nämlich jemandem die Befangenheit zu nehmen, das potentielle Kunden vorbereitet und es ihnen ermöglicht, sich zu öffnen und den Dienstleistungsanbietern mitzuteilen, was ihre wirklichen Probleme sind und wie man ihnen tatsächlich etwas verkauft.

Die gute Nachricht ist, daß Sie diese Fertigkeit entwickeln können. Dies wird in Kapitel 6 behandelt.

4. *Sie lachen über sich selbst.* Einer meiner Mentoren sagte mir, daß Verkaufen nur eine hysterische Aktivität auf dem Weg zum Grab sei. Die „Stars" der freien Berufen neigen dazu, das Verkaufen in die richtige Perspektive zu rücken. Es bedeutet für sie nicht das Ende der Welt, wenn sie den nächsten Kunden nicht bekommen oder das nächste Projekt nicht verkaufen. Sie haben deswegen keine schlaflosen Nächte. Sie werden sagen, klar, diese Einstellung wäre einfach, wenn man bereits Erfolg hätte. Dennoch, sie machten sich diese Einstellung ganz am Anfang ihrer Verkaufskarriere zu eigen. Es macht sie dafür frei, weiterzumachen, ohne daß sie über ihre Niederlagen grübeln (und davon gibt es viele, wenn man aktiv verkauft).

Die gute Nachricht ist, daß Sie sich entscheiden können, diese Einstellung der Topleute anzunehmen. Sie können lernen, über Ihre Rückschläge zu lachen, wenn Sie es nur wollen.

5. *Sie sind sehr gute Zuhörer.* Ist Ihnen jemals aufgefallen, daß Sie viele erfolgsorientierte Fertigkeiten in der Schule nicht gelernt haben? Haben Sie gelernt, wie man sich Ziele setzt und diese auch erreicht? Haben Sie gelernt, wie man persönliche und geschäftliche Beziehungen aufrecht erhält und verbessert? Wie man ein kleines Geschäft führt? Haben die Lehrer Ihnen je erklärt, wie man richtig lernt? Wahrscheinlich nicht. Leider blieben wir uns selbst überlassen, um viele der Fertigkeiten, die nötig sind, um im wirklichen Leben produktiv zu sein, zu lernen (oder auszulassen).

Wir haben in der Schule auch nicht gelernt, richtig zuzuhören. Zuhören ist eine Eigenschaft, wodurch sich diese „Stars" von ihrer Konkurrenz unterscheiden. Sie geben ihren Kunden und potentiellen Kunden die Freiheit und den Freiraum, häufig und über alles zu sprechen. Genau dieses Verhalten, das man üblicherweise nur von seinem besten Freund oder Lebenspartner erwarten kann, zieht andere Menschen an, um Geschäfte mit ihnen zu machen. Wenn Sie freiberufliche Dienstleistungen verkaufen, denken Sie immer daran, daß Menschen andere Menschen kaufen.

Die gute Nachricht ist, daß dies eine Fertigkeit ist, die Sie verbessern können. Dies wird in Kapitel 6 behandelt.

6. *Sie geben, sie nehmen nicht.* Die besten Geschäftsanbahner bauen auf Teamgeist. Ihre Kunden liegen ihnen sehr am Herzen, und sie beschäftigen sich ernsthaft damit, wie sie ihnen am besten helfen können. Sie stoßen niemandem den Dolch in den Rücken, wie man es von jemandem erwarten könnte, der viele Aufträge an Land zieht. Sie halten vielmehr Ausschau nach Vorteilen für diejenigen, die für sie arbeiten und für ihre Kontaktpersonen. Ihr Ziel ist es, zu geben, immer wieder zu geben und dann, vielleicht, zu bekommen.

Wenn ich gesellschaftliche Ereignisse besuche, scheint es, daß jeder darauf aus ist, etwas für sich selbst zu bekommen. Dieses Verhalten legen die „Stars" der freien Berufen, die ich getroffen habe, in solchen Situationen nicht an den Tag. Sie besuchen die Festivitäten, um zu geben, und nicht, um zu nehmen. Sie nützen gesellschaftliche Anlässe, um Geschäfte für ihre Kunden zu machen, sie agieren als Spielemacher für Kontaktpersonen oder einfach nur, um jemandem zu helfen. Sie glauben, daß sie das, was sie geben, zehnfach zurückbekommen. Genau diese gebende Haltung zieht alle, einschließlich potentielle Kunden, an.

7. *Sie glauben fest an ihre Fähigkeit, etwas zu leisten, und an den Wert ihrer Dienstleistungen.* Man kann es nicht anders ausdrücken – die Spitzenleute, die ich getroffen habe, sind absolut überzeugt von ihrer Fähigkeit (und der ihrer Mitarbeiter), daß sie das absolut Beste für ihren potentiellen Kunden tun. Sie sind der Meinung, daß alle Menschen, die sich für eine andere Firma entscheiden, verrückt sind!

Gerade durch diese Haltung werden Einwände gegen das Honorar und Kompromisse umgangen, weil diese Topleute jeden Pfennig wert sind, den man ihnen bezahlt (und mehr). Denken Sie immer daran, daß Sie in direkter Relation dazu bezahlt werden, was Sie glauben, wert zu sein. Ein großer Teil unserer Kommunikation erfolgt nonverbal. Oft ist es nicht das, was wir sagen, was dem Gegenüber am nachdrücklichsten vermittelt wird; höchstwahrscheinlich wird der potentielle Kunde auch das, was wir fühlen und unbewußt projizieren, mitbekommen.

Die „Stars" der Branche verkaufen mehr als ihre Konkurrenten, weil sie mehr Vertrauen in die Dienstleistungen haben, die sie und ihre Mitarbeiter erbringen. Ist der Verkäufer unsicher, wird dies der Käufer sofort mitbekommen. Der Auftrag geht verloren, weil der Käufer Angst vor einem Projekt hat, das mißlingen könnte. Wenn der „Star" kein Vertrauen in seine Fähigkeit, eine bestimmte Dienstleistung zu erbringen, hat, wird er einen Fachmann zu der Besprechung mitbringen, der dieses besitzt.

Der erste, dem Sie etwas verkaufen müssen, sind Sie selbst. Sie müssen daran glauben, und Sie müssen sich selbst die Dienstleistung zuerst verkaufen. Sie müssen hundertprozentig davon überzeugt sein, daß Sie, wenn Sie in der Haut des Käufers steckten, die angebotene Dienstleistung zum angebotenen Honorar kaufen würden. Die gute Nachricht ist, daß Sie mehr Vertrauen in das, was Sie verkaufen, bekommen und so erfolgreicher werden können. Wie, das werde ich später in dem Abschnitt „Diagnose und Behandlung" dieses Kapitels besprechen.

8. Sie haben Freude an ihrer Arbeit und mögen die Leute, mit denen sie zusammenarbeiten. Die Spitzenleute lieben ihre Arbeit und würden um nichts in der Welt tauschen. Natürlich würden es manche vielleicht vorziehen, weniger zu arbeiten, weil sie meistens mehr Kunden und somit mehr Arbeit haben als diejenigen, die nicht so viele Aufträge hereinbringen. Aber insgesamt sind sie mit ihrem Beruf und ihren Mitarbeitern glücklich. Es ist fast unmöglich, Arbeit, die man nicht gerne tut, zu verkaufen, oder Sie gemeinsam mit Personen, die man nicht mag, zu erledigen. Die gute Nachricht ist, daß Sie diese Eigenschaft der Topleute ebenfalls unter Kontrolle haben können. Es liegt in Ihrer Macht, Ihre Arbeit von einer anderen Seite aus zu betrachten und sich zu entscheiden, Ihre Arbeit zu mögen und mehr zu schätzen.

DIAGNOSE UND BEHANDLUNG: WERDEN SIE EIN GUTER GESCHÄFTSANBAHNER

In diesem Buch habe ich über die allgemeingültigen Eigenschaften der Spitzenleute in den freien Berufen gesprochen. Denken Sie daran: je mehr

Sie es diesen „Stars“ gleichtun, desto wahrscheinlicher ist es, daß Sie genausoviel Erfolg haben.
Schauen Sie sich diese Eigenschaften noch einmal an, und versuchen Sie, diese auf Ihre Arbeit zu übertragen:

- ***Sie wissen, daß neue Aufträge das Herzblut der Firma sind.*** Wie ich schon in Kapitel 1 ausgeführt habe, gibt es keine akzeptablen Ausreden dafür, nichts zu verkaufen. In der heutigen wettbewerbsorientierten Zeit werden Sie niemals weit in Ihrem Beruf kommen, wenn Sie nicht in der Lage sind, neue Aufträge hereinzubringen. Akzeptieren Sie die Tatsache, daß das Verkaufen eine Notwendigkeit ist, und erledigen Sie diesen Job.
- ***Sie haben ihren bestehenden und potentiellen Kunden sowie ihren Kontaktpersonen gegenüber eine positive und optimistische Einstellung.*** Nützen Sie Ihr Geschick, kritisch die Probleme Ihrer Kunden ausfindig zu machen, aber bemühen Sie sich, in Ihren Beziehungen zu den Kunden positiv und optimistisch zu sein. Auch Kunden sind Menschen – sie wollen nicht nur die schlechten Nachrichten hören. Hier ein Tip für die Praxis: Wenn Sie Kunden treffen, um sie über das Neueste zu informieren, legen Sie sich einen „Gute Neuigkeiten, schlechte Neuigkeiten“-Plan zurecht. Teilen Sie Ihnen gleichzeitig mit den schlechten Nachrichten auch gute Nachrichten mit (finden Sie welche!). Je öfter Sie nach dem Silberstreifen am Horizont suchen, desto leichter wird es. Irgendwann werden Sie gute Nachrichten ohne schlechte Nachrichten übermitteln können – das ist dann in Ordnung! Ihre Kunden werden Ihre positive Haltung zu schätzen wissen, und dies wird zu neuen Geschäften führen.
- ***Die Menschen fühlen sich wohl in ihrer Umgebung.*** Obwohl sie erfolgreich und mächtig sind, haben die Magier in den freien Berufen die Fähigkeit, den Leuten ihre Befangenheit zu nehmen. Sie sind freundlich und betrachten die anderen als menschliche Wesen, nicht nur als Nummern oder Maschinen. Sie geben anderen das Gefühl, wichtig zu sein, ohne vor ihnen zu kriechen.

  Versuchen Sie sich an Situationen zu erinnern, in denen Sie sich wohl gefühlt haben. Wie wurden Sie behandelt, daß Sie sich so wohl gefühlt haben? War es die Umgebung? Die Einstellung? Wahrscheinlich von jedem etwas. Geben Sie Ihr Bestes, die Leute gut zu behandeln und zu erreichen, daß sie sich bei Ihnen wohl fühlen.
- ***Sie lachen über sich selbst.*** Spitzenleute sind sehr engagiert und gewissenhaft was die Qualität ihrer Arbeit anbelangt, aber sie nehmen sich

selbst nicht zu ernst. Jedesmal, wenn ich mit erfolgreichen Dienstleistungsanbietern über ihr Arbeitsumfeld spreche, sagen sie unweigerlich etwas, wie: „Es ist großartig hier zu arbeiten. Jeder arbeitet hart, aber wir haben Spaß dabei. Wir geben viel, bekommen aber auch viel zurück." Diese Einstellung ist sehr förderlich für die Beschaffung neuer Aufträge. Darum denken Sie daran, daß Sie heiterer werden und ab und zu über sich selbst lachen. Amüsieren Sie sich. Dieses Verhalten wird Ihnen sowohl mit betriebsinternen wie auch betriebsexternen Kunden dienlich sein.

- ***Sie sind sehr gute Zuhörer.*** Die Spitzenleute hören viel öfter zu als sie sprechen. Sie wissen, wenn sie still sind erfahren sie mehr über andere und ihre Bedürfnisse. Kunden und andere Menschen schätzen es sehr, wenn man ihnen zuhört. Dies trägt dazu bei, eine gute Beziehung aufzubauen, und dies wiederum führt zu mehr Aufträgen. Wenn Sie in einem Verkaufsgespräch mehr als 20 Prozent der Zeit reden, machen Sie etwas falsch. Sie dürfen unter keinen Umständen die Unterhaltung dominieren. Anstatt nur zu plaudern, stellen Sie relevante Fragen, dann lehnen Sie sich zurück und machen Notizen, während der Kunde Ihnen die für den Geschäftsabschluß notwendigen Informationen gibt.
- ***Sie geben, sie nehmen nicht.*** Sie denken vielleicht, daß die erfolgreichsten Geschäftsanbahner sich auf die Frage „Was ist für mich drin?" konzentrieren. Tatsächlich trifft das Gegenteil zu. Die „Stars" der freien Berufe sind sehr um die Belange ihrer Kunden, Kontaktpersonen, Mitarbeiter und Menschen im allgemeinen bemüht. Wenn sie zum Beispiel ein gesellschaftliches Ereignis besuchen, konzentrieren sie sich meistens darauf, neue Geschäfte für ihre Kunden anzubahnen. Diese Haltung bringt ihnen auf lange Sicht viel ein.

  Versuchen Sie sich darauf zu konzentrieren, wie Sie das Leben anderer bereichern können. Was können Sie tun, um das Leben Ihrer Kunden, Mitarbeiter usw. zu verbessern? Wenn Sie diese gebende Haltung annehmen, werden die künftigen Kunden und andere spontan von Ihnen angezogen – und Ihre Firma wird gedeihen.
- ***Sie glauben zu Recht an ihre Fähigkeit, etwas zu leisten, und an den Wert ihrer Dienstleistungen.*** Diese „Stars" sind überaus sicher, daß sie ihre Arbeit gut erledigen können, und diese Einstellung kommt anderen gegenüber gut an. Ein Großteil der Kommunikation erfolgt nonverbal, deshalb werden diese Fähigkeiten und die Zuversicht nicht unbedingt durch das, was sie sagen, ausgedrückt. Darum ist es so wichtig, daß Sie der erste sind, dem Sie etwas verkaufen müssen. Sie müssen hundert-

prozentig davon überzeugt sein, daß Sie, wenn Sie in der Haut des Käufers steckten, die vorgeschlagenen Dienstleistungen zu dem angebotenen Honorar kaufen würden. Wenn Sie es sich selbst verkauft haben, werden Ihre Sicherheit und Ihr Selbstbewußtsein Ihnen helfen, es auch anderen zu verkaufen.

Nachfolgend eine Übung, die ich erfolgreich mit Tausenden Freiberuflern wie Ihnen angewandt habe. Hören Sie mit dem, was Sie gerade tun, auf, und schreiben Sie fünfundzwanzig Gründe dafür auf, warum die Leute mit Ihnen ein Geschäft machen müssen. Vergessen Sie Gründe, wie „guter Service". Das sagt jeder. Seien Sie statt dessen spezifisch, indem Sie die Erfolge berücksichtigen, zu denen Sie Ihren Kunden oder Arbeitgebern in der Vergangenheit verholfen haben. Schreiben Sie fünfundzwanzig Gründe mit bezug auf die folgenden Stichworte auf:

- Beziehungen: Die Art der Beziehungen, die Sie mit Ihren Kunden haben.
- Erfahrung: Ihre Erfahrung in deren Gewerbezweigen mit Geschäften und Situationen wie die der Kunden.
- Nutzen: Den Nutzen, den Sie Ihren Kunden bringen.
- Ergebnisse: Die Ergebnisse, zu denen Sie bei ihren Geschäften beigetragen haben.
- Geschäft: Die Art, wie Sie geholfen haben, daß ihre Unternehmen gewachsen sind.

Durch diese Übung verkaufen Sie Ihre Dienstleistungen nicht unter Wert, und sie ist die Grundlage für Verkaufspräsentationen, die zum Kauf führen. (Auf Präsentationen werde ich in den Kapiteln 10, 11 und 12 noch genau eingehen.)

➤ ***Sie haben Freude an ihrer Arbeit und mögen die Leute, mit denen sie zusammenarbeiten.*** Die Spitzenleute lieben ihre Arbeit und würden um nichts in der Welt tauschen. Es ist beinahe unmöglich, Arbeit zu verkaufen, die man nicht gern tun oder die Sie gemeinsam mit Leuten erbringen müssen, die Sie nicht mögen. Betrachten Sie Ihre Arbeit und die Arbeitsumgebung einmal von einer anderen Seite aus, und beschließen Sie, sie zu mögen und mehr zu schätzen. Ändern Sie alles, was nötig ist, um dies zu ermöglichen.

KAPITEL 3

VERKAUFEN IST NICHT GLEICH MARKETING – ABER SIE BRAUCHEN BEIDES, UM IN DEN 90ERN UND DARÜBER HINAUS ZU ÜBERLEBEN

Im letzten Jahr leitete ich einige Ganztagesprogramme für eine freiberufliche Vereinigung auf dem Campus eines örtlichen College. Als ich die Buchhandlung auf dem Campus durchstöberte, fand ich einen geschickt aufgemachten Marketingtext von ungefähr 400 Seiten mit vierfarbigem Glossar. Da das Urheberrecht aus dem laufenden Jahr stammte, nehme ich an, daß der Text dem neuesten Stand entsprach – er sah auf jeden Fall so aus. Raten Sie einmal, wie viele der vierhundert Seiten dem Marketing von freiberuflichen Dienstleistungen gewidmet waren. 200? 150? Nein, gerade mal eine Seite. Das stimmt wirklich – eine ganze Seite war dem Marketing von freiberuflichen Dienstleistungen gewidmet, und die Vorstellung des Autors von freiberuflichen Dienstleistungsunternehmen beschränkte sich auf Kreditkartenfirmen und Fluggesellschaften.

ETWAS HINTERGRUNDWISSEN

Die Kunst des Marketing und Verkaufens von freiberuflichen Dienstleistungen ist relativ neu. Obwohl Freiberufler aufgrund des transaktionalen Charakters ihrer Arbeit ihre Dienstleistungen schon immer vermarkten mußten, dürfen sie erst in den letzten fünfzehn Jahren für ihre Dienstleistungen über die Medien und durch aktive Beratung von potentiellen Kunden Werbung betreiben. Heute erstreckt sich Kundenvermittlung über viele Bereiche, und dies wird nur durch die eigene Phantasie, zeitliche Beschränkungen, Antrieb und Budget begrenzt.

Beim Marketing von freiberuflichen Dienstleistungen sind viele Fehler gemacht worden. Viele Firmen vermarkten und verkaufen ihre Dienstleistungen immer noch so, als ob sie materielle Güter wie z.B. Computer verkaufen. Leider ist das nicht so einfach. Beim Verkaufen und Vermarkten von Dienstleistungen gibt es nichts zu sehen, fühlen, schmecken oder riechen. Alles, was wir als Freiberufler zu vermarkten und zu verkaufen haben, sind wir selbst. Es tut nichts zur Sache, für welche Firma Sie arbeiten – Menschen kaufen andere Menschen – sie kaufen aufgrund der einzelnen Personen, mit denen sie zu tun haben. Dies erklärt, warum wir manchmal das Geschäft an weniger qualifizierte Firmen verlieren. Es erklärt auch, warum niemand Ihre Dienstleistungen mit Kreditkarte per Telefon bestellt. Haben Sie viel Laufkundschaft?
Es ist wichtig, zwischen dem Vermarkten von Dienstleistungen und dem Verkaufen von Dienstleistungen zu unterscheiden, weil sie etwas ganz Unterschiedliches bewirken. Wir können aus dem Marketing keine Ergebnisse erwarten, die nur durch aktives Verkaufen erzielt werden können.

DIE DEFINITION VON MARKETING

Nachfolgend meine Definition des Marketing von freiberuflichen Dienstleistungen:

> Marketing ist *alles das*, was es Ihnen ermöglicht, demjenigen gegenübertreten zu dürfen, mit dem Sie Geschäfte machen wollen.

Diese Erkenntnis macht Sie frei, um kreativ zu sein. Dadurch erkennt man, daß jeder Ihrer Kontakte mit Kunden, potentiellen Kunden und Kontaktpersonen Marketing bedeutet. Ich kenne nur eine einzige Marketingmethode, die auf Dauer funktioniert: Direkt-Marketing. All die ausgefallenen Werbe-Broschüren, Werbekampagnen und sogar Werbespots im Fernsehen können nur als Zusatz fungieren und als Unterstützung zu effizientem Direkt-Marketing – nicht als Ersatz. Und gutes Marketing kann nur eine Möglichkeit anbieten; immer noch müssen Menschen von/durch Menschen verkauft werden. Viele Dienstleistungsanbieter geben sich bezüglich Marketing keinen Illusionen mehr hin, weil sie erwarteten, daß ihre Umsätze beträchtlich steigen würden, wenn sie nur einen Marketingdirektor einstellen, Annoncen schalten, ausgefallene Werbe-Broschüren verkaufen und/oder Aussendungen verschicken. Diese Techniken funktionieren bei Produkten, wie Suppen oder Fernseher, aber bei Dienstleistungen führen sie nicht zum Erfolg. Bedauerlicherweise ist alles, was man von Marketing erwarten kann, die Möglichkeit einer Erfolgschance. Würde Marketing Umsätze garantieren, bräuchten Sie dieses Buch nicht zu lesen! Alles, was Sie tun müßten, wäre, einen bestimmten Prozentsatz Ihres Bruttogewinnes für Werbung zur Seite zu legen, und Sie könnten sich davon einen guten Gewinn erwarten. Ich habe erlebt, wie freiberufliche Dienstleistungsfirmen Zehntausende Dollar (in einem Beispiel mehr als eine Million) für Seminare und andere Marketingversuche verschwendet haben, ohne Ergebnisse zu sehen. Darum ist Verkaufen so wichtig.

WAS VERKAUFEN NICHT BEDEUTET

Das bedeutet Verkaufen nicht: Verkaufen heißt nicht, jemanden davon zu überzeugen, etwas zu tun. Haben Sie jemals versucht, jemanden davon zu überzeugen, etwas zu tun? Wie effizient ist das? Sind Sie verheiratet? Haben Sie Kinder? Mehr brauche ich dazu nicht zu sagen.

Wissen Sie, beim Verkaufen gibt es wie in der Physik eine gleiche und eine entgegengesetzte Reaktion. Einer meiner Mentoren lehrte mich, daß man nicht jeden davon überzeugen kann, alles zu tun. Jeder muß dies für sich selbst herausfinden. Sie können auch nicht jeden davon überzeugen, etwas zu kaufen. Man muß den Nutzen für sich selbst erkennen und aus eigener Überzeugung kaufen.

Ja, Sie können die Leute in den Wahnsinn treiben, indem Sie ihnen eine Zeitlang auf die Nerven gehen, und vielleicht geben sie am Ende nach. Aber normalerweise werden die Käufer Sie deswegen ablehnen, und oft werden sie sich um ihre Verpflichtung drücken. Aber dies ist keine zeitsparende oder effiziente Lösung!

Verkaufen bedeutet auch nicht reden. Manche Leute denken, je mehr sie mit jemandem reden oder auf jemanden einreden, desto wahrscheinlicher wird er/sie kaufen. Bitte verinnerlichen Sie sich dies schon früh: Die Leute interessiert nichts weniger als das, was Sie zu sagen haben. Die Leute interessiert am meisten, was sie selbst zu sagen haben. Das Problem ist, daß die meisten Leute, die verkaufen, potentiellen Kunden nicht die Gelegenheit zum Reden geben, weil sie denken, daß Verkaufen gleichzusetzen ist mit reden.

VERKAUFEN NEU DEFINIERT

Hier sind vier Definitionen des Verkaufens, die ich mit Ihnen durchgehen möchte. Sie sind alle unterschiedlich, aber zusammen funktionieren sie ganz gut. Ich bitte Sie, alle Ihre bisherigen Ansichten und Überzeugungen über Bord zu werfen und offen für Neues zu sein, weil diese Definitionen funktionieren:

1. ***Genau genommen ist Verkaufen das, was wir tun, wenn wir erst einmal einem potentiellen Kunden gegenüberstehen.*** Marketing bringt uns dorthin. Ab diesem Zeitpunkt verkaufen wir.

2. ***Verkaufen ist nur ein Gespräch.*** Das stimmt, Verkaufen ist nur ein Gespräch, das vielen anderen Gesprächen, die Sie während eines Tages führen, gleicht. Einer der Gründe, warum Freiberufler in ihrer Fähigkeit zu verkaufen blockiert sind, ist ihre Angst vor dem Verkaufsprozeß. Ich habe herausgefunden, daß Verkaufen vielen Plaudereien, die man jeden Tag führt, ähnlich ist. Das Thema dieser Unterhaltung ist jedoch anstatt „Sport" oder „Beziehungen" „die Möglichkeit, Geschäfte zu machen".

3. ***Verkaufen ist ein Ausleseprozeß.*** Das ist alles – Verkaufen ist eine Auslese. Wenn Sie verkaufen, ist alles, was Sie tun wollen, das Für und Wider so schnell, effektiv und schmerzlos wie möglich zu sortieren.

Ihr Ziel ist es, jene Leute, die mit Ihnen Geschäfte machen werden, von denen, die es nicht tun werden, zu trennen. Manche werden auf den Stapel mit den „Für" kommen, andere auf den mit den „Wider". Das ist in Ordnung, niemand verkauft jedem etwas. Sogar Ronald Reagan, „der große Rhetoriker", bekam nicht jedermanns Stimme, und relativ wenig Leute fahren einen Chrysler, trotz der Bemühungen des besten Verkäufers in dieser Branche, Lee Iacocca.

Durch Marketing bietet sich die Möglichkeit, mit Interessenten in Kontakt zu treten, und Verkaufen ist die Art und Weise, wie Sie entscheiden, wer von den Interessenten Ihr Kunde werden wird. In gewissem Sinn ist Marketing eine Strategie, die Ihnen die Möglichkeit zu mehr Geschäften eröffnet, und Verkaufen ist die Taktik, durch die – richtig angewandt – Ihre Firma mehr Umsätze machen wird.

4. ***Verkaufen ist eine Untersuchung.*** Um mich an die Analogie des Arztes als das ideale Vorbild für effizientes Verkaufen zu halten, möchte ich, daß Sie damit beginnen, Verkaufen vor allem als eine Untersuchung einer Fähigkeit eines anderen, etwas zu kaufen, sehen. In diesem Buch werden Sie lernen, wie man einen potentiellen Kunden „untersucht".

Ich brauchte lange dazu, es herauszufinden, aber erkannte schließlich, daß alle Leute, die mit mir über die Jahre Geschäfte abwickelten, bestimmte Qualifikationen besaßen. Bei jedem potentiellen Kunden gab es bestimmte entscheidende Faktoren, die für mich vorhanden sein mußten, um das Geschäft abzuschließen.

In jeder Verkaufssituation, in der Sie sich je befanden, während eines jeden Verkaufsgeschäftes, das Sie je tätigten, legte der potentielle Kunde bestimmte Eigenschaften und Fähigkeiten an den Tag, die den Verkauf vereinfachten.

Ich entdeckte, daß, wenn diese Qualifikationen vorhanden waren oder wenn ich sie fördern konnte – basierend auf meiner Untersuchung der Verkaufssituation –, das Ergebnis des Verkaufs wenig mit meinen Fähigkeiten als Verkäufer zu tun hatte, und in 95 Prozent kam es zu Geschäftsabschlüssen (Erinnern Sie sich: niemand kann jedem etwas verkaufen). Wenn nur ein Punkt nicht mit meinem Verkaufstest übereinstimmte, kam der Verkauf nicht zustande.

Diese Entdeckung gab mir ein ziemlich gutes Gefühl und beseitigte die Angst und das Gefühl von Ablehnung, worunter ich in der Vergangenheit gelitten hatte, wenn Leute nein sagten. Ich wußte, daß es nun mein Job war, die Verkaufssituation effektiv zu testen, um zu entscheiden, ob potentielle Kunden geeignet waren und ob sie die Fähigkeit hatten, Geschäfte mit mir zu machen. Wenn ich die Verkaufssituation gut austestete, und sie nicht kauften, konnte ich den Grund immer auf eine Nichtübereinstimmung mit meiner Verkaufsuntersuchung zurückführen.

Seien Sie nicht besorgt, wenn dies verwirrend ist. Teil 2 wird Sie zur erfolgreichen Umsetzung der Verkaufsuntersuchungstests führen.

DIAGNOSE UND BEHANDLUNG: WENN SIE VERSTEHEN, WAS IHNEN FEHLT, WERDEN SIE GEHEILT WERDEN

- Der Bedarf an der Vermarktung und am Verkaufen von Dienstleistungen ist für Freiberufler relativ neu. Täuschen Sie sich nicht selbst, indem Sie denken, daß Ihre Fertigkeiten sich von selbst verkaufen. Auf diesem wettbewerbsorientierten Markt sind Direkt-Marketing und Verkaufen für Sie absolut notwendig, um in den 90er Jahren und darüber hinaus zu überleben und weiterzukommen. Sie müssen lernen, wie Sie Ihr Marketingbudget richtig einsetzen (eine weitere Notwendigkeit) und wie Sie mehr Geschäfte abschließen. Wenn Sie dieses Buch lesen, sind Sie auf dem richtigen Weg.
- Marketing ist alles, was Sie bis zu demjenigen bringt, mit dem Sie Geschäfte machen wollen. Dies beinhaltet Dinge wie Annoncen, Versenden von relevanten Artikeln an Kunden, Seminare, Engagement in beruflichen und gesellschaftlichen Gruppen, freiwillige Arbeit usw. Das wertvollste Marketing ist Direkt-Marketing – alles das, was Ihnen den direkten Kontakt mit Kunden, potentiellen Kunden oder Kontaktpersonen ermöglicht, denn wenn ein Kunde oder Klient eine freiberufliche Dienstleistung kauft, kauft er in Wirklichkeit Sie. Durch den persönlichen Kontakt, den Sie zu wichtigen Personen haben, wird der Ver-

kaufsprozeß in hohem Ausmaß beschleunigt und vereinfacht. Das heißt, je gezielter Sie Leute treffen (Zielpersonen in der Branche und den Einkommensstufen, mit denen Sie am liebsten zusammenarbeiten), desto mehr Kunden werden Sie wahrscheinlich haben.

➤ Genau genommen ist Verkaufen das, was Sie tun, wenn Sie einem potentiellen Kunden gegenüberstehen. Man kann Verkaufen auch als Gespräch sehen (mit dem Thema „die Möglichkeit, Geschäfte zu machen") und als einen Sortierungsprozeß (Sie sortieren nur die Für und Wider). Schließlich ist Verkaufen eine Untersuchung, ein Test der Fähigkeit des potentiellen Kunden, mit Ihnen Geschäfte zu machen. Beachten Sie, daß keine dieser Definitionen es erfordert, daß Sie Ihre Persönlichkeit ändern, um mehr zu verkaufen. Es ist wichtig, daß Sie in einer Verkaufssituation Sie selbst sind. Sie müssen jedoch ein organisiertes Verkaufssystem erlernen und befolgen, um hervorragende Ergebnisse zu erzielen.

KAPITEL 4

DIE DREI GRÖSSTEN FEHLER DER ANBIETER VON FREIBERUFLICHEN DIENSTLEISTUNGEN – UND WIE MAN DIESE KOSTSPIELIGEN SCHNITZER LEICHT VERMEIDEN KANN

Im Laufe meines Beruflebens habe ich die Fehler vieler Anbieter freiberuflicher Dienstleistungen in Verkaufssituationen beobachtet, d.h. in Situationen, in denen sie versuchen, einen neuen Kunden oder einen Auftrag zu akquirieren. Wir wollen die drei häufigsten und entscheidenden Fehler untersuchen, zu denen Freiberufler neigen. Wenn Sie lernen können, diese Fehler zu vermeiden, wird sich Ihre Verkaufseffizienz drastisch verbessern, und Ihre Abschlußquote sollte auf fast 100 Prozent schnellen.

FEHLER 1: SIE WISSEN NICHT, WANN DER VERKAUF UNTER DACH UND FACH IST

Haben Sie sich jemals selbst aus einem Verkauf wieder hinausgeredet? Sind Sie jemals aus einem Verkaufsgespräch hinausgegangen, in der Annahme, sie hätten einen neuen Kunden gewonnen, aber nichts weiter ist geschehen? Wem ist es noch nicht so ergangen?

Dies ist der größte Fehler, den Freiberufler in einer Verkaufssituation machen: Sie wissen nicht, wann das Geschäft abgeschlossen ist, und entweder unterlassen sie es, eine definitive Entscheidung vom Kunden herbeizuführen oder sie quasseln ständig und enden damit, daß sie sich selbst aus dem Verkauf wieder hinausreden. Freiberufler, die nie davon träumen würden, ein Projekt ohne einen Arbeitsplan anzugehen, beginnen plötzlich zu improvisieren und die Kontrolle über die Situation zu verlieren. Sie erlauben dem Interessenten, den Verkaufsprozeß zu kontrollieren. Oft verlassen sie das Verkaufsgespräch, ohne zu wissen, wo sie stehen, weil sie nicht wissen, wo sie standen, und keine Ahnung haben, welche Schritte sie unternehmen müssen, um den Auftrag zu bekommen.

Die Einhaltung einer genau festgelegten Reihenfolge und die Kontrolle der Schritte während dieses Prozesses sind wesentlich, wenn Sie bei der Akquisition neuer Kunden erfolgreich sein möchten und wenn aus bestehenden Aufträgen mehr werden sollen.

Beim Verkaufen kommt es auf den richtigen Zeitpunkt an. Potentielle Kunden müssen „erledigt“ werden, d.h. Vereinbarungen müssen dann getroffen werden, wenn der potentielle Kunde „gut drauf“ und am ehesten dazu geneigt ist. Ist der Auftrag nicht besiegelt – nicht einmal durch Handschlag –, wenn der Kunde positiv eingestellt ist, können sich die Verkaufsverhandlungen nur noch zum Negativen wenden.

Es ist entscheidend, daß Sie das Verkaufen und das Führen von Verkaufsgesprächen systematisch angehen. Dies wird Ihnen zeigen, wo Sie im Verkaufsprozeß stehen, und dadurch wissen Sie, wann Sie das Geschäft abschließen oder sich Zusagen vom Kunden sichern sollten.

FEHLER 2: SIE GEBEN DIE ANTWORTEN, BEVOR SIE FRAGEN GESTELLT HABEN

Die heutigen Freiberufler bieten anscheinend Lösungen für jedes geschäftliche Problem. In der Tat offerieren viele Firmen nicht nur bloße traditionelle Beratung oder andere freiberufliche Dienstleistungen, sondern „liefern die Komplettlösung für Ihr Unternehmen“.

Leider reißen die meisten Freiberufler die kostbare Zeit mit dem potentiellen Kunden durch ihre Schlagfertigkeit an sich, und der Interessent kann nur zuhören (ob es ihn interessiert oder nicht). Ich erlebe immer wieder, daß viele Freiberufler versuchen, dem Interessenten die Lösung anzubieten, bevor sie eine richtige Diagnose des Problems gestellt haben. Freiberufler müssen viel mehr Fragen stellen, um sicherzugehen, daß sie das Problem des Interessenten auch richtig verstanden haben. Das Gespräch sollte vom Intellektuellen weg und hin zum Emotionalen geführt werden, weil die Leute meist aus emotionalen Gründen kaufen und dann ihre Entscheidungen rational rechtfertigen (mehr darüber in Kapitel 7). Wenn alle Freiberufler für ihre Lösungen so oft haftbar gemacht werden würden wie Ärzte, würden die Prämien für Haftpflichtversicherungen in unvorstellbare Höhen schnellen!

Beim Verkaufen von freiberuflichen Dienstleistungen kaufen Menschen andere Menschen. Es interessiert potentielle Kunden weniger, was Sie zu sagen haben als das, was sie selbst zu sagen haben. Das entspricht vielleicht nicht Ihrer Meinung zu diesem Thema. Sie glauben möglicherweise, je mehr Informationen und Fachwissen Sie dem potentiellen Kunden zukommen lassen, desto wahrscheinlicher wird er kaufen. Obwohl dies zutreffen könnte, wenn Sie mit anderen Beratern oder Freiberuflern zu tun haben, trifft es meistens definitiv nicht zu, wenn Sie mit Unternehmern und Geschäftsleuten verhandeln. Diese interessieren sich nicht für endlose Details, sie wollen nur, daß die Arbeit gut erledigt wird. Eine Ausnahme gibt es, nämlich dann, wenn es sich überhaupt nicht um richtige Käufer handelt, sondern sie nur daran interessiert sind, Ihr Gehirn umsonst anzuzapfen, damit sie Ihre großartigen Ideen an ihre vorhandenen Dienstleistungsanbieter weitergeben können.

FEHLER 3: SIE SETZEN SICH FÜR DAS GESCHÄFT EIN UND GEBEN ES SCHLIESSLICH UNNÖTIGERWEISE AB

Kaufen alle potentiellen Kunden nur nach dem Preis? So schwer es auch zu glauben sein mag, sogar in dem heutigen schwierigen wirtschaftlichen Klima mit einer noch nie dagewesenen Konkurrenz kaufen die Leute nicht unbedingt die billigsten Dienstleistungen.

Viele Dienstleistungsanbieter finden sich in der Situation wieder – üblicherweise, weil sie beim Verkaufen nicht sehr erfolgreich sind –, daß sie hoffen, wünschen und sogar darum betteln, eine Gelegenheit zu finden, ihr Können zeigen zu dürfen, und dann vielleicht ein Geschäft zu machen. Manche bieten ihre Dienste sogar kostenlos an.

Bei dem überaus erfolgreichen Freiberufler ist es anders. Er betrachtet Zeit als äußerst wertvoll, hat Vertrauen in die Fähigkeiten seiner Firma, die Arbeit zu erledigen, und ist nicht an jedem potentiellen Kunden interessiert, der ihm über den Weg läuft. Die besten Geschäftsanbahner in den freien Berufen wählen genau aus, mit wem sie Geschäfte machen und welche Arbeit sie machen – auch wenn die Geschäfte weniger gut laufen. Sie erkennen, daß ihre Dienstleistungen einen Wert haben, und erwarten, diesem Wert entsprechend bezahlt zu werden. Diese Einstellung kommt nicht daher, daß sie Erfolg haben, sondern sie führt zu Erfolg, weil Leute gerne mit jemandem Geschäfte machen, der erfolgreich ist. Potentielle Kunden werden oft von dem Dienstleistungsanbieter abgeschreckt, der den Auftrag so dringend braucht, daß er sein Honorar immer weiter zurückschraubt.

DER ARZT ALS VORBILD

Es war schwierig, die Rolle eines Verkäufers für freiberufliche Dienstleistungen zu akzeptieren. Aus irgendeinem Grund war mir das Verkaufen immer unangenehm. Ich mag sicherlich weder Verkäufer im allgemeinen, noch unter Druck gesetzt zu werden, noch wenn man mir sagt, was ich zu tun habe oder wenn man mir etwas verkauft.

Ich bin wirklich der Meinung, daß ich Leuten gern helfe und ihnen Lösungen für ihre Probleme „verordne". Deshalb nahm ich den Arzt als Vorbild. Um freiberufliche Dienstleistungen erfolgreicher zu verkaufen und um den Schmerz und die Leiden bei Mißerfolgen und Zurückweisungen zu verringern, fangen Sie an, sich selbst als ein „Arzt für Geschäfte" zu betrachten (siehe Anhang 3). Sehen Ärzte wie Verkäufer aus? Handeln sie wie Verkäufer? Machen sie Präsentationen? Wie würden Sie sich fühlen und was würden Sie tun, wenn Ihr Arzt anfinge, Ihnen etwas zu verkaufen? Wahrscheinlich gehen.

Das ist das Schöne an dieser Analogie. Viele Ärzte sind äußerst erfolgreich darin, zusätzliche Dienstleistungen an ihre bestehenden Patienten zu verkaufen, ohne daß sie wie Verkäufer aussehen, handeln oder klingen. Genau dies fördert ihre Glaubwürdigkeit. Sie sind zurückhaltend und vertrauenerweckend. Sie stellen Fragen, führen Tests durch und verschreiben Lösungen. Aber der Patient kommt ja zu ihnen, sagen Sie? Manche von uns erinnern sich an die Zeiten, als der Arzt noch Hausbesuche machte. Und Sie oder Ihre Firma haben sicher schon potentielle und vorhandene Kunden gehabt, die Sie in Ihrem Büro aufsuchten und denen Sie nichts verkaufen konnten.

Gehen Sie zu dem billigsten Doktor der Stadt? Natürlich nicht! Warum erwarten Sie also von Kunden, daß sie Sie aufgrund des Honorars auswählen?

Wenn wir die Beziehung zu den Kunden richtig angehen, sind wir ihre Ärzte fürs Geschäft. Viele Ihrer Kunden glauben, ihr Geschäft sei ihr Baby, das manchmal Vorrang vor ihrer Familie und ihrer persönlichen Gesundheit hat. Warum also sollten sie nicht entsprechend dafür bezahlen!

Zuerst sollten Sie sich selbst Ihre Dienste verkaufen. Irgend etwas ist an dem Beruf des Mediziners, des Juristen und an den entsprechenden Lern-

ANHANG 3: DER ARZT ALS VORBILD

VERKAUFEN SIE NIE …

UNTERSUCHEN SIE STATTDESSEN

programmen und Prozessen, das Ärzte und Anwälte mit der Überzeugung erfüllt: „Ich bin es wert! Meine Dienstleistungen sind wertvoll." Die meisten von uns wurden in der Schule mental nicht so vorbereitet.
Und Ihnen wird nie mehr bezahlt, als das, was Sie glauben wert zu sein.

WIE SIE SCHMERZHAFTE ZURÜCKWEISUNGEN VERMEIDEN

Wir können Ärzte als Vorbilder verwenden, die uns helfen, effizienter zu verkaufen, indem wir uns wie sie emotional von dem Verkaufsprozeß lösen. Um erfolgreicher zu verkaufen, müssen Sie Ihre Selbstachtung umsichtig bewahren. Sie müssen Ihren Geist wach halten, sonst werden Sie keinen Erfolg haben.

Die gute Ärztin hat eine sorgende, aber objektiv distanzierte Haltung ihrem Patienten gegenüber. Sicher möchte sie, daß es ihren Patienten gut geht, dies ist Teil ihrer Berufsehre, und ihre Patienten werden es ihr hoch anrechnen, wenn sie sie heilen kann. Aber denken Sie, daß Ärzte viel Zeit damit verbringen, sich zu sorgen und sich selbst aufzureiben, wenn ihre Patienten ihre Ratschläge nicht befolgen oder „kaufen“? Natürlich nicht, sie würden durchdrehen. Dies mag erklären, warum die Selbstmordrate bei Psychiatern so hoch ist. Diejenigen, die keine Distanz bewahren können, werden depressiv und unglücklich.

Distanz ist eine sehr wertvolle Lektion, die Sie von Ärzten lernen können. Wenn es Ihrem Kunden „gut“ geht, wenn er nicht der Meinung ist, daß er ein Problem hat, wird er nichts tun, egal wie oft Sie ihm erzählen, was sein Problem ist oder wie überragend Sie ihm durch ausdrucksvolle Präsentationen sein Problem darstellen. Wenn er den Schmerz nicht selbst spürt, kann man nichts tun.

Alles, was Sie tun können, ist, ein guter „Arzt für die Geschäfte“ zu sein und Ihre Untersuchungen und Tests so gut wie möglich durchzuführen. Diese Haltung wird das Verkaufen sehr erleichtern, Ihre Abschlußrate erhöhen und es Ihnen erlauben, höhere Honorare zu fordern und auch zu erhalten.

DIAGNOSE UND BEHANDLUNG 1: FÜR GESUNDE UMSÄTZE VERMEIDEN SIE BITTE DIESE DREI FEHLER

➤ Fehler 1: Sie wissen nicht, wann der Verkauf unter Dach und Fach ist. Viele Freiberufler erkennen nicht, wann der Verkauf abgeschlossen ist. So verlassen sie entweder den Verkaufsschauplatz, bevor sie eine Zusage bekommen, oder sie quasseln weiter und reden sich somit aus dem Verkauf.

Dieser Fehler kann vermieden werden, wenn Sie eine Verkaufssituation mit einem systematischen Plan angehen, der in allen Einzelheiten aufzeigt, was bei jedem Schritt geschehen sollte. Da Verkaufen eine Sache des richtigen Timings ist, müssen Verträge abgeschlossen werden, wenn die Kunden am ehesten dazu geneigt sind. Wenn Sie die in diesem Buch verordnete Verkaufsuntersuchung bei jedem Verkaufsversuch anwenden, werden Sie genau wissen, was und wann es zu geschehen hat. Wenn Sie diesen Plan anwenden, werden Sie immer wissen, ob und wann Sie mit dem Interessenten das Geschäft abschließen sollten (Kapitel 5 bringt einen solchen Verkaufsplan im Detail).

- Fehler 2: Sie geben schon Antworten, bevor sie Fragen gestellt haben. Die heutigen Freiberufler scheinen Lösungen für jedes geschäftliche Problem zu haben, und sie wollen dies dem potentiellen Kunden so bald wie möglich mitteilen – oft bevor sie sich tatsächlich Zeit genommen haben, die wirklichen Probleme herauszufinden.
  Um mehr zu verkaufen, müssen Sie mehr Fragen stellen. Wenn Sie sich einen Termin mit einem potentiellen Kunden gesichert haben, lassen Sie sich nicht dazu hinreißen, die Unterhaltung zu monopolisieren, indem Sie über das, was Sie wissen und Ihre brillante Lösung für die Probleme des Kunden quasseln. Nehmen Sie sich stattdessen die Zeit, Fragen zu stellen und wirklich aufmerksam zuzuhören, was der Interessent Ihnen zu sagen hat. Sogar wenn Sie am Anfang richtiglagen mit dem, was falsch war – wenn Sie sich die Zeit nehmen, dem Interessenten aufmerksam zuzuhören, werden Sie viel mehr Informationen erhalten und somit Ihre Beziehung zum Kunden verbessern. Die richtige Zeit, um Lösungen anzubieten, ist nicht gleich zu Beginn eines Verkaufsgespräches.
- Fehler 3: Sie setzen sich für das Geschäft ein und geben es schließlich unnötigerweise ab. Sie werden es vielleicht nicht glauben, aber viele potentielle Kunden kaufen nicht unbedingt ausschließlich nach dem Preis. Wenn sie einen überzeugenden Nutzen darin sehen, mit Ihnen zu arbeiten, werden sie gerne mehr für Ihre Dienste bezahlen. Die Topleute in den freien Berufen sind sehr wählerisch, was ihre Geschäftspartner anbelangt. Sie erkennen, daß ihre Dienstleistungen einen Wert haben und erwarten, entsprechend bezahlt zu werden. Diese Haltung zieht potentielle Kunden an. Sie ziehen es vor, mit Anbietern freiberuflicher Dienstleistungen zusammenzuarbeiten, die bereits Erfolg haben.
  Gewöhnen Sie es sich nicht an, mehr Kunden gewinnen zu wollen, indem Sie Ihr Honorar senken. Indem Sie Ihr Honorar verringern, nehmen Sie Ihrer Arbeit den Wert. Konzentrieren Sie sich stattdessen darauf, Ihre Dienstleistungen wertvoller und einzigartig dem Kunden gegenüber anzubieten. Zeigen Sie, daß Sie den Auftrag nicht brauchen (Sie würden den Auftrag gern zu angemessenen Bedingungen annehmen, aber Sie brauchen ihn nicht unbedingt, um zu überleben). Übrigens, sogar wenn Sie dieses Geschäft unbedingt brauchen, wird Ihnen die Einstellung, daß Sie erfolgreich sind, dienlicher sein als ein Auftreten, als ob Sie um das Geschäft betteln würden (Von wem würden Sie eher kaufen?).

DIAGNOSE UND BEHANDLUNG 2: HANDELN SIE WIE EIN ARZT, UND SIE WERDEN GEHEILT

➤ Ärzte sind gute Beispiele dafür, wie man freiberufliche Dienstleistungen erfolgreich verkauft, weil sie sehr großen Erfolg damit haben, zusätzliche Dienstleistungen an neue und bestehende Patienten zu verkaufen, ohne daß sie auch nur wie Verkäufer aussehen, handeln oder klingen. Sie sind zurückhaltend, vertrauenerweckend und strahlen eine ungeheure Glaubwürdigkeit aus.

Denken Sie an Ihren letzen Besuch beim Arzt. Wie hat der Arzt mit Ihnen gesprochen? Haben Sie am Ende in bezug auf Produkte (Röntgenuntersuchungen, Tests) oder Dienstleistungen (zusätzliche Besuche, Therapien) mehr gekauft als Sie dachten? Fühlen Sie sich, als ob man Ihnen etwas verkauft hat?

➤ Es kann sein, daß Sie sich mit „verordnen" viel wohler fühlen als mit verkaufen. Wie Ärzte ihren Patienten helfen, beschäftigen sich Dienstleistungsanbieter damit, Probleme wieder in Ordnung zu bringen und den Schmerz zu beseitigen (die Seelenqual und den Streß des Interessenten). Sehen Sie sich selbst als Arzt, wenn Sie sich das nächste Mal in einer Verkaufssituation befinden, und führen Sie das „Patientengespräch" entsprechend. Genauso wie Ärzte haben wir Erfahrung in der Durchführung von Tests, in der Diagnose von Problemen und Sorgen sowie im Anbieten von Lösungen. Aber – wie ein Arzt, der Angst vor einem Kunstfehler hat – denken Sie daran, keine Lösungen zu verordnen, bis Sie alles, was die Kunden zu sagen haben, gehört haben und sicher sind, daß Sie aufgrund ihrer Erklärungen ihre wirklichen Probleme verstehen.

Ärzte haben die richtige Sichtweise, was Honorare anbelangt. Sie glauben fest daran, daß ihre Dienste wertvoll sind und daß sie entsprechend bezahlt werden sollten. Handeln Sie wie ein erfolgreicher Mensch, und Sie werden behandelt, als wären Sie einer. Haben Sie Vertrauen in Ihre Fähigkeiten, und projizieren Sie dieses Vertrauen auf die Menschen, die Sie treffen. Erinnern Sie sich: Ihnen wird nie mehr bezahlt, als Sie glauben wert zu sein.

➤ Ärzte haben eine sorgende, aber distanzierte Einstellung dem Verkaufsprozeß gegenüber. Sie können erfolgreicher verkaufen und eine bessere Haltung wahren, indem Sie emotional von dem Verkaufsprozeß distanziert sind. Wenn Ärzte Ratschläge geben, hoffen sie, daß die Patienten diese befolgen. Wenn die Patienten dies nicht tun, darf der Arzt sich jedoch darüber keine Sorgen machen. Wenn Patient X mit dem Rauchen nicht aufhört, wird dies sein Doktor nicht als persönliche Beleidigung auffassen. Der Doktor gab den besten Rat, den er geben konnte; es liegt an dem Patienten, ihn zu befolgen.

Sie sollten diese sorgende, aber distanzierte Einstellung auch beim Verkaufen anwenden. Wenn Sie etwas verkaufen, möchten Sie Ihren Kunden und Interessenten wirklich die besten Dienstleistungen anbieten. Aber wenn sie sie ablehnen, können Sie dies nicht persönlich nehmen. Es hat sehr wenig mit Ihnen zu tun und sehr viel mit den Kunden selbst.

TEIL 2

DIE VERKAUFS-UNTERSUCHUNG

KAPITEL 5

DURCHFÜHRUNG EINER VERKAUFSUNTERSUCHUNG: DIE SECHS DIAGNOSTISCHEN TESTS ZUR FESTSTELLUNG, OB MAN IN 90 PROZENT ALLER FÄLLE DEM KUNDEN ETWAS VERKAUFEN KANN

Am ersten Tag, an dem ich in der Wirtschaftsprüfung arbeitete, besprach der zuständige Leiter, als ich zum Kunden kam, sein Rechnungsprüfungsprogramm mit mir. Ein Rechnungsprüfungsprogramm besteht aus einer Reihe von Aufgaben, Untersuchungen und Tests, die in einer bestimmten Reihenfolge durchgeführt werden müssen, um zu einem bestimmten Ergebnis zu kommen. Dieser systematische Prozeß ermöglicht dem zuständigen Leiter die Kontrolle über das Projekt.

Als ich damit anfing, freiberufliche Dienstleistungen zu verkaufen, wandte ich ein etwas wahlloses Verfahren an. Grundsätzlich versuchte ich, die Leute dazu zu bringen, mich zu mögen, ich stellte ein paar Fragen, erzählte ihnen, was ich tat und wie ich ihnen helfen könnte, und ich bat sie (manchmal, wenn ich keine Angst hatte), meine Dienste in Anspruch zu nehmen. Gewöhnlich wurde ich dann mit diversen Ausflüchten und Einwendungen bombardiert („Sie sind zu teuer" usw.). Ich merkte, daß ich den Verkaufsprozeß nicht mehr unter Kontrolle hatte, und ich war nicht sehr erfolgreich bei der Akquisition neuer Kunden. Ich war deprimiert.

Aber, der gute Buchprüfer, der ich war, analysierte ich jedes Verkaufsgespräch und überprüfte, was falsch gelaufen war, was gefehlt hatte und was gesagt wurde (oder nicht gesagt wurde). Als erstes wurde mir bewußt, daß mir viele Grundlagen für erfolgreiches Verkaufen fehlten, weil ich vergaß, bestimmte wichtige Punkte, wie das Honorar oder den Entscheidungsfindungsprozeß, miteinzubeziehen. Vielleicht hatten Sie nach einem Verkaufsgespräch eine ähnliche Erfahrung: „Mensch, ich habe vergessen zu fragen, wann sie die Sache in Angriff nehmen wollen!"

Als Wirtschaftsprüfer haßte ich es, Fehler zu machen oder keine Kontrolle über etwas zu haben. Mir wurde klar, daß ich erfolgreicher verkaufen könnte, wenn ich jedes Verkaufsgespräch nach einer Liste aller wichtigen Punkte, die abgedeckt werden müssen, führte. Und wenn ich jene Ausflüchte und Einwendungen (Gründe, das Geschäft nicht abzuwickeln) gleich im Anfangsstadium erkennen und berücksichtigen würde, könnte ich mir viel Zeit und Kummer ersparen. So beschloß ich, einen Aktionsplan zu erstellen, den ich jedesmal, wenn ich einem potentiellen Kunden gegenüberstand, anwenden würde.

Ich war überrascht! Als ich das erste Mal nach dem Plan vorging, der alle wichtigen Punkte enthielt, gewann ich einen neuen Kunden! Mit dieser Methode stieg meine Abschlußrate mit Leuten, die ich befragte, rasant auf 70 Prozent, und auf mehr als 90 Prozent bei den Leuten, die einige meiner Tests bestanden.

Als ich meinen Verkaufsfortschritt beobachtete, bemerkte ich, daß Leute, wenn sie nicht bestimmte Charaktereigenschaften aufwiesen und bestimmte Tests bestanden, nicht meine Kunden wurden. Jene Leute, die nicht meine Kunden wurden, hatten die Tests nicht bestanden und hatten sich somit nicht „qualifiziert", meine Kunden zu sein. Egal, was ich tat, sei es formelle Präsentationen oder gegliederte und detaillierte Angebote auszuarbeiten, sei es, den potentiellen Kunden zu beeinflussen oder zu drängen – wenn er meine Verkaufstests nicht durchlaufen konnte oder wollte, wurde ich nicht engagiert. Und ob ich engagiert wurde, oder nicht, hatte wenig mit mir, sondern eher mit dem potentiellen Kunden zu tun (somit kamen keine Gefühle von Versagen und Zurückweisung mehr auf). So wurde die Verkaufsuntersuchung ins Leben gerufen. Ich hoffe, Sie werden die nachfolgend beschriebenen Tests in jeder Verkaufssituation anwenden.

DIE VERKAUFSUNTERSUCHUNG

Im folgenden sehen Sie einen Überblick über die zur Durchführung einer Verkaufsuntersuchung notwendigen Schritte. In den folgenden Kapiteln finden Sie detaillierte Anweisungen für jeden Schritt. Wenn Sie die Überprüfung bestmöglich durchführen und Ihr potentieller Kunde die Prüfung besteht, werden Sie in ungefähr 90 Prozent aller Fälle einen Kunden gewonnen haben:

1. Schritt: Prüfung, ob die Chemie zwischen Ihnen und dem potentiellen Kunden stimmt.
2. Schritt: Prüfung der emotionalen Bedürfnisse, Erfordernisse, Wünsche oder absoluten Notwendigkeiten.
3. Schritt: Prüfung der Bereitschaft zu handeln.
4. Schritt: Prüfung der Zahlungsfähigkeit und Zahlungswilligkeit.
5. Schritt: Prüfung der Kenntnis über den Entscheidungsfindungsprozeß, und die Fähigkeit, diesen Prozeß zu beeinflussen.
6. Schritt: Prüfung der Notwendigkeit einer Präsentation oder eines Angebots, und Entscheidung, wie diese auszusehen haben.

Wenn der potentielle Kunde diese Tests bestanden hat, sind wir in der Lage, zu den letzten beiden Schritten überzugehen:

7. Schritt: Erstellen Sie eine auf den Kunden zugeschnittene Präsentation und/oder ein Angebot.
8. Schritt: Fertigen Sie den Vertrag.

WIE SICH DIE SCHRITTE ENTWICKELN MÜSSEN

In diesem systematischen Verkaufsplan muß ein Schritt nach dem anderen erledigt werden. Sollte ein Schritt nicht so gut laufen, könnte das der Wink für Sie sein, die Verkaufsuntersuchung zu beenden und sich dem nächsten Interessenten zu widmen.

ERFÜLLUNG DES 1. SCHRITTES: PRÜFUNG, OB DIE CHEMIE ZWISCHEN IHNEN UND DEM POTENTIELLEN KUNDEN STIMMT

Damit der 1. Schritt erfüllt ist, muß die Chemie zwischen Ihnen und dem Käufer stimmen. Immaterielle freiberufliche Dienstleistungen werden nur schlecht verkauft, wenn Käufer und Verkäufer sich nicht gut verstehen. Der Kunde möchte jemanden, dem er etwas erzählen kann, mit dem er sich wohl fühlt und den er vielleicht sogar mag.

Umgekehrt verkauft sich ein materielles Gut, das Sie haben wollen, fast von selbst. Sie können wahnsinnig in den Autoverkäufer verliebt sein, aber wenn er das, was Sie haben wollen, nicht hat oder nicht beschaffen kann, werden Sie irgendwo anders hingehen.

Wenn Sie mit dem potentiellen Kunden keine gute Chemie zustande bringen, können Sie sich Ihre Zeit auch sparen und das Verkaufsgespräch sofort abbrechen. Und das ist in Ordnung; niemand kann sich mit jedem gut verstehen. An diesem Punkt ist es klüger, diese Person an jemand anderen zu verweisen, der eventuell eine Beziehung zu dem Interessenten aufbauen kann. Wenn Sie jedoch die Art und Weise, die Chemie herzustellen, befolgen, wie es in diesem Buch gezeigt wird (die von den Top-Geschäftsleuten aller Branchen stammt), werden Sie sich normalerweise meistens mit der großen Mehrheit der Käufer gut verstehen. In den letzten vierzehn Jahren, als ich auf diese Art und Weise verkaufte, ist es mir nur fünfmal – in ca. 1.500 Verkaufsgesprächen – nicht gelungen, eine Art Chemie herzustellen.

Erinnern Sie sich bitte, daß die Chemie zu 50 bis 80 Prozent den Verkauf ausmachen kann. Sie können das größte technische Genie in Ihrem Beruf auf der ganzen Welt sein, Sie können den Nobelpreis gewinnen oder im Anhang der Bibel veröffentlicht werden, wenn sich die Leute nicht wohl fühlen oder Sie nicht mögen, werden Sie den Auftrag nicht bekommen.

2. SCHRITT: PRÜFUNG DER EMOTIONALEN BEDÜRFNISSE, ERFORDERNISSE, WÜNSCHE ODER ABSOLUTEN NOTWENDIGKEITEN

Haben Sie mit dem potentiellen Kunden eine gute Chemie erreicht, müssen Sie zum zweiten Punkt kommen. Ich nenne all diese Bedürfnisse, Erfordernisse, Wünsche oder absoluten Notwendigkeiten „Wunden" oder „Schmerzen", weil ein Arzt genau diese überprüfen würde.

Die meisten Verkäufer finden nie heraus, wo es weh tut. Sie suchen nach einem „neuralgischen Punkt" oder ähnlichem Unsinn; diese Dinge existieren nur an der Oberfläche. Sie werden etwas tiefer suchen, unter der Haut. In Kapitel 7 werde ich Ihnen spezielle Wege zeigen, um herauszufinden, wo es weh tut. Ich habe noch nie ein Buch gelesen oder eine Kassette gehört, worin erklärt wird, wie man dies spezifisch mittels einer Diagnose herausfinden kann. Diese emotionalen Bedürfnisse, Erfordernisse, Wünsche und absoluten Notwendigkeiten müssen beim Käufer vorhanden sein, damit Sie fortfahren können.

3. SCHRITT: PRÜFUNG DER BEREITSCHAFT ZU HANDELN

Aber Sie müssen auch den 3. Schritt erfüllen, weil einige Leute, die Wunden haben, lediglich jammern. Wie Sie das erreichen, erfahren Sie in Kapitel 7 und 8.

Hat Ihr Interessent keine Wunden und/oder ist nicht bereit zu handeln, sollten Sie das Verkaufsgespräch beenden – und das ist in Ordnung, weil niemand jedem etwas verkaufen kann.

Ich habe herausgefunden, daß diese ersten drei Schritte tatsächlich den ganzen Verkauf fördern. Wenn Sie diese Schritte wirklich erfassen und befolgen, wird Ihre Abschlußrate in die Höhe schnellen. Und die Schritte 2 und 3 treiben die restlichen sechs Schritte voran – wenn sie effizient angewendet werden.

4. SCHRITT: PRÜFUNG DER ZAHLUNGSFÄHIGKEIT UND ZAHLUNGSWILLIGKEIT

Wenn Sie dann zufrieden sind, weil der Patient tatsächlich Symptome hat, die behandelt werden müssen und die auch geheilt werden sollen, können Sie zum 4. Schritt übergehen. Der beste Zeitpunkt, die Geldfrage zu überprüfen, ist der, wenn Sie herausgefunden haben, wo es weh tut. Die Leute haben ein ganz anderes Aufnahmevermögen dafür „was es kosten wird", wenn sie erkannt haben, was sie für Wunden haben und wissen, daß sie sie in Ordnung bringen wollen. Ausflüchte und Einwendungen lösen sich in Luft auf, wenn Sie an diesem Punkt des Verkaufsgesprächs die Kosten ansprechen.

Wenn der potentielle Kunde diesen Test nicht besteht, sollten Sie das Verkaufsgespräch abbrechen.

DER VERKAUFSABSCHLUSS: 5. UND 6. SCHRITT

Um das Geschäft abzuschließen, müssen der 5. Schritt „Prüfung der Kenntnis über den Entscheidungsfindungsprozeß, und die Fähigkeit, diesen Prozeß zu beeinflussen" und der 6. Schritt „Prüfung der Notwendigkeit einer Präsentation oder eines Angebotes, und Entscheidung, wie diese auszusehen haben" abgedeckt werden.

Leider werden viele Verkaufsmöglichkeiten verpaßt, weil man sich mit diesen beiden Bereichen nicht ausreichend beschäftigt.

Ich werde Ihnen zeigen, wie Sie diese Schritte so sorgfältig überprüfen, daß Sie gegenüber der Konkurrenz einen Vorteil haben werden, den Ihnen keiner mehr nehmen kann.

DEN VERKAUFSPROZESS ABSCHLIESSEN: 7. UND 8. SCHRITT

Nach Erledigung dieser Schritte werden Sie nach meiner Erfahrung und der von Tausenden von Leuten, die ich geschult habe, in 90 Prozent aller Fälle einen Verkauf getätigt haben.

Die letzten beiden Schritte – Schritt 7 „Erstellen Sie eine auf den Kunden zugeschnittene Präsentation und/oder ein Angebot" und Schritt 8 „Fertigen Sie den Vertrag" – sind die einfachsten des Verkaufs, wenn Sie die ersten sechs Schritte sorgfältig und präzise angewandt haben. Ich werde Ihnen alles demonstrieren, was sich meiner Erfahrung nach beim Verkauf freiberuflicher Dienstleistung bewährt hat, um Ihnen eben dabei zu helfen.

DIE VORTEILE DER VERKAUFSUNTERSUCHUNG GEGENÜBER KONVENTIONELLEN TECHNIKEN

Und das bringt Ihnen die Durchführung einer Verkaufsuntersuchung:

- Ein Verkaufsgespräch wird zum Interview.
- Sie gibt Ihnen die Kontrolle über den Verkaufsprozeß.
- Zeitraubende Fallen werden vermieden.
- Reduziert die Wahrscheinlichkeit, als Handbibliothek oder kostenloser Berater mißbraucht zu werden.
- Nimmt Schmerz und Leiden des Versagens und der Zurückweisung.
- Unterscheidet Ihr Verhalten von dem Ihrer Konkurrenz.
- Der Kunde ist emotional involviert.
- Läßt den potentiellen Kunden das Verhalten und die Einstellung eines fürsorglichen Fachmannes erkennen.
- Bietet eine sorgfältige Analyse der Probleme, Bedürfnisse, Erfordernisse und Wünsche des Kunden, wodurch Sie in der Lage sind, das beste Rezept auszustellen.
- Schließt Hemmnisse, Ausflüchte und Einwendungen schon am Anfang des Verkaufsprozesses aus.
- Hilft Ihnen, falls erforderlich, auf die Situation zugeschnittene und deshalb wahrscheinlich erfolgreichere Präsentationen und/oder Angebote auszuarbeiten.
- Nimmt Ihnen als Verkäufer den Druck.
- Der Interessent fühlt sich ungezwungen, weil er befragt wird und nicht das Gefühl hat, daß ihm etwas verkauft wird.
- Ermöglicht die Wahl des richtigen Zeitpunktes für eine Präsentation, wenn die Leute am ehesten bereit sind, zuzuhören und zu handeln.
- Gibt Ihnen einen Leitfaden, um Fehler zu vermeiden.
- Der Verkäufer zieht seine eigenen Kriterien heran, um zu entscheiden, ob es sinnvoll ist, den Verkaufsprozeß weiterzuführen.
- Das Engagement nimmt mit Fortdauer des Prozesses zu und läßt einen Abschluß ganz selbstverständlich erscheinen.
- Bringt mehr Kunden dazu, daß sie von sich aus den Kauf tätigen.

DIAGNOSE UND BEHANDLUNG: VERWENDEN SIE DIESES ACHT-PUNKTE-TRAINING, UM IHR GESCHÄFT WACHSEN ZU LASSEN

Um maximale Resultate bei der Geschäftsentwicklung zu erzielen, müssen Sie diesen Plan Schritt für Schritt befolgen. Sollten Sie irgendwann feststellen, daß Sie einen Schritt nicht zu Ende bringen können, beenden Sie das Verkaufsgespräch. In den folgenden Kapiteln finden Sie detaillierte Anweisungen für jeden Schritt. Wenn Sie die Schritte bestmöglich durchführen und Ihr potentieller Kunde die Prüfung besteht, werden Sie in ungefähr 90 Prozent aller Fälle einen Kunden gewonnen haben.

1. Schritt: Prüfung, ob die Chemie stimmt. Vergewissern Sie sich, daß potentielle Kunden sich mit Ihnen ungezwungen fühlen (ein Anzeichen dafür ist, daß Sie sich mit ihnen wohl fühlen).
2. Schritt: Prüfung der emotionalen Bedürfnisse, Erfordernisse, Wünsche oder absoluten Notwendigkeiten. Wenn Ihre potentiellen Kunden keine Schmerzen haben, werden sie nichts von Ihnen kaufen.
3. Schritt: Prüfung der Bereitschaft zu handeln. Ihre potentiellen Kunden müssen Schmerzen haben. Wenn Sie jedoch etwas verkaufen wollen, müssen die Kunden auch bereit sein, etwas zu unternehmen, um die Schmerzen zu heilen.
4. Schritt: Prüfung der Zahlungsfähigkeit und Zahlungswilligkeit. Selbst wenn Ihre Interessenten viele Probleme haben und diese auch in Ordnung bringen wollen, müssen Sie sich vergewissern, daß sie das Geld haben, Ihr Honorar zu bezahlen. Wenn nicht, sind Sie draußen.
5. Schritt: Prüfung der Kenntnis über den Entscheidungsfindungsprozeß, und die Fähigkeit, diesen Prozeß zu beeinflussen. Nachdem Sie erkannt haben, daß Schmerzpunkte, Engagement und Geld vorhanden sind, müssen Sie noch herausfinden, wer entscheidet, Sie zu engagieren, und dann Ihr Bestes tun, Kontakt zu dieser Person herzustellen und den Fortgang zu kontrollieren.
6. Schritt: Prüfung der Notwendigkeit einer Präsentation oder eines Angebotes, und Entscheidung, wie diese auszusehen haben. Manchmal sind Präsentationen und Angebote notwendig. In diesem Fall müssen Sie den Interessenten dazu bringen, Ihnen exakt anzugeben, wie diese auszusehen haben, damit Sie das Geschäft machen.

Wenn Sie bis zum 6. Schritt gekommen sind, können Sie sich überlegen, mit den letzten beiden Schritten weiterzumachen.

7. Schritt: Erstellen Sie eine auf den Kunden zugeschnittene Präsentation und/oder ein Angebot. Wenn Sie den Interessenten erfolgreich durch die ersten sechs Schritte gebracht haben und er oder sie eine Präsentation oder ein Angebot haben möchte, müssen Sie nun ein auf den Kunden zugeschnittenes Angebot ausarbeiten – falls Sie das Geschäft machen wollen.
8. Schritt: Fertigen Sie den Vertrag. Bei diesem letzten Schritt müssen Sie alle relevanten Punkte, wie zum Beispiel Beginn Ihrer Arbeit, Zahlungsplan usw., festlegen.

KAPITEL 6:

PRÜFUNG EINER POSITIVEN CHEMISCHEN REAKTION

Um mehr zu verkaufen, müssen Sie geschickt darin sein, zu prüfen, ob eine gute Beziehung mit dem potentiellen Kunden existiert, und darin, eine gute Beziehung aufzubauen. Deshalb ist es entscheidend, zu wissen, wie man die Chemie überprüft, sie verbessert oder sogar neu aufbauen kann, wenn sie nicht schon automatisch vorhanden ist. Dies ist der 1. Schritt der Verkaufsuntersuchung. Sie müssen diesen Test durchführen und daran arbeiten, die Chemie zu verbessern, und zwar vom ersten Treffen bis zum Verkaufsabschluß.

WARUM DIE CHEMIE FÜR ERFOLGREICHES VERKAUFEN WICHTIG IST

Es ist schwieriger, immaterielle Dienstleistungen zu verkaufen als materielle Produkte. Wenn Sie ein Auto, einen Computer oder ein Haus kaufen möchten, wird Ihr Verlangen nach diesem materiellen Produkt Vorrang haben vor der Möglichkeit, daß die Chemie zwischen Ihnen und dem Verkäufer nicht stimmen könnte. Eine Käuferin wird, wenn sie einen Computer sehr günstig bekommen kann, das Angebot sicher nicht ausschlagen, nur weil sie den Verkäufer nicht mag.

Wenn Sie jedoch immaterielle Dienstleistungen verkaufen, kauft der potentielle Kunde Sie. Sehr wenige Menschen werden Anbieter von freiberuflichen Dienstleistungen beauftragen, die sie nicht mögen oder in deren Umgebung sie sich nicht wohl fühlen. Dies ist eine der Prüfungen der Käufer, wenn sie entscheiden, wen sie engagieren sollen: „Kann ich mit diesem Menschen auskommen? Wird er in meine Firma passen? Mag ich ihn?“

Verbessern Sie die Chemie, und führen Sie eine sorgfältige Untersuchung durch, um folgendes zu erreichen:

1. ***Erzeugen Sie besondere Gefühle für Sie.*** Viele von uns haben Geschäfte an Konkurrenten verloren, die wahrscheinlich weniger qualifiziert für die Arbeit waren als wir. Wenn die Chemie nicht ganz stimmt oder gar nicht vorhanden ist, ist es beinahe unmöglich, das Geschäft abzuschließen. Auf der anderen Seite nehmen potentielle Kunden oft große Mühen auf sich, um Sie zu engagieren, wenn sie Sie gern mögen.
Indem wir prüfen, ob besondere Gefühle für uns vorhanden sind beziehungsweise sie erzeugen, können wir uns von unseren Konkurrenten unterscheiden, die sich über dieses Thema vielleicht nicht so viele Gedanken machen oder sich um diesen Aspekt nicht bemühen. Außerdem neigen Kunden viel eher dazu, ihre Geschäfte jemandem anzuvertrauen und zusätzliche Dienstleistungen von ihrem freiberuflichen Dienstleistungsanbieter zu kaufen, wenn die Chemie stimmt. Eine gute Chemie kann zu 50 bis 80 Prozent den Verkauf entscheiden.
2. ***Bringen Sie die Leute dazu, sich mit Ihnen wohl zu fühlen und sich Ihnen zu öffnen.*** Als „Geschäftsärzte" ist es unerläßlich für uns, den potentiellen Kunden (den Patienten) dazu zu bringen, uns zu erzählen, was ihn wirklich beschäftigt, anstatt ein paar oberflächliche Gründe zur Diskussion zu bringen. Sehr oft gehen Freiberufler in Verkaufsgespräche, während denen der potentielle Kunde nur schaut. Sie haben sicher schon vorher oberflächliche Aussagen wie diese gehört: „Wir denken daran, etwas zu tun..." oder „Wir entschieden, daß es Zeit ist, unsere Geschäftsbeziehung zu überdenken..." Genauso wie ein Arzt müssen wir eine sorgfältige Untersuchung des Kunden durchführen, um ihm das Richtige zu verordnen. Um dies zu tun, muß sich der potentielle Kunde in unserer Gesellschaft wohl fühlen. Ohne eine gute Chemie wird dies nicht geschehen.
3. ***Bringen Sie sie dazu, Ihnen zu vertrauen und Sie als einen der ihren zu respektieren.*** Denken Sie darüber nach, wo Sie leben, welches Auto Sie fahren, wie Sie sich kleiden, wie Ihre Frisur aussieht, wie lang Ihre Koteletten sind. Menschen haben das grundlegende Bedürfnis sich anzupassen. Wir neigen dazu, Leuten sehr viel schneller Vertrauen zu schenken, wenn sie uns ähnlich sind. Tragen Sie Freizeitkleidung bei der Arbeit? Welche Farbe hat Ihr Hemd? Wie lang ist Ihr Rock? Kleiden Sie sich konservativ oder eher etwas wilder?
Das gleiche trifft auch auf unsere potentiellen Kunden zu. Wenn wir uns vielleicht auch nicht wie sie kleiden, besteht die Wahrscheinlichkeit, daß wir viele Ansichten, Ziele und Moralvorstellungen gemeinsam haben. Die Tatsache, daß die Leute Ihnen vertrauen, ist überaus wichtig dafür, daß Sie engagiert werden. Ohne eine solide Chemie kann Vertrauen nicht existieren.

4. **Prüfen Sie, *ob eine reife gleichwertige* Beziehung *besteht, beziehungsweise schaffen* Sie *sie.*** Hatten Sie jemals das Gefühl, einer Ihrer Kunden schaue auf Sie hinunter? Schauen Sie auf manche Ihrer Kunden hinunter? Unsere Auftraggeber sollten uns als gleichwertig betrachten. Dann ist es wahrscheinlicher, daß sie uns respektieren und so behandeln, wie wir es uns wünschen. Und es ist wahrscheinlicher, daß sie sich an unsere Verordnungen halten und unser Honorar bezahlen!
5. ***Stellen Sie sicher, daß sie in Ihnen niemals den Verkäufer sehen.*** Wir wollen, daß der potentielle Kunde nie das Gefühl hat, man versuche, ihm etwas zu verkaufen, weil dies Angst, Distanz und Mißtrauen schafft. Immer wenn Kunden es so empfinden, als ob man ihnen etwas verkauft, werden sie während des Verkaufsprozesses psychologische und sogar physische Barrieren aufbauen. Zum Beispiel haben viele Leute Angst davor, in ein Autohaus zu gehen, weil sie fürchten, man könne sie übervorteilen. Indem Sie sich den Leuten wie ein Arzt nähern und ein Verhalten an den Tag legen, das fast genau das Gegenteil von dem ist, das man von einem Verkäufer erwartet, werden Sie diese Barrieren überwinden. Und die Leute werden Ihnen während der Verkaufsuntersuchung genau sagen, wie man ihnen etwas verkauft.

WIE MAN CHEMIE ERZEUGT

Manche Leute sind wie dazu geschaffen, daß die Leute sie von Anfang an mögen und sich mit ihnen wohl fühlen. Das sind genau diejenigen, die schon in der Schule beliebt waren. Leider muß der Rest von uns noch daran arbeiten. Nachfolgend ein paar bewährte Methoden, Chemie zu erzeugen, die ich von den Top-Geschäftsleuten in den freien Berufen gelernt habe.

MACHEN SIE KLAR SCHIFF

Es ist beinahe unmöglich, Aufmerksamkeit zu gewinnen und eine Beziehung aufzubauen, wenn man abgelenkt wird. Jene, die versucht haben, eine Geschäftsverhandlung mit einem Kunden zu führen, der von einer Sekretärin unterbrochen wird, der damit beschäftigt ist, Telefongespräche entgegenzunehmen oder der aufgrund eines Problems aufgebracht oder indisponiert ist, werden genau wissen, wie schwierig das ist.
Die Leute handeln oft ganz anders und sind eher bereit, sich Ihnen anzuvertrauen, wenn sie nicht mehr auf ihrem „Thron“ sitzen. Auch in ihrem Büro sind potentielle Kunden weniger mitteilsam, weil „die Wände Ohren haben“. Deshalb ist es unerläßlich, eine Verkaufssituation zu schaffen, in der es keine Ablenkungen gibt. Auf diese Art schaffen Sie das richtige Ambiente für eine produktive Besprechung.

Die beste Zeit, ein Verkaufsgespräch zu führen, besonders wenn es sich um eine erste Besprechung handelt, ist während eines Mittagessens. Die besondere entspannte Atmosphäre, weg vom Büro, gibt den potentiellen Kunden die Gelegenheit, sich Ihnen anzuvertrauen und Ihnen ihre wirklichen Sorgen und Wünsche mitzuteilen. Sicher gibt es auch im Restaurant Ablenkungen, aber sie sind nur vorübergehend und für den Käufer unwichtig.

Den besten Ort für ein Verkaufsgespräch können Sie wählen, wenn Sie den Termin per Telefon vereinbaren. Fragen Sie den potentiellen Kunden, wo Sie ihn zum Mittagessen treffen könnten, um seine Situation zu besprechen. Warum man Besprechungen beim Mittagessen führen sollte? Üblicherweise ist dies die einzige Zeit des Tages, zu der Sie frei sind. Und dies gilt auch für Ihre künftigen Kunden. Seien Sie so höflich und nehmen Sie ihnen nicht zuviel ihrer Arbeitszeit. Jeder mag es gern, wenn er zum Mittagessen eingeladen wird. Vorsicht: Der potentielle Kunde, der zu beschäftigt oder nicht daran interessiert ist, sich mit Ihnen zum Mittagessen zu treffen, ist vielleicht überhaupt kein Käufer. Essen ist ein gesellschaftliches Ereignis – es schafft eine entspannte Atmosphäre. Außerdem, wenn Leute hungrig sind, werden Sie auf keinen Fall in der Lage sein, ihre Aufmerksamkeit zu gewinnen, und diese während des gesamten Verkaufsgespräches aufrecht zu halten.

Manche Freiberufler möchten ihr Geld nicht dafür ausgeben, einen Kunden zum Essen einzuladen. Aber denken Sie daran, Sie müssen nicht im teuersten Restaurant der Stadt essen. Der beste Ort für eine Besprechung könnte in der Nähe des Büros des Kunden sein. Ich betrachte Einladungen zum Mittagessen als eine wichtige Investition und eine preisgünstige Möglichkeit, für eine Stunde ein Büro zu mieten. Sie werden einwenden, daß Sie doch die Produktionsstätten und/oder Büros des Kunden sehen sollten, um Ihr Interesse zu zeigen. Sicher, aber tun Sie das vor oder nach dem Mittagessen. Wenn Sie den potentiellen Kunden nicht dazu bringen, daß er seine Geschäftsräume zum Mittagessen oder zum Kaffee verläßt, versuchen Sie, ein Besprechungszimmer in den Geschäftsräumen des Kunden zu organisieren.

Denken Sie daran, ernsthafte und geschäftstüchtige Käufer möchten auch Ihre ungeteilte Aufmerksamkeit. Wenn Sie die falsche Umgebung für ein Verkaufsgespräch auswählen, wird es dem Endergebnis schaden. Die Wahrscheinlichkeit ist groß, daß Ihre Konkurrenten darüber noch nicht nachgedacht haben. Dies ist eine weitere Methode, sich von ihnen zu unterscheiden.

FANGEN SIE AM ANFANG AN

Wenn Sie das Glück hatten, daß das Verkaufsgespräch aufgrund einer Empfehlung eines Kunden oder einer anderen Quelle (Bankier, Anwalt, Versicherungsfachmann) zustande kam, erwähnen Sie diese Verbindung zu Beginn des Gespräches, um das Gedächtnis des Käufers aufzufrischen und seine Aufmerksamkeit zu gewinnen.

Sagen Sie etwas, wie „Es war nett von Sue Jones, uns zusammenzubringen. Hat sie Ihnen zufällig etwas von uns erzählt, oder gesagt, warum sie uns empfohlen hat?"

Diese Frage stellt die Verbindung her, wie Sie und der Käufer zusammengekommen sind. Auf diese Frage gibt es drei Antworten. Alle drei sind in Ordnung, weil wir zumindest die Aufmerksamkeit des Kunden gewonnen haben.

1. „Nein."
2. „Ja, aber ich habe es vergessen."
3. „Ja. Sie erwähnte, Sie seien die verantwortlichen Ingenieure für mehrere ihrer Projekte und daß Sie große Erfahrung mit Situationen wie der unsrigen hätten." (Oder etwas ähnliches.)

Allein die Möglichkeit von Antwort Nr. 3 ist es wert, diese Frage zu stellen. Dann könnte das Verkaufsgespräch gar nicht besser anfangen.

LASSEN SIE SICH AUF SMALL TALK EIN – ABER SEIEN SIE VORSICHTIG!

Jeder weiß, daß Small talk ein guter Weg sein kann, das Eis bei einem potentiellen Kunden zu brechen – wenn man gut darin ist und der Käufer empfänglich dafür ist. Aber seien Sie vorsichtig: Meiner Erfahrung nach hat man ungefähr acht Sekunden Zeit, das Interesse und die Aufmerksamkeit des potentiellen Kunden zu gewinnen. Wenn man über das Wetter spricht, das Footballspiel der letzten Nacht, über etwas einzigartiges im Büro des Kunden oder den Schwertfisch an der Wand – all dies kann eher Unbehagen erzeugen, anstatt es zu nehmen. In der hektischen Welt von heute haben viele Leute ganz einfach nicht die Zeit oder das Temperament, zwanzig Minuten lang über nichts zu plaudern. Und manchmal kann diese fade Plauderei sich durch das ganze Verkaufsgespräch ziehen, ohne daß irgend etwas erreicht wird.

Wenn Sie in dieser Kunst schon Talent haben, wenden Sie es auf jeden Fall an. Wenn nicht, dann folgen Sie der Initiative Ihres Gegenübers. Wenn der potentielle Kunde anfängt, Small talk mit Ihnen zu führen, lassen Sie sich auf jeden Fall darauf ein, oder Sie wirken arrogant auf ihn.

DIE LÖSUNG EINES ACHTJÄHRIGEN MÄDCHENS

Um eine gegebene Fertigkeit zu beherrschen, müssen Sie versuchen, von überall etwas zu lernen. Zum Glück für Sie haben die meisten Ihrer Konkurrenten ihre Augen, Ohren und Gedanken der Möglichkeit gegenüber verschlossen, daß sie es beherrschen könnten, Chemie zu erzeugen oder sogar kompetent darin sein könnten.

Ich war bei einem Freund zum Barbecue eingeladen, als seine Tochter auf mich zukam und sagte: „Wenn ich groß bin, möchte ich jemanden wie dich heiraten." Mann, solche Komplimente bekomme ich nicht jeden Tag. Hier mein Kind, nimm meine Brieftasche. Was immer du von mir möchtest, es gehört Dir. Ich möchte dich zum Begünstigten meines gesamten Vermögens machen!

Die Lektion, die gelernt werden muß, um Chemie zu erzeugen, ist, daß Sie, falls sich die Gelegenheit bietet, etwas sagen, von dem Sie wissen, daß es der Kunde unbedingt hören möchte. Leider wenden viele Verkäufer diese Taktik nicht richtig an, sondern marschieren in das Büro des Kunden und verkünden Sprüche wie „Oooh .. ist dies Ihre Bowlingtrophäe? Spielen Sie wirklich Bowling? Toll!" oder „Wie schön Ihr Büro ist!" Wie oft haben Sie das schon gehört?

Nein, die Aussage muß von Herzen kommen – Sie müssen es wirklich so meinen und mit Gefühl sagen. Einer der besten Aufträge, die ich je an Land gezogen habe, wurde sicherlich besiegelt, als ich dem Firmengründer sagte: „Sie hatten bestimmt viele schlaflose Nächte, während Sie diese Firma aufgebaut haben."

HÖREN SIE INTERESSIERT UND EINFÜHLSAM ZU

Abraham Lincoln sagte einst: „Die Leute interessiert es nicht, wieviel man weiß, bis sie wissen, wie sehr man sich dafür interessiert." Der gute alte Abe kannte die Menschen nur zu gut. Er verstand, daß die Leute Ihre Verordnungen, Lösungen, Ratschläge oder Referenzen nicht beachten, wenn sie nicht wissen, daß Sie sich wirklich Sorgen um sie machen.

Ich habe mir die erfolgreichste Methode, wie man Chemie erzeugen kann, bis zum Schluß aufgehoben. Die Leute werden sich in Sie verlieben, wenn Sie ihnen zuhören! In diesem Zusammenhang verwende ich das Wort zuhören, um eine bestimmte Nebenbedeutung mit einzuschließen. Hier bedeutet „zuhören", mit jemandem so umzugehen, daß er das Gefühl bekommt, daß Sie sich wirklich für das, was er zu sagen hat interessieren und es für wichtig halten. Die Kunden möchten Anbieter von freiberuflichen Dienstleistungen, die ihnen zuhören; die Leute interessiert sehr viel mehr, was sie selbst zu sagen haben als das, was Sie zu sagen haben. Leider kommt es selten vor, daß sie jemandem gegenüberstehen, der bereit ist, ihnen zuzuhören, ohne sie zu unterbrechen. Dieses Bedürfnis, daß einem zugehört wird, ist so groß, daß manche sogar die Dienste von Psychiatern in Anspruch nehmen (und eine riesige Summe dafür bezahlen), damit sie jemandem ihre Sorgen erzählen können. Es tut nichts zur Sache, wie jung Sie waren oder wie stark die sexuelle Anziehung damals war, Sie hätten Ihren Ehepartner nie geheiratet, wenn er/sie Ihnen nicht zugehört hätte. Hört Ihr bester Freund Ihnen zu? Natürlich, sonst wäre er/sie nicht Ihr bester Freund.

Wenn Sie lernen, besser zuzuhören, werden Sie mehr verkaufen, eine bessere Beziehung zu Ihren Kunden und Kontaktpersonen haben und sich von Ihrer Konkurrenz entscheidend abheben. Es wird auch nicht mehr so viele Einwendungen gegen Ihr Honorar geben.

Einer meiner Klienten, ein Wirtschaftsprüfer, hatte mit einem seiner Kunden viele Jahre lang Probleme bezüglich des Honorars. Der Kunde war beinahe brutal, wenn es darum ging, das Honorar jedes Jahr zu kürzen. Mein Kunde fragte mich, was er tun solle, weil die jährliche Rechnungsprüfung kurz vor dem Abschluß stand und er sich bald wieder mit dem Kunden zusammensetzen müsse, um über Anpassungen und Honorare zu verhandeln.

Ich schlug vor, er solle seinen Kunden zum Mittagessen einladen und nicht viel reden. Er solle dem Kunden die Möglichkeit geben, etwas Dampf abzulassen, und herausfinden, warum er sich immer so viele Sorgen darüber macht, zu viel zu bezahlen. Wo lag das Problem wirklich?

Es stellte sich heraus, daß der Kunde ein Japaner war. Indem er den Mund hielt, erfuhr der Wirtschaftsprüfer, daß es der Kunde als seine Pflicht und als eine Art Ehrendienst für seinen Arbeitgeber betrachtete, über das Honorar zu feilschen. Die erbrachten Dienstleistungen waren absolut in Ordnung; tatsächlich war der Kunde über die Pünktlichkeit und die Routiniertheit des Wirtschaftsprüfers während der ganzen Jahre erfreut. Was fehlte, war eine Beziehung zwischen den beiden, und diese wurde an diesem Tag aufgebaut, als der Kunde lang und breit über seine Arbeit, seine Karriere und seine Sorgen reden konnte. Als sich die Besprechung dem Ende zuneigte, fragte der Wirtschaftsprüfer den Kunden, was er wegen des Honorars tun solle. Sein Kunde sagte, eine Anpassung sei nicht notwendig!

Überrascht? Das brauchen Sie nicht zu sein. Wie in allen anderen freien Berufen, verrechnen die „Stars“ unter den Wirtschaftsprüfern regelmäßig höhere Honorare als ihre Konkurrenten und haben eine höhere Abschlußquote als ihre Kollegen, weil sie ihren Kunden das geben, was sie wollen: einen Wirtschaftsprüfer, der sich wirklich für sie und ihre Firma interessiert, und der sehr viel mehr tut, als die Finanzunterlagen einmal im Quartal vorbeizubringen oder zu schicken.

Einer meiner anderen Kunden (Lou, ein unglaublich erfolgreicher Berater) hatte acht Jahre lang versucht, einen bestimmten Klienten zu gewinnen. Nie, wenn sie sich trafen, war es Lou möglich, das Geschäft abzuschließen. Nachdem ich schließlich zwei Tage lang in seiner Firma Schulungen abgehalten hatte, beschloß Lou, diesen Mann zum Mittagessen einzuladen. Er rief mich unmittelbar danach an, um mir die gute Neuigkeit mitzuteilen: Lou hatte sich die Zusage des Kunden sofort dort im Restaurant gesichert.

Auch vom Standpunkt der Kontrolle aus ist Zuhören entscheidend. Viele Leute denken, daß derjenige, der spricht, die Verkaufssituation kontrolliert. Das stimmt nicht. Derjenige, der redet, dominiert die Unterhaltung, aber derjenige, der zuhört oder Fragen stellt, lenkt die Besprechung in die richtige Richtung.

DIE ZWÖLF SCHLÜSSEL, WIE SIE INTERESSIERT UND EINFÜHLSAM ZUHÖREN

So lernen Sie, besser zuzuhören.

1. MACHEN SIE IMMER SCHRIFTLICHE AUFZEICHNUNGEN

Was sagt es über jemanden aus, wenn er während eines Verkaufsgespräches schriftliche Aufzeichnungen macht? Heißt das nicht, daß er interessiert, effizient und organisiert ist? Bekommt der Käufer nicht das Gefühl, daß das, was er sagt, wichtig ist (und daß er selbst auch wichtig ist)?

Viele von uns versuchen, dem potentiellen Kunden durch ihr Gerede zu vermitteln, daß diese Qualitäten vorhanden sind. Es ist jedoch sehr viel effektiver, wenn der Käufer sie selbst wahrnimmt, indem er bemerkt, wie wir agieren. Im allgemeinen frage ich die Käufer um Erlaubnis, bevor ich Notizen mache. Dies nimmt ihnen die Befangenheit. Es verstärkt auch den Eindruck, daß das, was sie mir erzählen, sehr wichtig ist.

Schriftliche Aufzeichnungen liefern uns auch die notwendigen Beweise, Details und das Hintergrundwissen, um darauf während der Bemühungen, uns einen Kunden zu sichern, zurückgreifen zu können. Man kann sich einfach nicht an all diese Daten erinnern. Haben Sie deshalb keine Angst, sich Notizen zu machen. In mehr als 1.500 Verkaufsgesprächen hat mich noch nie jemand aufgefordert, dies zu unterlassen.

2. UNTERBRECHEN SIE DEN KUNDEN NIE

Die Leute lieben es zu reden und zu reden ... Leider sind die meisten Freiberufler zu sehr in Eile, um sich einfach zurückzulehnen und zuzuhören. Aller Wahrscheinlichkeit nach hört jedoch auch niemand anderer jemals dem Kunden zu.

Unterbrechen Sie nie jemanden während eines Verkaufsgespräches – außer im Falle eines Feuers oder eines Atombombenangriffs. Wenn der potentielle Kunde weiter plappert und vom Thema abkommt, können Sie ihn mit einer entsprechenden Frage immer wieder zum Thema zurückführen. Wie fühlen Sie sich, wenn Sie unterbrochen werden? Der Grund, warum die „Stars" viel mehr Geschäfte abschließen als ihre Konkurrenz liegt darin, daß sie einfach mehr zuhören und den Kunden weniger oft unterbrechen als ihre Konkurrenten.

3. GEBEN SIE VERBALE UND VISUELLE SIGNALE

Sie werden sagen, das ist doch selbstverständlich. Ich habe bei Dutzenden Verkaufsgesprächen beobachtet, wie Anbieter von freiberuflichen Dienstleistungen einfach nur ausdruckslos dasaßen.

Sie müssen den Käufer wissen lassen, daß Sie ihm zuhören, andernfalls wird er nicht mehr weiterreden. Nicken Sie mit dem Kopf, sagen Sie etwas, wie „Ich sehe, was Sie meinen" oder „Aha", um den Käufer wissen zu lassen, daß Sie deren ausgesprochene Gedanken nachvollziehen können.

4. SETZEN SIE VORAUS, DASS ALLES, WAS DER POTENTIELLE KUNDE SAGT, WICHTIG IST, UND HANDELN SIE DANACH!

Manchmal werden Sie nur so tun müssen, als ob das, was der Käufer sagt, wichtig sei, weil Sie vielleicht schon hundert Klienten in der genau gleichen Situation erlebt und die gleichen Sorgen schon vorher gehört haben. Für den Käufer sind dies jedoch wichtige Probleme, und er wird enttäuscht sein, wenn Sie ihn nicht bis zum Ende anhören.

5. DENKEN SIE NICHT NACH

Schreiben Sie Gedanken und Fragen, die Ihnen einfallen, auf. Wenn Sie die Zeit mit Nachdenken verbringen, hören Sie dem Käufer nicht richtig zu – und er wird dies merken.

Ganz sicher werden Ihnen neue Gedanken und Fragen in den Sinn kommen, während Sie zuhören. Toll! Dadurch können Sie das Gespräch fortführen, wenn der Käufer zu reden aufhört. Notieren Sie sich diese Fragen und Gedanken einfach auf dem Blatt, auf dem Sie Ihre Aufzeichnungen machen.

6. GEHEN SIE MIT UNPRÄZISEN AUSSAGEN RICHTIG UM

Manche Leute machen Aussagen, wie, daß sie „leidlich zufrieden" mit ihrem derzeitigen Anbieter oder ihrer Situation sind beziehungsweise „Das Honorar ist zu hoch" oder „Wir bekommen nicht den Service, den wir uns wünschen". Was bedeuten diese Worte und Aussagen? Wenn ich das nur wüßte! Um ein besserer Zuhörer zu sein (und ein besserer Verkäufer), müssen Sie dies sofort herausfinden. Lassen Sie ungenaue Aussagen nicht einfach an sich vorübergehen, sonst finden Sie nie heraus, welches die wirklichen Motive des Käufers sind, und können keine korrekte Diagnose der Situation stellen.

Seien Sie kein Gedankenleser! Sagen Sie zum Beispiel „Als Sie sagten, Sie seien mit Ihrem derzeitigen Anwalt leidlich zufrieden, was meinten Sie damit?" oder „Warum sagen Sie, ihr Honorar sei zu hoch – liegt ein Mangel an Service vor oder etwas anderes?" beziehungsweise „Können Sie mir genauer erklären oder ein Beispiel dafür geben, was Sie mit dem Satz ‚Wir bekommen nicht den Service, den wir wollen' meinen?"

Sie haben Angst davor, vagen Aussagen und Worten nachzugehen? Das brauchen Sie nicht. Der Käufer realisiert oft nicht, was er gesagt hat. Und man hat uns allen schon in der Kindheit beigebracht, uns klar auszudrücken. In den vierzehn Jahren, in denen ich immer wieder Leute gebeten habe, ihre Aussagen zu präzisieren, hat sich nie jemand geweigert. Wenn Sie es je getan hätten, wäre dies ein Zeichen für fehlende Chemie.

7. SEIEN SIE NEUGIERIG

Erinnern Sie sich an die Zeit, bevor Sie in den Kindergarten gingen? Wenn nicht, vielleicht daran, bevor Ihre Kinder in die Schule gingen? Kinder im Vorschulalter sind auf alles neugierig. „Oh, Papa, schau' Dir den Lastwagen an!" Je älter wir werden, desto weniger Dinge scheinen wir zu bemerken. Potentielle und bestehende Kunden lieben es jedoch, wenn andere für sie und ihre Arbeit, ihre Interessen und ihr Leben Neugier zeigen. Zu wenig andere zeigen Interesse dafür.

Seien Sie wie ein kleines Kind, wenn Sie den Kunden treffen und in seine Firma oder in sein Büro kommen. Stellen Sie Ihre Neugier in den Vordergrund. Die Leute werden Sie viel eher mögen, Ihnen gegenüber offen und ehrlich sein und sich mit Ihnen wohl fühlen.

8. LASSEN SIE IHRE WERBE-BROSCHÜRE IN IHREM BÜRO ZURÜCK

Egal, wie viel Ihre Firma in ihre phantastische Werbe-Broschüre investiert hat, sie sieht wahrscheinlich aus und liest sich so wie jede andere auch.

Ich wette, Ihre Werbe-Broschüre enthält Fotos der Mitarbeiter, die so aussehen, als ob sie arbeiteten. Oder vielleicht Bilder Ihres Büros. Und man kann lesen, daß sie viel mehr als nur reine Berater, Architekten, Designer oder was auch immer sind. Sie sind Experten, die aufgrund ihrer riesigen Möglichkeiten und Kontakte Lösungen bieten, bla, bla, bla.
Was noch schlimmer ist: Manche Freiberufler erwarten, daß die Werbe-Broschüre den Verkauf für sie abwickelt. Die Leute kaufen freiberufliche Dienstleistungen nicht aus Werbe-Broschüren. Lenken Sie auf keine Art und Weise von dem Gespräch ab. Wenn Sie eine Werbe-Broschüre dabei haben, wird der Käufer beginnen, sie zu lesen, Ihnen Fragen dazu stellen und so die Kontrolle über das Gespräch an sich ziehen. Lassen Sie deshalb die Werbe-Broschüre im Büro.
Heutzutage braucht man Werbe-Broschüren nur deshalb, weil jeder eine hat. Sie sind eine ausgezeichnete Anlage zu einem persönlichen Dankschreiben, das Sie unmittelbar nach dem Gespräch schicken – dies bietet Ihnen eine weitere Möglichkeit zur Darstellung. Die Leute lieben persönliche Dankschreiben, und Ihre Konkurrenz wird sich nicht die Zeit nehmen, sie zu schreiben.

9. HALTEN SIE SICH ZURÜCK

Anbieter von freiberuflichen Dienstleistungen denken, man erwarte von ihnen, daß sie sofort, nachdem sie die Sorgen der Käufer gehört haben, Lösungen anbieten. Weder Ärzte noch viele der besten Geschäftsanbahner in den freien Berufen verkaufen auf diese Art und Weise.
Es gibt die richtige Zeit und den richtigen Ort, Lösungen anzubieten, aber nicht sofort, wenn Sie die ersten Anhaltspunkte hören, sondern später während des Verkaufsgespräches, nachdem alle Bedürfnisse, Erfordernisse, Wünsche oder absoluten Notwendigkeiten des Käufers auf dem Tisch sind. Wenn Sie sofort auf die Sorgen antworten, werden Sie viel zu viel reden und den Eindruck des Käufers, daß das Gespräch gut läuft, zerstören. Noch schlimmer, Sie werden sich genau wie Verkäufer oder wie Ihre Konkurrenten anhören. Haben Sie jemals eine Unterhaltung wie die folgende geführt?

***Käufer*:** Wir erhalten unseren Jahresabschluß nicht rechtzeitig von unserem derzeitigen Wirtschaftsprüfer.

***Wirtschaftsprüfer*:** Kein Problem! Wir werden Ihnen den Abschluß genau dann geben, wenn Sie ihn wollen.

***Käufer*:** Genau das hat unser letzter Wirtschaftsprüfer auch gesagt.

Denken Sie daran, was Sie über sich selbst sagen, ist Ihre Meinung und hat wenig Gewicht. Warten Sie den richtigen Zeitpunkt ab, um auf alle Sorgen des Käufers eine Antwort zu geben (siehe Kapitel 10).

10. SEIEN SIE SIE SELBST

Manche Freiberufler ändern ihre Persönlichkeit, wenn Sie mit potentiellen Kunden zusammentreffen. Sie fangen an, so zu handeln, wie sie glauben, daß man es von ihnen erwartet – als ob sie bei ihrer ersten Verabredung wären.

Zeigen Sie dem Käufer Ihr wahres Ich. Seien Sie offen und verletzbar; seien Sie Sie selbst. Wenn der Kunde Sie engagiert, aber Ihr wahres Ich erst später kennenlernt und Sie vielleicht nicht mag, wird er auf jeden Fall jemand anderen engagieren. Nur wenn Sie selbst offen sind, können Sie für andere zugänglich sein.

11. BEANTWORTEN SIE KEINE UNGESTELLTEN FRAGEN

Die Leute kaufen keine Firmen, sondern die einzelnen Personen. Beantworten Sie nicht eine Menge ungestellter Fragen über Ihre Firma. Ich habe erlebt, wie Leute sich in langen Vorträgen darüber ausließen, wann die Firma gegründet wurde, wie viele Mitarbeiter sie haben, bla, bla, bla.

Käufer interessiert nichts weniger. Sie wollen, daß man auf ihre Bedürfnisse, Erfordernisse, Wünsche oder absoluten Notwendigkeiten eingeht. Wenn Sie etwas über Ihre Firma und Ihre Erfahrung zu sagen haben, tun Sie es kurz und freundlich. Der beste Zeitpunkt, über Ihre Firma und Ihre Qualifikationen zu sprechen, ist in Schritt 6 (siehe Kapitel 10).

12. STELLEN SIE KURZE, PRÄGNANTE FRAGEN

Psychotherapeuten haben Mittel, ihre Patienten dazu zu ermutigen, sich ihnen anzuvertrauen. Wenn Sie beim nächsten Mal bei einem Psychiater oder auch bei Ihrem Hausarzt oder Zahnarzt sind, achten Sie darauf, wie er Sie am Reden hält. Freundliche Ärzte verwenden Wörter, die als Stimulans für den Patienten dienen, damit er seine Gedanken und Aussagen näher ausführt und weiterentwickelt. Sie suchen nach den Ursachen der Probleme, so daß sie die richtigen Lösungen oder Verordnungen anbieten können.

Ihr Ziel als Verkäufer von freiberuflichen Dienstleistungen ist es, die Leute so weit zu bringen, daß sie über ihre Situation so viel wie möglich erzählen. In mehr als 1.500 Verkaufsgesprächen in den letzten vierzehn Jahren habe ich gelernt, daß es einen direkten Zusammenhang gibt zwischen der Zeit, die die Leute reden und der Wahrscheinlichkeit, daß sie Sie engagieren.

Nachfolgend habe ich ein paar der kurzen, prägnanten Fragen, die ich kenne und jahrelang erfolgreich angewandt habe, aufgeführt. Als Beispiele habe ich wirkliche Antworten darauf angeführt, die aus meinen eigenen Verkaufsgesprächen stammen, und aus jenen, die ich mit Kunden, die diese Techniken angewandt haben, gemeinsam besucht habe.

A. „Warum ...?"

***Käufer*:** Wir haben drei verschiedene Architekturbüros mit der Planung unserer Gebäude beauftragt.

***Architekt*:** Warum?

***Käufer*:** Wir haben noch keine Firma gefunden, die unsere ganzen Projekte allein bewältigen kann.

***Architekt*:** Würden Sie es vorziehen, nur mit einer Firma zu arbeiten, oder stört es Sie nicht, mit all den verschiedenen Personen zu tun zu haben?

***Käufer*:** Wir würden liebend gerne nur mit einer Firma arbeiten – es würde uns das Leben sehr erleichtern.

B. „Woran liegt das?"

***Berater*:** Haben Sie eine enge Geschäftsbeziehung zu Ihrem Berater?

***Käufer*:** Nicht wirklich.

***Berater*:** Woran liegt das?

***Käufer*:** Na ja, wir haben nie jemanden gefunden, der sich persönlich für uns interessierte.

***Graphikdesigner*:** Gibt es etwas, das Sie an Ihren derzeitigen Graphikdesignern nicht mögen?

***Käufer*:** Na ja, sie könnten uns mehr neues Material bieten. Alles, was sie gerade entwerfen, sieht irgendwie gleich aus.

***Graphikdesigner*:** Woran liegt das?

***Käufer*:** Höchstwahrscheinlich daran, daß seit Jahren die gleiche Person für uns arbeitet.

***Graphikdesigner*:** Haben Sie mit ihnen darüber gesprochen?

***Käufer*:** Sicher. Sie sagen, daß sie zur Zeit niemanden anderen frei haben.

***Graphikdesigner*:** Glauben Sie, daß diese Situation Ihre Geschäfte auf irgendeine Art und Weise beeinflußt hat?

Käufer: Ja. Wir machen viele direkte Aussendungen. Wenn die Unterlagen, die mit der Post kommen, eigentlich alle gleich aussehen, ignorieren die Käufer neue Produkte und besondere Angebote. Wir glauben, daß die Antworten rückläufig sind.

C. „Und...?“

EDV-Berater: Wie lange dauert es bei Ihren derzeitigen EDV-Beratern normalerweise, bis das System überholt ist und Sie wieder on-line arbeiten können?

Käufer: Normalerweise dauert es zwei bis vier Stunden, bis sie hier sind, und dann läuft es üblicherweise im Laufe des Tages wieder.

EDV-Berater: Und...?

Käufer: Und sie unterbrechen unseren ganzen Betrieb. Ihre Leute haben keine Erfahrung darin, mit Menschen zusammenzuarbeiten, nur mit Maschinen. Sie sind Primadonnen, und die ganze Abteilung ist in heller Aufregung, solange sie da sind.

D. „Was ist passiert?“

Anwalt: Wie haben Minton und Bore Ihre letzten Vertragsverhandlungen abgewickelt?

Käufer: Na ja, das war wohl ganz okay.

Anwalt: Was ist passiert?

Käufer: Ich glaube, wir saßen bei diesem Vertrag wirklich am längeren Hebel, aber sie betrauten einen ihrer jüngeren Mitarbeiter mit den Verhandlungen. Ich glaube wirklich, daß wir einen besseren Vertrag hätten ausarbeiten können.

Anwalt: Und?

Käufer: Und am Ende hat uns das eine Menge gekostet!

E. „Zum Beispiel?“

Finanzberater: Haben Sie irgendwelche Probleme mit den Ratschlägen Ihrer derzeitigen Finanzberaterin?

Käufer: Ja.

Finanzberater: Zum Beispiel?

Käufer: Zum Beispiel damit, daß sie mir sagte, es wäre in Ordnung, das Darlehen für meinen Sohn mit zu unterzeichnen. Ja, er hätte sich das neue Auto, das er unbedingt wollte, nicht kaufen können, aber so wäre er auch nicht in Zahlungsverzug geraten. Jetzt muß ich ein Auto abzahlen, das er sich ursprünglich nicht leisten konnte, und er schuldet mir das Geld immer noch.

ZUSAMMEN MIT EINEM KOLLEGEN DIE CHEMIE AUFBAUEN

Ich kann Sie nur ermutigen, gemeinsam mit Kollegen ein Verkaufsgespräch zu führen, um mit potentiellen Kunden eine Chemie aufzubauen. Auch wenn es nur einen Käufer gibt, wachsen Ihre Chancen, wenn Sie jemanden mitbringen. Wenn der Käufer Sie nicht mag, dann vielleicht Ihren Kollegen. Aber bringen Sie nicht das ganze Büro mit.

Die Prüfung auf Chemie während eines gemeinsamen Verkaufsgespräches ist ganz einfach: Beobachten Sie, an wen sich Ihr Gesprächspartner wendet. Wenn Sie die Fragen stellen, und die Antworten an Ihre Kollegin gerichtet sind, hat sie den besseren Draht zum Kunden und sollte die Verhandlungen übernehmen.

In Kapitel 11 behandle ich die Regeln des Verkaufs im Team.

WIE MAN DIE CHEMIE ÜBERPRÜFT

Wenn Sie bei diesem wichtigen Schritt angelangt sind, werden Sie bereits alles getan haben, was Sie konnten, um die bestmögliche Umgebung für ein produktives Gespräch zu schaffen. Sie haben Ihr Bestes getan, um mit dem potentiellen Kunden ein gutes Verhältnis aufzubauen.

Nun müssen Sie überprüfen, wie gut die Chemie ist, um zu entscheiden, wie Sie weiter vorgehen. Wenn es an der Chemie sehr mangelt, können Sie sich entscheiden, das Verkaufsgespräch abzubrechen oder andere beizuziehen, die mit dem Kunden besser reden können.

Vergessen Sie nicht, es ist beinahe unmöglich, einem potentiellen Kunden etwas zu verkaufen, wenn die Chemie nicht stimmt.

Die Prüfung der Chemie ist ganz einfach: Wie fühlen Sie sich bei dem Kunden? Fühlen Sie sich wohl mit ihm?

Emotionen stehen in Wechselwirkung zueinander. Es ist beinahe unmöglich, daß Sie sich mit jemandem wohl fühlen, der sich mit Ihnen nicht wohl fühlt. Mögen die Kunden Sie? Fragen Sie sich, ob Sie die Kunden mögen. Wenn Sie sie ablehnen, ihnen gegenüber reserviert sind oder sie nicht besonders mögen – na, raten Sie mal! Die Kunden werden das gleiche empfinden. Wenn Sie sich jedoch mit den Käufern wohl fühlen und sie mögen, haben sie den 1. Schritt erfolgreich absolviert.

Nun können Sie mit Schritt 2 fortfahren: Prüfung der emotionalen Bedürfnisse, Erfordernisse, Wünsche oder absoluten Notwendigkeiten.

DIAGNOSE UND BEHANDLUNG: ERREICHEN SIE EINEN GUTEN PH-WERT MIT IHREN INTERESSENTEN

- Das Verkaufen von immateriellen Dienstleistungen unterscheidet sich sehr vom Verkaufen von materiellen Produkten. Wenn Sie Dienstleistungen verkaufen, kauft der potentielle Kunde Sie – Sie sind für den Verkauf unerläßlich. Darum ist die richtige Chemie so wichtig.
- Um Chemie zu erzeugen, müssen Sie mehrere Dinge tun. Das erste ist, klar Schiff zu machen. Sie müssen eine Verkaufssituation schaffen, während der es keine Ablenkungen gibt. Der beste Ort dafür ist außerhalb des Büros des Kunden. Idealerweise sollten Sie den Interessenten zum Mittagessen (oder Frühstück oder Abendessen) einladen. Wenn Sie Ihren Interessenten nicht dazu bringen, die Geschäftsräume zu verlassen, bringen Sie ihn zumindest so weit, daß er sein Büro verläßt. Bitten Sie ihn, einen Konferenzraum für die Besprechung zu reservieren.
- Wenn Sie einem Interessenten empfohlen wurden, erwähnen Sie diese Verbindung zu Beginn der Besprechung, um das Gedächtnis des Käufers aufzufrischen und seine Aufmerksamkeit zu gewinnen.
- Seien Sie vorsichtig, wenn Sie Small talk führen. Es kann sein, daß sich der Interessent dabei nicht wohl fühlt. Wenn Sie Talent dafür haben, führen Sie weiter Small talk. Wenn nicht, folgen Sie der Initiative Ihres Gegenübers: Lassen Sie sich nur auf Small talk ein, wenn der Käufer es zuerst tut.
- Eine Lektion, die man lernen muß, um Chemie zu erzeugen, ist, daß Sie, wenn sich die Gelegenheit bietet und nicht das Risiko besteht, unaufrichtig oder falsch zu wirken, jemandem etwas sagen, von dem Sie wissen, daß er oder sie es unbedingt hören will. Es ist gut, Komplimente zu machen, wenn sie ehrlich gemeint sind.
- Sie sollten den größten Teil der Besprechung damit verbringen, dem Interessenten zuzuhören.
- Es gibt zwölf Schlüssel zu aktivem Zuhören, die Sie befolgen sollten:
  1. Machen Sie sich immer Notizen.
  2. Unterbrechen Sie den Kunden nie.
  3. Geben Sie verbale oder visuelle Signale, die zeigen, daß Sie genau aufpassen.

4. Setzen Sie voraus, daß das, was der Interessent zu sagen hat, wichtig ist, und handeln Sie danach.
5. Denken Sie nicht nach.
6. Gehen Sie richtig mit unpräzisen Wörtern um.
7. Seien Sie neugierig.
8. Lassen Sie Ihre Werbe-Broschüren in Ihrem Büro.
9. Halten Sie sich zurück, Lösungen anzubieten.
10. Seien Sie Sie selbst.
11. Beantworten Sie keine ungestellten Fragen.
12. Verwenden Sie kurze, prägnante Fragen, um den Interessenten aus der Reserve zu locken. Dies sind Fragen, wie „Warum ...?“ und „Woran liegt das?“

➤ Ich ermutige Sie, Verkaufsgespräche gemeinsam mit Kollegen zu führen. Es ist möglich, daß der Interessent mit einer anderen Person aus Ihrem Team eine bessere Chemie hat. Vielleicht möchten Sie zu einem Verkaufsgespräch lieber ein oder zwei Kollegen mitnehmen, aber nehmen Sie nicht das ganze Büro mit. Übrigens ist es einfach, herauszufinden, mit wem sich der Interessent wohler fühlt. Es ist derjenige, an den sich der potentielle Kunde während einer Unterhaltung wendet. Wenn Sie die Fragen stellen, und die Antworten sind an Ihre Kollegin gerichtet, hat sie den besseren Draht zu dem Kunden, und sollte daher das Gespräch übernehmen.

KAPITEL 7

BRINGEN SIE LIEBEVOLLE FÜRSORGE ZUM AUSDRUCK: WIE MAN EMOTIONALE BEDÜRFNISSE, ERFORDERNISSE, WÜNSCHE UND ABSOLUTE NOTWENDIGKEITEN ERFÜLLT

In diesem Kapitel werden Sie lernen, wie man eine Fragestrategie entwickelt, um die für die korrekte Diagnose eines potentiellen Kunden notwendigen Informationen herauszufinden. Und Sie werden erfahren, wie man überprüft, ob die für den Geschäftsabschluß notwendigen emotionalen Bedürfnisse, Erfordernisse, Wünsche oder absoluten Notwendigkeiten vorhanden sind (Schritt 2 der Verkaufsuntersuchung). In diesem Teil des Buches lernen Sie das Gegenstück einer ärztlichen Untersuchung bei einem Patienten.

WARUM MENSCHEN KAUFEN

Um effizient zu verkaufen, müssen Sie verstehen, warum die Menschen kaufen. Zur Erinnerung eine wichtige Verkaufsregel: Die Menschen kaufen aus emotionalen Gründen und rechtfertigen ihren Kauf dann rational.

Die Absicht hinter jedem Kauf kann immer auf die Befriedigung eines höchst emotionalen Reizes (oder mehrerer Reize) zurückgeführt werden, sei es ein leidenschaftliches Bedürfnis, ein Erfordernis, ein Wunsch oder etwas, das erledigt werden muß. Um dies besser an die Arzt-Analogie an-

zupassen, können wir diese emotionalen Ursachen als die Wunden des Käufers bezeichnen.
Deshalb ist es das Ziel des 2. Schrittes, einfach herauszufinden „Wo tut es weh?“ und festzustellen, ob der Patient auch „gesund“ werden will.

Verkaufsregel: Wenn es dem Patienten gut geht und trotz Ihrer sorgfältigen Untersuchung keine emotionalen Bedürfnisse, Erfordernisse, Wünsche oder absoluten Notwendigkeiten entdeckt wurden, kann kein Geschäft abgeschlossen werden.

Wir Anbieter von freiberuflichen Dienstleistungen stellen so hohe Erwartungen an uns selbst, daß wir uns oft selbst fertig machen, wenn wir einen Kunden nicht gewinnen konnten. In diesem Schritt wird die Diagnose gestellt, ob man den Kunden gewinnen kann oder nicht und ob der Patient geheilt werden will und dies auch möglich ist.
Wir haben alle Freunde oder Verwandte, die mit dem Rauchen aufhören oder abnehmen sollten, weil dies ihre Gesundheit gefährdet, aber sich weigern. Hat ein Arzt schlaflose Nächte, wenn jemand sich nicht an seine/ihre Verordnungen hält? Nein! An den Universitäten wird den Ärzten der Begriff der emotionalen Distanzierung vom Patienten gelehrt.
Genau so ist es auch mit einigen unserer Kunden und potentiellen Kunden. Manche haben Probleme, mit denen man sich auseinandersetzen und die man lösen sollte, aber aus irgendeinem Grund entscheiden sie, diese Dinge nicht in Ordnung zu bringen. Seien Sie ein Geschäftsarzt: regen Sie sich nicht auf, wenn jemand Ihre Erfolgsrezepte nicht befolgt.
Wenn Sie die diagnostische Prüfung in Schritt 2 richtig durchgeführt haben, wenn Sie für die Besprechung die bestmögliche Umgebung gewählt haben, um ein freies und lockeres Gespräch zu führen, und wenn Sie versucht haben, mit dem potentiellen Kunden eine Chemie aufzubauen, können Sie darauf sehr stolz sein, ungeachtet der Testergebnisse. Nun liegt es am Patienten.
Erinnern Sie sich: Sie können nicht jeden davon überzeugen, alles zu tun; jeder muß es für sich selbst herausfinden. Die Leute haben ihre eigenen Gründe, etwas zu kaufen. Wenden Sie eine Fragestrategie an, um dem Kunden Informationen sowie seine emotionalen Bedürfnisse, Erfordernisse und Wünsche zu entlocken. So können Sie die folgenden Punkte abhaken:

1. *Vermeiden Sie es, Zeit zu verschwenden.* Ihre Zeit, etwas zu vermarkten und zu verkaufen, ist begrenzt und deshalb äußerst wertvoll. Sie möchten

dieses Gut nicht in Leute investieren, bei denen die Wahrscheinlichkeit, daß sie etwas kaufen, gering ist. Nur zu oft erstellen Freiberufler Angebote und geben so ihre Ideen kostenlos weiter. Diese wiederum werden dann dem vorhandenen internen oder externen Fachmann übergeben. Oder Freiberufler machen Präsentationen für Interessenten, die wirklich „verdächtig" waren, aber von Anfang an nicht die geringste Absicht hatten, etwas zu kaufen.

2. *Erzeugen Sie spezielle Gefühle für Sie.* Menschen kaufen andere Menschen. Ernsthafte potentielle Kunden mögen es, wenn sie endlich jemanden finden, der bereit ist, sich ihre Sorgen lang und breit anzuhören, ohne sie zu unterbrechen.

3. *Heben Sie sich von Ihrer Konkurrenz ab.* Die Chancen sind ausgezeichnet, daß Ihre Konkurrenten noch immer auf die gleiche Art und Weise verkaufen, wie es Verkäufer tun. Sie werden ihr Gespräch höchstwahrscheinlich im Büro des Käufers führen, wo es ständig Ablenkungen gibt, ein paar Fragen stellen und sich dann in einem längeren Vortrag über ihre Firma auslassen und darüber, wie brillant und großartig sie doch sind.
Der Kunde wird Ihren ganz anderen Lösunganslatz, den Sie als „Arzt" – im Gegensatz zu der typischen Verkäuferlösung Ihrer Konkurrenten – anwenden, anerkennen.

4. *Verbessern Sie Ihre Beziehungen zu den Kunden, indem Sie sich ihre Wehwehchen anhören.* Ihre Beziehung zu vielen Ihrer Kunden wird sich verbessern, wenn Sie ihnen mehr Aufmerksamkeit entgegenbringen und ihnen eingehender zuhören, wenn es um das geht, was sie emotional bewegt.

EIN BEISPIEL FÜR DIE WUNDEN-ANALOGIE

Nachfolgend eine Mitschrift eines Gespräches, das ich kürzlich mit „Mr. Smith" geführt habe. Er ist ein neuer Klient einer Wirtschaftsprüfungsgesellschaft, die ich berate:

Allan: Danke, daß Sie diesem Interview zugestimmt haben. Der Zweck dieser Unterhaltung ist, darüber zu sprechen, warum Sie meinen Klienten, XYZ & Co., als Ihren neuen Wirtschaftsprüfer gewählt haben. Wie lange haben Sie mit Ihrer früheren Wirtschaftsprüfungsgesellschaft zusammengearbeitet?

Smith: Ungefähr fünf Jahre.

Allan: Können Sie einen bestimmten Grund dafür anführen, was Sie veranlaßt hat, die Firma zu wechseln?

Smith: Oh ja. Ihr Honorar war absolut nicht angemessen.

Allan: Inwiefern?

Smith: Na ja, ich habe denjenigen, der mit unseren Angelegenheiten befaßt war, nie zu Gesicht bekommen. Obwohl uns am Anfang persönlicher Service versprochen wurde, war die einzige Person, die ich je gesehen habe, eine Nachwuchskraft, die die Arbeit erledigte.

Allan: Wie kam es, daß Sie sie engagierten?

Smith: Unsere Bank hatte in den Jahren zuvor einige Bemerkungen gemacht, daß sie lieber eine Gesellschaft mit einem berühmten Namen auf unseren Abschlüssen sehen möchte. Ich wollte sie bei Laune halten. Deshalb wechselte ich von meinem früheren Wirtschaftsprüfer zu einer sehr bekannten Gesellschaft. Aber ich habe nie jemanden zu Gesicht bekommen!

Allan: Wäre es für Sie wichtig gewesen, mit demjenigen zu sprechen, der sich um Ihre Bilanz kümmert?

Smith: Sicher. Nie hat sich jemand mit mir zusammengesetzt und mir diese Jahresabschlüsse erklärt. Ich bin kein Buchhalter, ich führe einen Autohandel. Auch wenn ich Buchhalter wäre – ich habe keine Zeit, mich hinzusetzen und herauszufinden, was zum Teufel los ist. Ich habe ein Geschäft zu führen und muß meine Autos verkaufen. Das einzige, das sie taten, war, mir meine Abschlüsse und Steuererklärungen zu schicken.

Allan: Erinnern Sie sich an eine bestimmte Situation, wo es aufgrund dieses fehlenden Kontaktes Probleme gab?

Smith: Ich wußte, daß das Geschäft aufgrund der wirtschaftlichen Lage gerade nicht so gut lief und daß ich viel mehr Autos hatte, als ich eigentlich hätte haben sollen. Was ich nicht wußte war, wie schlecht meine Liquidität wirklich war und daß mein Warenbestand sehr viel höher war als im letzen Jahr zur gleichen Zeit. Ich konnte einige Rechnungen erst verspätet bezahlen, und meine Lieferanten standen vor mir und wollten Bargeld. Ich ging zu meiner Bank, aber auf einmal hielt diese sich wegen der Bankenkrise bei der Vergabe von Krediten zurück. Ich konnte mir also kein Geld ausleihen, um meine Lieferanten zufriedenzustellen. Die Wirtschaftsprüfer haben mir wirklich positive Veränderungen gebracht!

Ich hatte schlaflose Nächte, das kann ich Ihnen sagen. Es gab eine Woche, in der ich beinahe die Löhne nicht bezahlen konnte. Zu guter Letzt verkaufte ich den größten Teil meines Warenbestandes unter Wert, nur um zu Bargeld zu kommen. Gott sei Dank haben wir es noch mal geschafft! Aber da reichte es mir, ich hatte mich auf die Steuerberater verlassen. Wenn ich gewußt hätte, wie ernst die Lage wirklich war, hätte ich ein paar Vorsichtsmaßnahmen treffen können, bevor alles so schlimm wurde. Sie haben mich beinahe mein Geschäft gekostet.

Allan: Zusammengefaßt kann man also sagen, daß der Grund, daß Sie zu XYZ & Co. gewechselt haben, der war, daß die andere Gesellschaft Ihnen beinahe Ihr Geschäft gekostet hat, und nicht, weil ihre Gebühren zu hoch waren. Hätten Sie nicht sogar mehr bezahlt, wenn Sie den notwendigen Service bekommen hätten, um die richtigen Entscheidungen zur rechten Zeit zu treffen, und um die Probleme, die Sie hatten, zu vermeiden?

Smith: Da können Sie sicher sein.

Wie ich vorher schon erwähnt habe, kaufen Kunden aus emotionalen Gründen und rechtfertigen ihren Kauf dann rational. Erinnern Sie sich: als ich Mr. Smith eingangs fragte, warum er die Wirtschaftsprüfungsgesellschaft gewechselt hatte, antwortete er, daß das Honorar der vorherigen Firma „nicht angemessen" gewesen sei. Der wirkliche Grund dafür, daß er wechselte, war jedoch, daß in seinen Augen die vorherige Firma „ihn beinahe das Geschäft gekostet hätte" (in der Tat ein sehr emotionaler Grund). Das wirkliche Problem war nicht das Honorar. Vordergründig war das seine rationale Begründung, warum er die Firma gewechselt hatte. Mr. Smiths Wunde waren der Schmerz und die Leiden, die er durchmachen mußte, weil sein Geschäft einer Gefahr ausgesetzt war.

Darum ist es so wichtig, sich selbst zurückzuhalten und nach den Wunden des Patienten zu suchen. Wenn es sich hier um eine Verkaufssituation gehandelt hätte, und mein Klient auf Mr. Smiths anfängliche (ausgesprochenen) Sorgen, nämlich daß die Honorare seiner Wirtschaftsprüfungsgesellschaft zu hoch gewesen seien, reagiert hätte, wären eine unkorrekte Diagnose und die falsche Lösung die Folgen gewesen. Hätten sie das Problem in dem überhöhten Honorar gesehen, wäre vielleicht ein jüngerer Mitarbeiter mit der Arbeit betraut worden, und die Geschäftsteilhaber wären weniger involviert gewesen, um dem potentiellen Kunden Geld zu sparen. Das wäre genau die falsche Lösung gewesen, und sie hätten den Klienten verloren.

Nur dadurch, daß sie tiefer gegraben und nach der „Wunde" des Klienten gesucht haben, waren sie in der Lage, die korrekte Diagnose zu stellen, warum Mr. Smith seine Wirtschaftsprüfer ersetzen wollte. Und das Problem war nicht das Honorar.

EIN ANDERES BEISPIEL FÜR DIE WUNDEN-ANALOGIE

Sharon hatte sich schon seit Jahren ein Mercedes Cabrio gewünscht. Sie sah sich sogar schon im Traum am Steuer sitzen: sie konnte die Ledersitze riechen und fühlen, und sie spürte die kraftvolle Beschleunigung. Ihr Bruder Bob, ein erfolgreicher Anwalt, hatte schon mehrere besessen. Jedesmal in den Ferien neckte er seine kleine Schwester, ließ die Autoschlüssel vor ihr baumeln und fragte, wann sie sich denn ein Auto wie dieses werde leisten können.

Sharons Ehemann Rich konnte dieses intensive Verlangen nach einem teuren Auto nie verstehen. Er dachte von Natur aus äußerst kostenbewußt und praktisch. Er fuhr einen Nissan Sentra, weil dieser gut genug war, ihn zur Arbeit und wieder nach Hause zu bringen.

Schließlich kam der Tag, an dem Sharon zur Geschäftsteilhaberin einer Beratungsfirma befördert wurde. Sie hatte zwölf Jahre lang hart gearbeitet, bis sie an diesem Punkt ihrer Karriere angelangt war. Ihre Belohnung? Sie haben es erraten. An diesem Tag ging sie sofort nach der Arbeit zum nächsten Mercedes-Händler und fuhr mit einem Geschenk für sich selbst wieder weg, ein neues feuerrotes Cabrio. Der Preis? Ungefähr 80.000 Dollar.

Ihre Emotionen sagten ihr, daß sie sich nach diesem Auto seit Jahren gesehnt hatte. Sogar ihr Bruder mit seinem großen Mundwerk besaß nicht das neueste Modell. Er würde schockiert sein! Ihr Verstand sagte ihr, daß sie diese Belohnung für die unermüdlichen Anstrengungen, zum Höhepunkt ihrer beruflichen Laufbahn zu gelangen, verdient hatte.

Jedoch wußte sie schon in dem Moment, in dem sie losfuhr, daß sie sich in Schwierigkeiten befand. Was würde sie Rich erzählen? Daß sie das Auto hatte haben wollen? Um es ihrem Bruder zu zeigen? Eine Belohnung von 80.000 Dollar?

Sie mußte sich eine Liste mit rationalen Gründen (auch als Ausreden bekannt) für den Kauf des Mercedes machen:

- Jetzt, da sie eine erfolgreiche Geschäftsteilhaberin war, würde sie vor ihren Klienten und Kontaktpersonen auch entsprechend auftreten müssen. [Nicht schlecht, aber Rich war auch Geschäftsteilhaber seiner Firma, und er fuhr einen Wagen um 11.000 Dollar. Sie brauchte mehr].
- Sie verdiente es als Belohnung für harte Arbeit. [Auch nicht schlecht, abgesehen davon, daß Sie Richs Beförderung überhaupt nicht gefeiert hatten, weil er das Geld nicht für den Besuch eines feinen Restaurants verschwenden wollte].
- Sie brauchte ein Auto, das absolut zuverlässig war. Als Frau hatte sie Angst davor, irgendwo in der falschen Gegend hängen zu bleiben.

[Das war besser; Rich war sehr um ihre Sicherheit besorgt. Hätte es jedoch nicht genauso gut ein verläßliches Auto getan, das ein Sechstel von dem gekostet hätte?]

- Der Mercedes verliert nicht so viel an Wert und könnte, je nach Dollarkurs, sogar an Wert gewinnen. [Aber diese Entschuldigung zählte nicht viel, weil Rich ihre Investitionen verwaltete, und das Thema des Gespräches wären dann die Opportunitätskosten für eine Summe, die man jetzt nicht investieren konnte, weil sie sie bereits für ein Auto ausgegeben hatte.]
- Das Auto war wie ein Miniaturpanzer gebaut und stabiler als eine japanische Limousine. [Mehr Sicherheit.]

Das war alles, was sie vorbringen konnte. Rich war, gelinde gesagt, nicht erfreut. Sie ist jedoch der festen Überzeugung, daß das Gespräch mit Rich bezüglich des Mercedes besser gelaufen ist, als hätte sie ihm einfach nur gesagt, daß sie es unbedingt gewollt hatte. Ihre Ausreden haben den negativen Eindruck etwas verringert (vor allem die Entschuldigungen bezüglich Sicherheit). Das Argument, das Rich noch am ehesten gelten ließ, war „Wäre es dir lieber, wenn ich in einem anderen Auto einen tödlichen Unfall hätte?“

Die Leute kaufen aus emotionalen Gründen (Wunden) und rechtfertigen ihren Kauf dann rational. In diesem Beispiel gehörten zu Sharons Wunden auch der zur Schau gestellte Erfolg ihres Bruders sowie ihr positiver Schmerz, daß sie mit einem Luxusauto ihre Beförderung feiern wollte. Dies waren die wirklichen Gründe dafür, daß sie den Mercedes gekauft hatte. Sharon wußte jedoch, daß sich ihr Mann mit diesen Erklärungen nicht zufriedengeben würde. Deshalb schuf sie rationale Rechtfertigungen für ihren Kauf. Für ihren Mann waren diese Rechtfertigungen um vieles akzeptabler als: „Bob hat eines!“ oder „Ich wollte es wirklich!“

Um erfolgreicher zu verkaufen, müssen Sie verstehen, daß die Leute auf genau diese Art kaufen. Sie kaufen aus emotionalen Gründen und rechtfertigen ihren Kauf dann rational.

WIE MAN PRÜFT, OB EMOTIONALE BEDÜRFNISSE, ERFORDERNISSE, WÜNSCHE ODER ABSOLUTE NOTWENDIGKEITEN VORHANDEN SIND

Schritt 2 besteht aus zwei unterschiedlichen Teilen, die nacheinander durchgeführt werden müssen: Informationen entlocken, und herausfinden, wo es weh tut.

TEIL 1: INFORMATIONEN ENTLOCKEN

In Kapitel 6 erwähnte ich, daß intensives Zuhören der beste Weg ist, gute Chemie zu erzeugen. Wenn Sie nicht von Natur aus eine Begabung für die Kunst des Small talks haben, ist die perfekte Art, ein Verkaufsgespräch zu beginnen, informationsbezogene Fragen zu stellen. Wenn Sie mit diesen Fragen beginnen, werden Sie das Gespräch kontrollieren. Dies wiederum macht es wahrscheinlicher, daß das Treffen produktiv sein wird.

Das Ziel dieses Teils von Schritt 2 ist, alle notwendigen Informationen herauszufinden, um die Wahrscheinlichkeit eines Kaufs korrekt bewerten zu können. Darüberhinaus fördert diese Art der Fragestellung das Vertrauen des potentiellen Kunden in Sie und bringt ihn zum Reden.

Vorbereitung des Gespräches

Machen Sie nicht den allgemein üblichen Fehler in diesem Schritt: Vertrauen Sie nie Ihrem Gedächtnis oder dem Glück, wenn Sie dem potentiellen Kunden während des Verkaufsgespräches informationsbezogene Fragen stellen.

Kürzlich hatte ich die Gelegenheit, Material eines Kurses, der an der Westküste der USA abgehalten wurde, durchzusehen. Mit Hilfe dieses Programms sollten Berater lernen, wie man verkauft. In diesem Text war zu lesen, daß es wichtig sei, sich zwei Fragen für das Verkaufsgespräch zurechtzulegen, bevor man dem Käufer Vorschläge unterbreitet, wie man ihm helfen kann.

Entschuldigen Sie – zwei Fragen? Diese werden ungefähr zwei Minuten oder weniger des Gespräches in Anspruch nehmen, weil Sie dann anfangen, sich darüber auszulassen, wie großartig Sie und Ihre Firma sind. Somit werden Sie die Kontrolle über den Verkauf verlieren und die Wahrscheinlichkeit, das Geschäft zu machen, wird geringer. Kein Wunder, daß es draußen so hart zugeht – die Leute machen einen Kurs bei diesem Mann, und niemand verkauft niemandem irgendetwas!

Nein! Nein! Nein! Sie müssen sich vorher mindestens zwanzig informationsbezogene Fragen zurechtgelegt haben; sie können sogar vierzig Fragen vorbereiten. Diese Fragen sind absolut wichtig: Sie ermöglichen es Ihnen, alle notwendigen Informationen ans Licht zu bringen, um zu bestimmen, ob der Käufer sich für den Kauf qualifiziert hat, und, was am wichtigsten ist, daß Sie die Kontrolle über den Verkauf übernehmen und die Kunden dazu bringen, fortwährend zu reden. Neunundneunzig Prozent aller Käufer, die ich bis heute getroffen habe, liebten den Klang ihrer Stimme mehr als den meiner Stimme.

Und Sie werden auch solche Fragen vorbereitet haben müssen, die Wunden ans Licht bringen. Ich werde darauf noch später in diesem Kapitel zurückkommen. Nach ungefähr drei Jahren werden Sie es vielleicht ohne schriftlich vorbereitete Fragen versuchen. Aber warum sollten Sie bis dahin den Verlust eines Geschäfts riskieren?
Ein Kursteilnehmer fragte einmal: „Was wird der Käufer denken, wenn er sieht, wie man während eines Verkaufsgespräches Fragen von einem Blatt Papier abliest?" Meiner Erfahrung nach wird der Käufer denken, daß Sie gut vorbereitet sind, im Gegensatz zu der Mehrheit von Dummköpfen, die ihm jeden Tag irgend etwas verkaufen wollen und die sich nicht die Zeit genommen haben, sich die Fragen aufzuschreiben.

Das Gespräch kontrollieren

Wie ein Arzt, der eine Untersuchung durchführt, müssen Sie die Kontrolle über den Verkaufsprozeß haben (die Verkaufsuntersuchung). Es ist überaus wichtig, daß Sie das Kommando über das Gespräch schon am Anfang übernehmen. Manchmal werden die Leute Sie sofort mit der Frage „Wie hoch ist Ihr Honorar?" überrumpeln. Genau wie ein Arzt, dürfen Sie das Honorar nicht erörtern, bevor Sie eine Diagnose gestellt haben. Wie kann man jemandem sagen, wieviel es kostet, wenn man nicht die Möglichkeit gehabt hat, ihn zu untersuchen?
Beginnen Sie das Gespräch, indem Sie den Käufer um einige Hintergrundinformationen über die aktuelle Situation bitten. Stellen Sie „Wer, was, wann, wo, warum und wie"-Fragen, um die Unterhaltung aufrecht zu erhalten. Wenn der Interessent Sie nach Ihrem Honorar fragt und Sie in die Enge getrieben werden, können Sie sich so verteidigen: „Stella, ich werde Ihnen gern alle Fragen beantworten. Ich brauche vorher nur ein paar Hintergrundinformationen."
Haben Sie Angst, Fragen zu stellen? In den letzten vierzehn Jahren haben sich nur fünf potentielle Kunden geweigert, meine Fragen zu beantworten – von mehr als 1.500 Befragten. Dieser Schritt macht für den ernsthaften potentiellen Kunden sehr viel Sinn, weil auch er die besten Lösungen für seine Probleme möchte.
Eine großartige Methode, Menschen zum Reden zu bringen, um die richtigen Gefühle für Sie zu erzeugen, und um sie schließlich dazu zu bringen, Ihnen ganz genau zu sagen, wie man ihnen etwas verkauft, ist, eine Frage zu finden, von der Sie spüren, daß die Kunden darauf brennen, sie zu beantworten. Um diese goldene Frage zu finden, fragen Sie sich: „Welche Frage würde dieser Käufer wirklich gern beantworten?" Achten Sie in dem nachfol-

genden Beispiel darauf, welches die Frage des Beraters ist, die wirklich die richtige Stimmung erzeugt und den Verkauf vereinfacht.

So könnte sich das Gespräch anhören

Eine typische Strategie informationsbezogene Fragen zu stellen, würde sich wie dieses Gespräch aus dem wirklichen Leben anhören, dem ich mit einem meiner Klienten beiwohnte:

***Berater*:** John, ich freue mich, daß Sie sich mit mir zum Mittagessen treffen konnten. Es war nett von Joe Dokes, mich Ihnen zu empfehlen. Hat er zufällig etwas über unsere Firma gesagt?

***Käufer*:** Nicht wirklich. Er sagte mir nur, daß ich mit Ihnen sprechen solle, bevor ich eine endgültige Entscheidung treffe, wen ich mit der EDV-Beratung beauftrage. Offensichtlich arbeiten Sie auch für einige von Joes anderen Kunden.

***Berater*:** Das stimmt. Ich glaube, wir arbeiten mit acht von Joes Kunden zusammen. Ich würde es begrüßen, wenn Sie mir ein paar Hintergrundinformationen über Sie und Ihre Firma geben könnten, damit wir eine bessere Vorstellung davon bekommen, was Sie tun.

***Käufer*:** Unsere Firma wurde von meinem Vater gegründet, kurz nachdem er im Jahre 1947 aus dem 2. Weltkrieg zurückkehrte. Mein Vater war vor dem Krieg Verkäufer von Befestigungselementen und wollte sich nun selbständig machen. Er erkannte den Bedarf für einen Hersteller von speziellen Montageelementen. Vater setzte sich 1973 zur Ruhe, und ich übernahm die Firma.

***Berater*:** Welche Art von Montageelementen machen Sie genau?

***Käufer*:** In erster Linie machen wir maßgefertigte Nägel für Dächer, obwohl wir sogar schon einige spezielle Bolzen für das Apollo-Programm der NASA hergestellt haben. Unsere Schrauben waren schon auf dem Mond!

***Berater*:** Wirklich? Gratuliere! Wie haben Sie diesen Auftrag bekommen? *(Dies ist eine Schlüsselfrage, durch die sich der Berater von seiner Konkurrenz abhebt und die das Verkaufsgespräch zu seinen Gunsten beeinflussen wird. Sie geht über den Rahmen eines normalen Verkaufsgespräches hinaus, und der Käufer wird ganz unruhig werden, wenn er die Frage beantwortet. Dies ist eine Schlüsselfrage, die der Berater stellen muß, weil er weiß, daß der Käufer darauf brennt, sie zu beantworten.)*

***Käufer*:** Wir sind in dieser Branche für unsere gute Qualität bekannt. Wir standen mit 18 anderen Unternehmen sechs Monate lang im Wettstreit. Während dieser Zeit mußten wir uns intensiven Interviews mit den Einkaufsleuten der NASA und deren Testingenieuren stellen. Mann, es war ziemlich schwer, die Voraussetzungen zu erfüllen, aber die Sache war es wert.

***Berater*:** Wie viele Leute arbeiten für Sie?

***Käufer*:** Siebenunddreißig Leute arbeiten in der Produktion, und im Büro sind es sieben Leute einschließlich dem Leiter der Datenverarbeitung.

***Berater*:** Haben Sie noch weitere Betriebsstandorte außer dem hier in Podunk?

***Käufer*:** Wir hatten einen in Peoria, aber wir mußten das Geschäft schließen, weil so viele unserer Kunden aus dem mittleren Westen der USA ihr Geschäft aufgaben. Wir haben jetzt eine neue Produktionsanlage in Coral Springs, Florida, für unsere Kunden aus dem Sun Belt.

***Berater*:** Wie bekommen Sie Ihre Aufträge? Sind es meistens alte, eingeführte Kunden, oder müssen Sie sich ständig um neue Aufträgen kümmern?

***Käufer*:** Viele der alten Firmen, die unsere Hauptstütze waren, gibt es nicht mehr. Erst kürzlich haben unsere Umsätze wieder zugelegt, besonders durch Aufträge japanischer Autohersteller, die in den USA produzieren. Sie sind sehr heikel. Wir können ihre Vorgaben viel besser erfüllen als viele andere Hersteller von Montageelementen.

Ich glaube, Sie haben eine Vorstellung bekommen. Die Leute lieben es, über Ihre Geschäfte und über sich selbst zu reden. Sie bekommen selten die Gelegenheit dazu – bis Sie auftauchen und Ihren Mund halten.

Viele der Berater, Ingenieure, Wirtschaftsprüfer, Anwälte, Architekten und andere freiberufliche Dienstleistungsanbieter, die ich schule, sagen mir, sie hätten Angst davor, einen falschen Eindruck zu vermitteln. Sie glauben, sie müßten alles über die Firma des potentiellen Kunden wissen, bevor sie in das Verkaufsgespräch gehen.

Es hilft zwar, eine Vorstellung von der Situation zu haben, bevor Sie in das Gespräch gehen (und es wäre ganz gut, wenn noch ein Dritter die Probleme der Firma bewerten könnte), aber ich bin absolut dagegen, eine Menge wertvoller Zeit damit zu vergeuden, vor einem Gespräch alles über ein Unternehmen in Erfahrung zu bringen. Nicht nur, daß Ihre Zeit ein wertvolles Gut ist, wenn Sie über einen Klienten schon vor dem Gespräch alles wissen, werden Sie wahrscheinlich während des Gespräches keine Fragen mehr stellen wollen.

Wenn Sie den Patienten erst einmal dazu gebracht haben, daß er Ihnen Informationen gibt, haben Sie den ersten Teil von Schritt 2 geschafft. Stellen Sie jedoch sicher, daß Sie nicht nur Informationen entlocken. Sie können nicht nur aufgrund von Informationen verkaufen, weil diese von Natur aus einen rationalen Charakter haben, keinen emotionalen.

TEIL II: HERAUSFINDEN, WO ES WEH TUT

Nachdem es Ihnen gelungen ist, den potentiellen Kunden zum Reden zu bringen, sollten Sie damit fortfahren, zu bestimmen, ob und in welchem Ausmaß die emotionalen Bedürfnisse, Erfordernisse, Wünsche oder absoluten Notwendigkeiten beim Käufer vorhanden sind.

Es gibt mehrere bewährte Methoden, die sie anwenden können, um herauszufinden, wo es weh tut.

Die Methode der selbständigen Weiterentwicklung

Dies ist die Formel, die ich überwiegend verwende. Wenn Sie geduldig sind, Ihren Mund halten und die Besprechung am richtigen Ort stattfindet, werden Sie herausfinden, daß sich das Gespräch auf natürliche Art und Weise weiterentwickelt, von den Informationen bis hin zu den Problemen. Wenn Sie dem Käufer genau zuhören, sollten Sie den Übergang von rationalen und faktenbezogenen Informationen zu emotionsgeladenen Aussagen bemerken.

Aus den Erzählungen des Käufers kann man oft erkennen, wo es weh tut. „Ich werde nie vergessen, als unsere Ingenieure uns anriefen und die neuesten Pläne suchten. Unsere Architektin hatte sie zu spät fertiggestellt und nur eine Kopie für sich selbst behalten. Sie war im Urlaub, und keiner wußte, wo die Pläne waren. Wir mußten die Arbeiten mitten im Projekt einstellen! Es stellte sich heraus, daß die Zeichnungen mitten auf ihrem Tisch lagen..."

Kennzeichnen Sie diese emotionalen Aussagen in Ihren Notizen mit einem „W" (Wunde), damit Sie später wissen, worum es geht. Betrachten Sie Anhang 4 (siehe nächste Seite), ein Beispiel mit Notizen aus einem typischen Verkaufsgespräch. Wenn Sie sich an diese Methode halten, können Sie anhand Ihrer Notizen nachvollziehen, wie am Anfang nur Informationen und Fakten gegeben werden und sich im Verlauf des Gespräches immer mehr Probleme und Wunden zeigen.

Der Plus/Minus – Lösungsansatz

Dies ist ein sehr nützlicher Weg für Anfänger, um herauszufinden, wo es weh tut. Wenn Sie diese Methode anwenden, werden Sie prüfen, was mit

ANHANG 4: DIE NOTIZEN EINES FREIBERUFLERS WÄHREND EINES VERKAUFSGESPRÄCHES

Fragen & wichtige Punkte	*Jack Smith, ABC Befestigungselemente 30/6/94 Präsident 305/555-6789*
➤ *Warum ein Gespräch?*	● *von Joe Dokes empfohlen*
➤ *Wer sind die derzeitigen Berater?*	● *Firma seit 1917*
➤ *Dauer der Zusammenarbeit?*	● *übernahm im Jahr 1973*
➤ *Wieviel zahlen sie?*	● *macht Nägel für Dächer etc.*
➤ *+/-*	● *guter Ruf! - machte ein Projekt für die NASA*
➤ *Voraussetzungen für Zufriedenheit*	● *37 Angestellte*
➤ *Entscheidungsträger?*	● *2 Standorte: Podunk & Coral Springs, Florida*
➤ *Pensionspläne?*	W *Umsätze in diesem Industriezweig zurückgegangen*
➤ *Beginn der Arbeit?*	● *machen Geschäfte mit Japanern*
	● *ziehen in Betracht, Berater zu wechseln*
	W *Geschäftsteilhaber des derzeitigen Wirtschaftsprüfers setzte sich vor zwei Jahren zur Ruhe - wurde durch einen Nachfolger ersetzt, der keine Erfahrung in diesem Industriezweig hat*
	W *hat den Nachfolger nie zu Gesicht bekommen*
	W *keine Ideen, bringt nichts Neues ein, keine Einschätzung*
	W *möchte jemanden von außen, an dem neue Ideen nicht abprallen*
	W *hat genug davon, sich als Kunde zweiter Klasse zu fühlen*
	W *keine aktive Planung*
	W *ständig leere Versprechungen*
	W *immer wieder unerfahrene Leute*
	W *verschwendet Zeit damit, deren Mitarbeiter zu schulen*

dem derzeitigen Berater des Käufers funktioniert, was bei dem derzeitigen Stand der Dinge gut läuft und was sie an der Beziehung oder an der Situation mögen. Dann werden Sie prüfen, was die Kunden nicht mögen und was nicht funktioniert (ihre Wunden).

Ihre potentiellen Kunden können sich vor Verkäufern, die versuchen, ihnen irgend etwas zu verkaufen, nicht retten. Die meisten Leute, einschließlich Ihre Konkurrenz, fragen im allgemeinen nach den Problemen mit dem derzeitigen Verkäufer, Produkt oder Dienstleistungsanbieter – wenn sie sich überhaupt eine Fragestrategie zurechtlegen, bevor sie mit ihrer Masche beginnen.

Wenn Sie ganz am Anfang eines Gespräches nach den Problemen fragen, sind diese Fragen zu persönlich, und der Kunde fühlt sich eventuell in die Enge getrieben. Sie sollten solche Fragen vermeiden, bis Sie und der potentielle Kunde beginnen, sich wohl zu fühlen.

Zu oft habe ich Freiberufler erlebt, die mit Fragen, wie „Welche Probleme haben Sie mit Ihrem Computersystem?", das Gespräch begonnen haben. Verblüfft über diesen Versuch von Einschüchterung wird der Käufer sicher sagen: „Probleme? Wer hat was von Problemen gesagt?"

Der Plus/Minus-Lösungsansatz ist viel effektiver. Wenden Sie ihn an, nachdem Sie dem Patienten einige unverfängliche informationsbezogene Fragen gestellt haben, um ihn zum Sprechen zu bringen. Außerdem erwartet es der potentielle Kunde nicht, daß ein Dienstleistungsanbieter ihn fragt, was er an dem Konkurrenten gut findet.

Der Plus/Minus-Lösungsansatz hilft Ihnen, Leute auszusondern, mit denen Sie höchstens ihre Zeit verschwenden würden. Wenn Ihr potentieller Kunde mit seinem derzeitigen Dienstleistungsanbieter so zufrieden ist, warum sollte er dann einen anderen beauftragen? Möglicherweise möchte er nur ein paar kostenlose Ratschläge von Ihnen.

Fortsetzung des Teils des Kundengesprächs, in dem Informationen eingeholt werden:

***Berater*:** John, was erwarten Sie von unserem heutigen Gespräch?

***Käufer*:** Ich möchte etwas über Ihre Firma herausfinden und wie Sie mir mit meinem Geschäft vielleicht helfen könnten.

***Berater*:** Wer ist Ihr derzeitiger EDV-Berater?

***Käufer*:** Black, White and Green.

***Berater*:** Was finden Sie an Ihrer Zusammenarbeit gut? Diese Information würde mir einen besseren Anhaltspunkt geben, wie wir helfen könnten.

***Käufer*:** Nicht viel. Oh, ich glaube, sie haben die Arbeit jahrelang ganz gut gemacht. Aber Jack Black, der sich früher um unsere Sachen kümmerte, setzte sich vor zwei Jahren zur Ruhe, und sie gaben uns einen ihrer jüngeren Leute. Wir haben diesen Mann überhaupt nie zu Gesicht bekommen. Jack hat sich früher regelmäßig mit mir zusammengesetzt und mit mir über das Geschäft gesprochen. Er war es, der mir rechtzeitig empfohlen hatte, ein computergesteuertes Kontrollsystem für den Warenbestand zu installieren und dann japanische Autohersteller als Kunden für uns gewann. Ich bin aus Respekt für Jack bei der alten Firma geblieben. Aber dieser neue Mann bringt überhaupt nichts in die Firma ein. Noch schlimmer, er spricht mit mir nicht in Englisch, sondern in FORTRAN. Ich brauche jemanden, an dem neue Ideen nicht spurlos vorübergehen. Sie machen mich krank mit ihren jungen Leuten, und mein Leiter der EDV-Abteilung verbringt seine Zeit damit, deren Leute zu schulen!

***Berater*:** Was haben sie gesagt, als Sie mit ihnen über die Situation gesprochen haben?

***Käufer*:** Oh, sie haben viele Versprechungen gemacht, aber es hat sich wenig geändert. Ich fühle mich als Kunde zweiter Klasse.

Bingo! Durch die Anwendung dieser Methode können wir nach und nach herausfinden, wo es weh tut. Wir haben nicht einmal die Chance bekommen, danach zu fragen, was in der Beziehung nicht funktioniert. Bei einem ernsthaften Interessenten kommt dies oft vor: Er kann es nicht erwarten, uns seine Probleme mitzuteilen. Wir müssen nur den Mund halten und ihn nicht unterbrechen.

Lassen Sie uns auch die andere Seite betrachten. Wenn zum Beispiel der Käufer geantwortet hätte, daß er mit seinem derzeitigen Berater zufrieden sei und daß es keine brennenden Probleme gäbe, über die man sprechen müßte, hätten wir einen Patienten vor uns, dem es gut geht. Wir könnten zwar noch mit der Suche nach Wunden fortfahren, aber es besteht die Wahrscheinlichkeit, daß dieser Käufer sich nur „unverbindlich umsieht" und gar kein wirklicher Käufer ist. Da Sie die Kontrolle über das Verkaufsgespräch haben, könnten Sie sich entscheiden, an diesem Punkt das Gespräch höflich zu beenden, anstatt Ihre Zeit zu verschwenden.

Niemand ist perfekt

Sitzt ein verschlossener Kunde vor Ihnen? Bekommen Sie viele Ja/Nein-Antworten? Versuchen Sie es mit dieser Methode, damit Ihr Kunde sich Ihnen anvertraut:

***Berater*:** Sally, niemand ist perfekt. Wenn es eine Sache gäbe, die Sie in der Zusammenarbeit mit Ihrem derzeitigen Anwalt ändern würden, was wäre es?

***Käuferin*:** Na ja, wir waren mit dem, der dieses Jahr die Recherchen für einen Rechtstreit durchgeführt hat, nicht zufrieden. Früher hat Jenny das getan, aber sie wurde schwanger und kommt nicht mehr in die Firma zurück. Ihr neuer Mitarbeiter hat noch kein Wort gesagt, seit er angefangen hat und seine Rechnungen, die überhaupt nicht aufgeschlüsselt sind, sind viel höher als die von Jenny. Wann immer er hier ist, verbringt er viel Zeit damit, an unserem Telefon Privatgespräche zu führen, und er behandelt mich von oben herab.

Der Grund, warum diese Methode ganz gut funktioniert, ist, daß jeder weiß, daß niemand oder nichts perfekt ist. Warnung! Wenn der Käufer immer noch nicht über irgendwelche Probleme oder Sorgen spricht, dann haben Sie wahrscheinlich keinen ernsthaften Käufer vor sich.

Ein anderer Grund, warum diese Methode gut ist, ist, daß Sie sie verwenden können, um die Probleme in jeder Situation zu entdecken. Wenden Sie sie bei Ihren bestehenden Kunden an, um herauszufinden, ob sie vielleicht zusätzliche Dienstleistungen benötigen. Das könnte sich so anhören:

***Berater*:** Nichts ist perfekt, Bob. Wenn es eine Sache gäbe, die Sie an Ihrem Lohnzahlungssystem ändern könnten, was wäre es?

***Kunde*:** Ich wünschte, wir könnten es erreichen, daß unser Computer unsere Lohnzahlungen in weniger als vier Schritten erledigt.

***Berater*:** Welche Auswirkung hat das auf Ihre EDV-Abteilung?

***Kunde*:** Ich kann Ihnen sagen, diese Leute schreiben ständig irgendwelche wahnsinnigen Überstunden auf, und das kostet mich ein Vermögen.

Aha! In der Computerabteilung gibt es ein paar Wehwehchen! Können Sie eine Lösung verschreiben, Herr Doktor?

Ziehen Sie sie in Ihren Bann!

All zu oft konzentrieren sich Gespräche wegen neuer Aufträge mit potentiellen und bestehenden Kunden auf das Honorar. Wenn wir nur herausfinden könnten, wo der Schuh sie wirklich drückt, ohne Rücksicht auf das Honorar, könnten wir die Arbeit so machen, wie es erwartet wird!

Jetzt haben Sie die Lösung! Die folgende Frage und das sich daraus ergebende Gespräch sollen den Käufer in andere Spären führen, zum Rhetorischen hin und weg vom Honorar. Auf diese Art können wir alle ihre Probleme herausfinden und sie dazu bringen, daß sie die Einwände gegen das Honorar selbst aus dem Weg räumen. Wenn der Kunde sich selbst etwas verkauft, ist das der ideale Verkauf!

***Berater*:** Jane, welche Rolle sollte Ihr Marketingberater spielen, wenn das Honorar wirklich kein Problem wäre?

***Jane*:** Darüber habe ich wirklich noch nicht nachgedacht. Wir brauchen gerade einen Satz neuer Werbe-Broschüren. Wenn das Honorar keine

Rolle spielen würde, könnte ich in meine Werbung wirklich regelmäßig ein paar Ideen von außen einbringen.

Berater: Bekommen Sie diese jetzt nicht?

Jane: Leider nicht. Jedesmal, wenn wir niesen, schreibt uns unsere Werbeagentur eine Rechnung dafür, daß sie „Gesundheit" sagen. Der, der unsere Sachen bearbeitet, hat sogar den Nerv, daß er mir die Zeit verrechnet, wenn er mich zum Mittagessen einlädt. Ich lasse mich nicht gern ausnützen, deshalb habe ich mit ihm so wenig Kontakt wie möglich. Verstehen Sie mich bitte nicht falsch, ich suche niemanden, der die Arbeit kostenlos macht. Ich möchte nur nicht jedesmal, wenn wir miteinander sprechen, Angst haben, daß sie mir jede Minute verrechnen.

Berater: Wie würde dieser zusätzliche Informationsrückfluß und der Kontakt Ihnen helfen, Ihr Geschäft besser zu führen?

Jane: Selbstverständlich bin ich kein Marketingexperte. Leute in Ihrem Geschäft können uns für die wichtigen Werbeentscheidungen, die wir treffen müssen, Reaktionen von außen übermitteln. Sie sehen viele andere Firmen und bewegen sich viel auf dem Markt. Wir brauchen neue Ideen von jemandem, der emotional nicht in unser Geschäft involviert ist.

Berater: Gibt es andere Bereiche, wo wir Ihnen zu Diensten sein könnten?

Jane: Wir brauchen jemanden, der sich um unser Cold-calling-Programm kümmert ...

Dadurch, daß die Aufmerksamkeit der Käuferin nicht mehr auf das Honorar gerichtet ist, kann sie frei über ihre drückenden Geschäftsprobleme, Bedürfnisse, Erfordernisse und Wünsche sprechen. Je länger sie redet, desto mehr wird sie erkennen, daß sie unsere Hilfe braucht. Und da wir sie nicht mit unserem gedankenlosen Gerede unterbrechen, hat sie jemanden gefunden, der sich offensichtlich für sie und ihr Geschäft interessiert. Warum also sollte sie jemand anderen beauftragen?

Die „Sagen Sie ihnen, wo es weh tun könnte" – Methode

Manchmal sind Sie vielleicht nicht in der Lage, das Gespräch in Gang zu halten, oder der potentielle Kunde gibt vielleicht nur einsilbige Antworten. Dies ist eine gute Gelegenheit, dem Käufer zu vermitteln, wo es weh tun könnte, und dann zu prüfen, ob es dort auch wirklich weh tut. Dies gleicht der Situation, wenn ein Arzt Ihren Unterleib abtastet, um festzustellen, ob Sie an einer Blinddarmentzündung leiden.

Berater: Phil, wenn ich potentielle Kunden treffe, höre ich immer wieder die gleichen Sorgen bezüglich ihrer derzeitigen Situation. Üblicherweise höre ich Dinge, wie, daß ihr Berater nicht auf sie eingeht, daß sie den Verantwortlichen nie zu Gesicht bekommen oder daß immer wieder die gleichen Fehler gemacht werden, trotz Gesprächen mit dem zuständigen Bearbeiter. Oft beklagen sie sich, daß außerhalb der Zeit, in der die Berater erscheinen, um die tatsächliche Arbeit zu tun, nicht sehr viel Kommunikation stattfindet.
Kommen Ihnen diese Sorgen bekannt vor? Ist Ihre Situation ähnlich?

Phil: Oh ja. Unsere derzeitige Firma hat diesmal einen Fehler zu viel gemacht. Verstehen Sie mich nicht falsch, wir möchten nicht ständig zwischen Beratern wechseln. Das kostet so viel Zeit! Aber dieses Mal wurden wir vor unserem Vorstand ziemlich in Verlegenheit gebracht, weil die strategischen Planungen nicht rechtzeitig für die Vorstandssitzung fertig waren. Das machte einen sehr schlechten Eindruck ...

Falls der Käufer nicht anbeißt und mit „nicht wirklich" antworten sollte, würden Sie mit einem Nicht-Käufer sprechen. In diesem Fall könnten Sie sagen:

Berater: Gut, über welche Ihrer Probleme sollten wir dann reden?

Wenn dies nicht hilft, daß der Kunde sich über seine emotionalen Bedürfnisse, Erfordernisse, Wünsche oder absoluten Notwendigkeiten äußert, können Sie sich jetzt entschließen zu gehen oder mit einem wahrscheinlichen Gelegenheitskäufer (kein ernsthafter Käufer) das Gespräch weiterführen. Sie entscheiden.

„Spielt nur das Honorar eine Rolle?"

Aus vielen Gründen, über die ich im nächsten Kapitel sprechen werde, lege ich den Anbietern von freiberuflichen Dienstleistungen immer nahe, keine Angst zu haben, das heikle Thema Honorar anzusprechen. Wenn man das Honorar zu diesem Zeitpunkt anspricht, ist es eine wertvolle Hilfe, um Gelegenheitskäufern, die nur auf den Preis sehen, aus dem Weg zu gehen und um herauszufinden, welches die Probleme des Kunden sind.

Berater: Lou, ich möchte gern früh herausfinden, welches Ihre Sorgen sind, die richtige Firma zu finden, die sich um die betriebliche Vorsorge kümmert. Spielt das Honorar die wichtigste Rolle bei der Entscheidung, wen Sie beauftragen?

Lou: Absolut! Wir sehen keinen Grund, mehr zu bezahlen als wir müssen.

Und jetzt? Sie haben die Kontrolle. Sie können entscheiden, das Geschäft zu machen, indem sie das niedrigste Angebot vorlegen. Wenn Sie über den Preis nicht verhandeln wollen, könnten Sie immer noch weitermachen und die anderen Probleme des Käufers sondieren. Was haben Sie schließlich zu verlieren? So könnten Sie fortfahren:

Berater: Lassen Sie uns das nochmals festhalten. Alles, woran Sie interessiert sind, ist der niedrigste Preis. Pünktlichkeit, Qualität der Arbeit, Ideen von außen, wie Sie diesen Bereich Ihrer Firma vielleicht besser führen könnten, mit einer Firma verhandeln, die Ihr Versicherungsträger respektiert, dies alles interessiert Sie also nicht?

Als Antwort hören Sie vielleicht:

Lou: Das habe ich nie gesagt...
Berater: Dann sagen Sie mir, welches Ihre Hauptsorgen sind, und warum?
Lou: Natürlich sind all die Dinge, die Sie erwähnt haben, wichtig für uns. Die Mitarbeiter jeder Firma, mit der wir zusammengearbeitet haben, stellten sich als bessere, teure Bürokräfte heraus. Wir haben nie irgendwelche lohnende Hilfe von ihnen erhalten. Wenn wir sicher sein könnten, daß wir „X" bekämen, wäre das Honorar nicht der wichtigste Punkt.
Berater: Wie also können wir Ihnen helfen?

Oder Sie könnten hören:

Lou: Das habe ich nie gesagt, aber das Honorar ist das vorherrschende Thema. Diese Firmen sind doch alle gleich...

Sie können jetzt beschließen, daß Sie in dieser Situation über den Preis verhandeln möchten, oder Sie können gehen. Sie haben die Kontrolle.

Voraussetzungen für die Zufriedenheit

Wie Sie wissen, ist es äußerst wichtig, die Beziehung zum Kunden von Anfang an richtig anzugehen, damit man die Kunden halten kann. Nachfolgend die zweite Methode, die ich neben der Methode der selbständigen Weiterentwicklung anwende. Diese Methode ist erfolgversprechend, wenn

man herausfinden möchte, wo es weh tut, und um festzustellen, was nötig ist, damit der Kunde zufrieden ist.
Wenn wir diese Methode anwenden, können wir sofort herausfinden, ob die Erwartungen des Kunden vernünftig und erfüllbar sind. Es ist besser, mit den Erwartungen schon vorher richtig umzugehen, nicht erst dann, wenn der Kunde enttäuscht ist.
Dieses Thema kann jederzeit angesprochen werden, nachdem der Kunde sich mit Ihnen wohl fühlt und Ihnen schon einige informationsbezogene Fragen beantwortet hat:

***Berater*:** Wenn ich neue Kunden habe, möchte ich schon ganz am Anfang herausfinden, was nötig ist, um sie zufriedenzustellen. Ich nenne diese Erwartungen des Kunden die „Voraussetzungen für die Zufriedenheit". Obwohl Sie dieses Thema vielleicht noch nicht sorgfältig in Betracht gezogen haben, welchen Nachweis brauchen Sie, um nach sechs Monaten bestimmen zu können, ob Sie die richtige Entscheidung getroffen haben, indem Sie uns engagierten?

***Käufer* 1:** Sie haben recht! Wir haben uns mit diesem Thema noch nicht viel beschäftigt oder darüber nachgedacht, weil uns bisher niemand gefragt hat, wie zufrieden wir sind, nachdem sie angefangen haben, für uns zu arbeiten.

Ich persönlich als Controller wäre zufrieden, wenn unsere tägliche Arbeit so wenig wie möglich beeinträchtigt werden würde. Die letzten beiden Wirtschaftsprüfer haben ihre Rechnungsprüfung als das wichtigste Ereignis der Welt betrachtet. Sie haben mich und meine Mitarbeiter ständig unterbrochen. Ich denke, es muß einen besseren Weg geben, Informationen zu sammeln und eine Buchprüfung durchzuführen, als einfach in mein Büro hereinzuplatzen, wenn ihnen gerade danach ist.

***Käufer* 2:** Als leitender Angestellter bin ich nicht in die tägliche Buchhaltungsarbeit oder die jährliche Buchprüfung involviert. Ich könnte viel mehr Ratschläge im Bereich unserer Sozialpläne und der Besteuerung brauchen. Ich wäre froh, wenn wir endlich unseren Warenbestand unter Kontrolle bekommen und unsere Liquidität verbessern könnten.

***Käufer* 3:** Ich bin kein Buchhalter und weiß nicht, was jeden Tag in diesem Bereich getan werden muß – und es interessiert mich auch nicht unbedingt. Als Präsident muß ich mich darauf konzentrieren, wie man mehr Aufträge hereinbringt, wie man unsere Verkaufsleitung und die Verkäufer motiviert. Mich kann man dann am besten zufriedenstellen, wenn man die beiden Wirtschaftsprüfer von mir fernhält, wenn es um Probleme mit ihrer Rechnungsprüfung geht.

Berater: Wenn wir also diese Dinge erfüllen könnten, wären Sie zufrieden?

Käufer 1: Ja.

Käufer 2: Absolut.

Käufer 3: Ja.

Berater: Gibt es etwas, was wir vergessen haben?

Käufer 2: Ja, jetzt, wo ich darüber nachdenken konnte, würden Sie ...

Lassen Sie uns kurz einen Schritt zurückgehen und herausfinden, was wir durch diese eine Frage erreicht haben:

1. Wir haben herausgefunden, wo es jedem der Käufer weh tut. Beachten Sie, daß jeder andere Probleme hatte.
2. Wir haben die Idee in den Raum gestellt, nach erfolgter Beauftragung eine Besprechung anzusetzen, um darüber zu reden, wie die Zusammenarbeit mit dem Kunden verläuft. Dies wäre ein ausgezeichneter Zeitpunkt dafür, eine oder zwei Empfehlungen herauszulocken, wenn der Kunde zufrieden ist und wir das Projekt richtig angegangen sind.
3. Wir haben gezeigt, daß wir uns von der Konkurrenz unterscheiden. Ich verspreche Ihnen, daß noch nie jemand zuvor Ihrem potentiellen Kunden diese Frage gestellt hat. 99 Prozent aller Anbieter von freiberuflichen Dienstleistungen und Verkäufer sind vielmehr bestrebt, dem Käufer zu erzählen, wie großartig sie und ihre Firmen sind.
4. Im Unterbewußtsein haben die Kunden schon begonnen, unsere Dienste in Anspruch zu nehmen. Mit dieser Frage haben wir die potentiellen Kunden in eine psychologische Situation gebracht, als hätten sie unsere Dienstleistungen schon sechs Monate lang in Anspruch genommen. Sie haben den Punkt der Angst vor Entscheidungen bereits überschritten, und wir arbeiten schon mit ihnen zusammen.
5. Die Voraussetzungen für Zufriedenheit können in jeder Situation entlockt werden, wenn man über jeden möglichen Verkauf von Dienstleistungen spricht.

DIAGNOSTIZIERUNG DES PATIENTEN

Nun wollen wir eine Diagnose durchführen, um herauszufinden, ob ein Geschäftsabschluß wahrscheinlich ist. Wenn die Käufer Ihnen gesagt haben, was Sie tun müssen, damit sie zufrieden sind, wenn Sie das Thema Honorar abgeklärt haben (Kapitel 8), wenn die Chemie zwischen Ihnen und dem potentiellen Kunden stimmt, wenn Sie genau herausfinden können, wie der Entscheidungsfindungsprozeß vor sich geht und sicherstellen, daß Sie jemandem gegenüberstehen, der eine Entscheidung treffen kann, warum sollten die Kunden dann nicht kaufen? Sie müßten schon neurotisch sein. Sie dürfen die Käufer nicht länger mit den Augen eines Anbieters von freiberuflichen Dienstleistungen sehen, sondern müssen in Erwägung ziehen, daß potentielle Kunden sehr wohl in der Lage sind zu kaufen, ohne bei jeder Firma der westlichen Hemisphäre ein Angebot einzuholen.

Leitende Angestellte und andere Geschäftsleute denken oft ergebnisorientiert, und sie haben meistens großen Einfluß auf ihre untergeordneten Mitarbeiter. In vielen Fällen finden die Käufer den Prozeß, einen Berater zu engagieren, sehr ermüdend und zeitraubend. Dadurch können sie sich nicht den wichtigeren Dingen widmen, wie zum Beispiel die Umsätze steigern und die Kunden bei Laune halten. Wenn Sie das Verkaufsgespräch mit demjenigen führen, der die endgültige Entscheidung treffen wird, müssen Sie darauf vorbereitet sein, sein Büro mit dem Auftrag in der Tasche zu verlassen. Jedesmal, wenn Sie einen potentiellen Kunden treffen, müssen Sie mental darauf eingestellt ein, einen neuen Kunden zu gewinnen.

UND NUN EIN WORT ZUM GELD

In meinen Ausführungen habe ich mich meistens auf Umstände konzentriert, bei denen das Honorar nicht an erster Stelle stand. Natürlich wissen wir beide, daß das Honorar oft ein größeres Problem darstellt, wenn es auch nicht das Hauptinteresse des Käufers ist.

Mein Ziel ist, Sie erkennen zu lassen, daß Honorarprobleme meistens Symptome einer anderen Verletzung sind und nicht das wirkliche Problem darstellen.

In der heutigen Wirtschaft ist Geld jedoch ein sehr schmerzhaftes Thema. Sie sollten daran denken, daß Sie, wenn Sie die Methode des Arztes, nämlich systematisch zu verkaufen, anwenden, die Kontrolle haben. Sie können entscheiden, wann Sie über den Preis verhandeln. Sie können auch tiefer graben, um herauszufinden, welches die wirklichen Probleme, Bedürfnisse, Erfordernisse, Wünsche oder absoluten Notwendigkeiten sind, und Sie können das Gespräch vom Honorar wegbringen.

Sie werden sicherlich sehen, je mehr Wunden, Bedürfnisse, Erfordernisse, Wünsche oder absolute Notwendigkeiten es gibt, desto eher wird der Käufer bereit sein, das Honorar zu bezahlen. Wie viel würden Sie bezahlen, um das Leben Ihres Kindes zu retten?

Der Lösungsansatz des Arztes sucht nicht nach oberflächlichen neuralgischen Punkten, die oft leicht zu behandeln sind. Sie müssen tiefer gehen und sehr viel sorgfältiger zuhören, bevor Sie Lösungen für Probleme und Wünsche aus der Tasche ziehen. Das ist der Grund, warum Sie zu diesem Zeitpunkt noch nicht für eine Präsentation bereit sind. Weitere Eignungstests sind notwendig.

SCHRITT 3: PRÜFUNG DER BEREITSCHAFT ZU HANDELN

Nachdem es Ihnen gelungen ist herauszufinden, wo es weh tut, müssen Sie fortfahren, indem Sie herausfinden, ob beziehungsweise in welchem Ausmaß die Bereitschaft des Käufers, geheilt zu werden, vorhanden ist. Der Zweck von Schritt 3 ist, solche, die sich nur beklagen, von denjenigen zu trennen, die das Problem in die Hand nehmen, und zu vermeiden, daß Sie Zeit und Energie in Situationen verschwenden, die Ihnen höchstens einen fahlen Nachgeschmack im Mund bescheren.

Verkaufsregel: Die Leute können alle Schmerzen der Welt haben, wenn sie jedoch nicht bereit sind, etwas dagegen zu tun, wird nichts geschehen.

Es gibt mehrere Wege zu prüfen, ob der potentielle Kunde diese Bereitschaft zeigt:

A. Hören Sie auf Zeichen der Bereitschaft, wie z.B. ein Anfangsdatum:

***Käufer*:** Wir werden bis zum 31. Bewegung in die Sache bringen, damit wir den Termin mit dem Vorstand einhalten können.

B. Fragen Sie nach der Bereitschaft:

***Berater*:** Jane, danke, daß Sie mir Ihre Sorgen mitgeteilt haben. Manchmal habe ich Kontakt zu Leuten mit Problemen, die man angehen sollte, aber aus welchem Grund auch immer zögern sie, und ihre Lage wird meistens noch schlechter. Meinen Sie es ernst damit, daß man sich sofort darum kümmern sollte? Haben Sie schon irgendwelche fixen Termine oder eine Frist?

***Jane*:** Oh ja. Wir können nicht länger so weitermachen.

Wie vorher erwähnt, müssen Sie darauf vorbereitet sein, jederzeit engagiert zu werden. Sie werden sehen, daß Sie vielleicht schon nach Abschluß dieses Schrittes engagiert werden, so wie ich und andere der besten Geschäftsleute in den freien Berufen dies erlebt haben.

Bieten Sie nicht an, ein Angebot zu erstellen. Sie müssen ein gutes Gefühl dabei haben, sich den Kunden jetzt zu sichern, wenn Sie ihn wollen. Manchmal hat der Kunde so viele Probleme und die Chemie ist so gut, daß der Kunde beschließt, Sie vom Fleck weg zu engagieren. Reden Sie sich nicht wieder aus dem Verkauf hinaus!

Lassen Sie uns die Schritte 2 und 3 rekapitulieren und entscheiden, ob man das Verkaufsgespräch fortsetzen sollte. Mit diesen Schritten haben Sie alles, was Sie können, getan, um den potentiellen Kunden dazu zu bringen, mit Ihnen seine emotionalen Bedürfnisse, Erfordernisse und Wünsche zu teilen, und Sie haben seine Bereitschaft zu handeln überprüft. Dadurch, daß Sie Fragen gestellt und dem Kunden, ohne ihn zu unterbrechen, zugehört haben, konnten Sie Ihr Verhältnis zum Kunden entscheidend verbessern.

Nun müssen Sie entscheiden, ob und wie Sie fortfahren. Prüfen Sie das Ausmaß und die Art der Verletzungen, von denen er Ihnen berichtet hat. War der potentielle Kunde emotional involviert? Hat er offen und frei gesprochen? Ist er bereit zu handeln?

Falls keine Verletzungen oder keine Bereitschaft zu handeln vorhanden sind, können Sie beschließen, das Verkaufsgespräch an diesem Zeitpunkt zu beenden. Und warum nicht? Wenn Sie nicht mehr Praxis im Verkaufen brauchen und nicht als kostenlose Quelle für Ideen benutzt werden wollen, ist jetzt ein guter Zeitpunkt dafür zu entscheiden, ob es die Mühe wert ist, involviert zu bleiben. Schützen Sie das wertvolle Gut, das man Selbstachtung nennt.

Denken Sie daran: Die wichtigsten Wörter beim Verkaufen von freiberuflichen Dienstleistungen sind „Der nächste, bitte."

Wenn der potentielle Kunde die Schritte 2 und 3 bestanden hat, können wir nun mit Schritt 4 fortfahren: Prüfung der Zahlungsfähigkeit und Zahlungswilligkeit.

DIAGNOSE UND BEHANDLUNG: HERAUSFINDEN, WO ES WEH TUT

- Um effektiv zu verkaufen, müssen Sie verstehen, warum die Leute kaufen. Erinnern Sie sich an eine wichtige Verkaufsregel: die Leute kaufen aus emotionalen Gründen und rechtfertigen ihren Kauf dann rational.
- Wenn Sie eine sorgfältige Untersuchung durchgeführt haben und entdecken, daß es dem Käufer gut geht, das heißt, er hat keine emotiona-

len Bedürfnisse, Erfordernisse, Wünsche oder absoluten Notwendigkeiten, kann kein Geschäft abgeschlossen werden.

- Wenn Sie Ihren Interessenten befragen/untersuchen, müssen Sie tief graben. Sie dürfen nicht alles, was er sagt, für bare Münze nehmen. Wenn die Käuferin behauptet, daß sie den Dienstleistungsanbieter wechsle, weil man ihr derzeit zu hohe Gebühren verrechne, glauben Sie nicht unbedingt, daß dies das wirkliche Problem ist. Bitten Sie die Käuferin, darüber zu reden. Halten Sie sich damit zurück, Lösungen anzubieten, und suchen Sie nach den wirklichen Wunden der Käuferin.
- Es gibt zwei entscheidende Teile der Untersuchung, die nacheinander durchgeführt werden müssen. Der erste ist, Informationen zu entlocken. Stellen Sie informationsbezogene Fragen, um das Gespräch zu beginnen. Stellen Sie weitere Fragen, um alle notwendigen Informationen für eine korrekte Diagnose der Probleme des Käufers herauszufinden, und um zu bewerten, ob ein Kauf wahrscheinlich ist. Sie sollten für jedes Verkaufsgespräch zwanzig informationsbezogene Fragen vorbereitet haben.
- Wenn Sie den Käufer erst einmal zum Reden gebracht haben, sollten Sie zum zweiten Teil dieses Schrittes übergehen: herausfinden, wo es weh tut. Es gibt mehrere Methoden, um herauszufinden, welche Wunden der potentielle Kunde hat: die emotionalen Bedürfnisse, Erfordernisse, Wünsche und absoluten Notwendigkeiten.

1. *Die Methode der selbständigen Weiterführung.* Käufer gehen oft ganz von selbst davon ab, bloße Informationen zu liefern und erzählen Ihnen wertvollere Details über ihre Geschäfte. Hören Sie ihren Antworten und Erzählungen genau zu, und achten Sie besonders gut auf emotionsgeladene Aussagen.
2. *Der Plus/Minus-Ansatz.* Beginnen Sie, indem Sie Ihren potentiellen Kunden danach fragen, was er an seinem derzeitigen Anbieter mag, und arbeiten Sie sich dann geduldig zu dem vor, was er nicht mag. (Oft werden Sie gar nicht zu fragen brauchen; die Käufer werden Ihnen dies vielleicht von alleine erzählen, sofern Sie Ihren Mund halten).
3. *Niemand ist perfekt.* Wenn Sie einen einsilbigen Käufer vor sich haben, versuchen Sie diese Lösung, damit er sich öffnet: „Fred, niemand ist perfekt. Wenn es eine Sache gäbe, die Sie bei Ihrem derzeitigen Designer ändern könnten, was wäre es?"
4. *Ziehen Sie sie in Ihren Bann.* Wenn Sie Schwierigkeiten haben, das Gespräch vom Honorar wegzusteuern, könnten Sie sagen: „Jane, wel-

che Rolle sollte Ihr Steuerberater spielen, wenn das Honorar kein Problem wäre?"

5. *Die „Sagen Sie ihnen, wo es weh tun könnte"-Methode.* Wenn Sie Schwierigkeiten haben, passende Fragen zu stellen, oder der potentielle Kunde nur einsilbige Antworten gibt, ist dies eine gute Gelegenheit, ihm zu zeigen, wo es weh tun könnte, und dann zu prüfen, ob es dort wirklich weh tut. (Dies ist ähnlich der Situation, in der der Arzt Ihren Unterleib abtastet, um festzustellen, ob Sie an einer Blinddarmentzündung leiden).
6. *„Spielt nur das Honorar eine Rolle?"* Haben Sie nie Angst davor, über das Honorar zu sprechen. Wenn der Interessent wirklich nur nach dem Preis kauft, dann sollten Sie sich davor in acht nehmen. Sie können dann entscheiden, ob Sie über den Preis diskutieren wollen oder lieber gehen. Denken Sie auch daran: Je tiefer die Wunde, desto eher ist der Käufer bereit zu zahlen; graben Sie tief, um herauszufinden, wo die wirklichen Probleme liegen.
7. *Voraussetzungen für Zufriedenheit.* Sie sollten herausfinden, welche Erwartungen der Käufer hat, um zu bestimmen, ob sie realistisch sind und ob Sie sie erfüllen können – oder wollen.

➤ Wenn es Ihnen gelungen ist herauszufinden, wo es weh tut, müssen Sie damit fortfahren zu bestimmen, ob beziehungsweise wie groß die Bereitschaft des Kunden geheilt zu werden, (vorhanden) ist. Dafür gibt es zwei Wege:

1. Hören Sie auf Zeichen der Bereitschaft, wie zum Beispiel ein Anfangsdatum.
2. Wenn keine Zeichen zu erkennen sind, fragen Sie den Käufer, ob er es wirklich ernst damit meint, die Sache sofort in Angriff zu nehmen, ob er für den Einsatz einen Termin geplant hat, oder eine ähnliche Frage.

➤ Indem Sie diese Untersuchungsprozedur durchgegangen sind, haben Sie herausgefunden, wo der Käufer Wunden hat, Sie haben den Grundstein für eine gute Geschäftsbeziehung gelegt, und Sie haben sich von der Konkurrenz abgehoben. Wenn der Käufer in der Tat Wunden und den Wunsch hat, etwas dagegen zu unternehmen, sind Sie auf dem besten Weg, das Geschäft zu machen.

KAPITEL 8

DURCHFÜHRUNG EINER DIAGNOSE DER FINANZIELLEN SITUATION, UND POSITIVE BEEINFLUSSUNG DES ZAHLUNGSVERHALTENS

In diesem Kapitel werden Sie lernen, wie Sie herausfinden, ob potentielle Kunden bereit sind, Ihr Honorar zu bezahlen – bevor Sie sich allzusehr mit dem Verkaufsprozeß beschäftigt haben. Das ist wichtig, denn je länger Sie damit warten, die Honorarfrage anzusprechen, desto mehr sind Sie emotional involviert. Dies wiederum erhöht die Wahrscheinlichkeit, daß Sie Ihr Honorar reduzieren, um den Auftrag zu bekommen.

WOZU DEN 4. SCHRITT: DIE PRÜFUNG DER ZAHLUNGSFÄHIGKEIT UND ZAHLUNGSWILLIGKEIT IST WICHTIG

Angenommen, Ihre Patientin hat Wunden und ist auch bereit, diese behandeln zu lassen. Nun müssen Sie herausfinden, ob sie in der Lage und auch willens ist, für ihre Heilung zu bezahlen. Das ist ähnlich wie beim Arzt, der zuerst einmal überprüft, ob der Patient versichert ist, bevor er mit der Operation beginnt.

Natürlich ist das Honorar heutzutage aufgrund der wirtschaftlichen Situation und aufgrund der wachsenden Konkurrenz in den freien Berufen eine wichtige Sache. Einige Konkurrenten scheinen Ihre Dienste beinahe zu verschenken, weil sie verzweifelt versuchen, gerade noch den Cash-flow in Gang zu setzen. Wenn Sie jedoch die Verkaufsuntersuchung voll ausschöpfen, haben Sie die Kontrolle. Sie entscheiden, ob Sie über den Preis ver-

handeln wollen. Die Verkaufsuntersuchung wurde entwickelt, um dem Käufer bewußt zu machen, wo es weh tut, und damit er Sie als Retter sieht – somit ist er bereit, für Ihre Dienste mehr zu bezahlen.
Ärzte wissen, daß der beste Moment, die Bezahlung anzusprechen, vor der Operation oder Behandlung ist. Leute, die bereits geheilt sind, sind weniger motiviert, Ihr Honorar zu bezahlen. Dennoch heilen viele Anbieter von freiberuflichen Dienstleistungen den potentiellen Patienten während des Verkaufsgesprächs kostenlos. Dann wundern sie sich, warum es nicht zum Abschluß kommt oder warum der Patient sich entschied, bei seinem derzeitigen Anbieter zu bleiben beziehungsweise die Sache intern zu regeln (selbstverständlich mit den Ideen des neuen potentiellen Anbieters).
Nachfolgend die Gründe, warum Sie die Zahlungsfähigkeit und Zahlungswilligkeit schon im Anfangsstadium des Verkaufsprozesses überprüfen sollten:

1. *Vermeiden Sie es, Zeit zu vergeuden.* Ihre Zeit, zu vermarkten und zu verkaufen, ist begrenzt und deshalb äußerst kostbar. Investieren Sie dieses Gut nicht in Leute, bei denen es wenig wahrscheinlich ist, daß sie das Honorar bezahlen, das Sie benötigen, um qualifizierte Arbeit zu leisten.

2. *Schalten Sie Einwände gegen das Honorar schon im Anfangsstadium des Verkaufsprozesses aus.* Sehr oft warten Anbieter von freiberuflichen Dienstleistungen während des Verkaufsgespräches zu lange, bis sie das Honorar ansprechen. Sie verschwenden Zeit mit Leuten, die sich von Anfang an nicht als Käufer qualifiziert haben, oder sie reduzieren zu guter Letzt das Honorar, was nicht notwendig gewesen wäre, wenn der Verkaufsprozeß richtig gehandhabt worden wäre.

3. *Nutzen Sie emotionale Impulse zu Ihrem Vorteil.* Stellen Sie sich ein Kind auf einer Schaukel vor. Es gibt grundsätzlich drei Positionen, in denen sich das Kind auf einer Schaukel befinden kann: „oben" (positiv), neutral (im Ruhezustand) oder „unten" (negativ). Diese Positionen treffen genauso auf Ihre potentiellen Kunden während der Verkaufssituation zu; sie sind auf einer emotionalen Schaukel und können sich bei den verschiedenen Etappen während des Prozesses in einer positiven, neutralen oder negativen Position befinden.

Freiberufler warten meistens bis zum Ende des Verkaufsgespräches, um die Honorarfrage zu klären, oder sie vermeiden dieses Thema gänzlich. Bei 99 Prozent aller Angebote stehen die Honorare auf der letzten Seite. Bei veralteten Verkaufstechniken wurde immer gelehrt, den Preis erst am Schluß des Verkaufs zu besprechen, weil der Kunde so aufgeregt ist, daß

er Ihnen gerne bezahlt, was Sie haben wollen. Der erfahrene Kunde von heute kennt dieses Spiel nur allzu genau.
Nehmen wir das Schaukeln des Kindes als Analogie. Daraus können Sie ersehen, daß es für den Käufer nur einen Weg gibt, wenn er sich oben befindet und umgekehrt; ein sich bewegender Körper tendiert dazu, in Bewegung zu bleiben. Deshalb ist ein Käufer mit einer positiven Einstellung für Sie in einer gefährlichen Position, weil er nur zu einer negativen Haltung übergehen kann.
Nur zu oft haben viele von uns das Geschäft am Schluß des Gespräches oder später verloren, wenn der Käufer zurück zu neutral oder negativ geschwungen war. In diesen Situationen, in denen der Käufer den positiven Pol schon etwas verlassen hat, ist es sehr schwierig, ihn wieder zurückzubewegen.
Wenn Sie die Honorarfrage in der Mitte des Gesprächs ansprechen, können Sie die emotionale Schaukel zu Ihrem Vorteil nutzen.

EIN BEISPIEL DER SCHAUKEL-ANALOGIE

Die meisten von uns haben schon einmal die unerfreuliche Erfahrung eines Autokaufs gemacht. Dieser intensive Wunsch, einen neuen Wagen haben zu wollen, ist so ähnlich wie das Gefühl, als wir uns als Kinder ein neues Spielzeug wünschten. Wir sind auf der emotionalen Schaukel oben (positiv).
So schleppen Sie sich also zum Händler und betrachten argwöhnisch irgendeinen Verkäufer, der schon darauf wartet, sich auf Sie zu stürzen. Sie schauen sich um. Aah, da ist er: der neue „Eliminator", das Auto Ihrer Träume! Langsam und ehrfürchtig nähern Sie sich Ihrem Traumauto. Sie wissen, was Sie erwartet: der unverschämt hohe Preis. Und während Sie das Preisschild so anstarren, schwingt Ihre Stimmung ungezügelt in Richtung „negativ". Es ist sogar schlimmer, als Sie dachten! Diese Händler sind verrückt! Auf der emotionalen Schaukel befinden Sie sich nun auf der negativen Seite, ganz unten.
Eine sehr geschäftstüchtige Verkäuferin nähert sich mit sanften Schritten. Sie will Sie nicht erschrecken. Sie fragt Sie mit gedämpfter Stimme, ob Sie das neue Modell des „Eliminators" schon gefahren haben und überläßt Ihnen die Schlüssel für eine Spritztour.
Sie steigen in den Wagen und lassen sich auf den weichen Ledersitzen nieder. Oh, wie gut sich das anfühlt! Sie drehen den Schlüssel um und hören das Surren des Motors. Voller Vorfreude, wie ein Kind beim Auspacken eines neuen Spielzeugs am Weihnachtsabend, fahren Sie zügig vom Parkplatz und auf die Straße. VRRROOOMMM!

Sie beschleunigen schnell. Der Wagen ist so kraftvoll, so stark, so sicher. Sie beginnen, sich den neuen Wagen selbst zu verkaufen: „Ich habe diesen Wagen verdient. Ich muß so schwer arbeiten, ich brauche eine Freude in meinem Leben ... Ich werde in diesem Wagen viel sicherer sein – ich muß mir keine Sorgen mehr machen, wie ich zu meinen Kunden komme ... Ein paar Tausender mehr dafür kann ich mir leisten. Oooohhhh."

Als Sie zum Händler zurückkommen, sind Sie auf der emotionalen Schaukel wieder am positiven Pol angelangt. Die Verkäuferin erwartet Sie. Da sie ihre Hausaufgaben gut gemacht hat, weiß sie, daß sie aus dieser Situation keinen Verhandlungskrieg machen sollte. Sie möchte Ihre Abwehrhaltung ausschalten, um den Verkauf zu vereinfachen und Sie bei positiver Stimmung zu halten.

Sie gehen hinein, sie führt Sie in einen Raum und vermittelt Ihnen das Gefühl, ihr persönlicher Gast zu sein. Sie bietet Ihnen Kaffee an, und sobald sie merkt, daß Sie sich in einer gefährlichen Position auf der emotionalen Schaukel befinden, schließt sie den Verkauf so schnell und behutsam wie möglich ab. Sie fahren mit Ihrem neuen Spielzeug glücklich nach Hause.

Bei diesem Beispiel können Sie mehrere wirkungsvolle Verkaufsstrategien in Aktion sehen. Ihnen als Kunde ist es gestattet, an sich selbst zu verkaufen. In dem Moment, in dem Sie gezwungen sind, die unangenehme Erfahrung einer Preisverhandlung mit einem Autoverkäufer zu machen, sind Sie ungeheuer emotional involviert. Die Verkäuferin war geschäftstüchtig genug, um zu wissen, daß sie Sie in positiver Stimmung halten muß, indem sie Ihre Abwehrhaltung beschwichtigt und den Verkauf so schnell wie möglich abschließt.

Sie müssen das verstehen, denn durch die Art und Weise, wie diese Verkaufssituation durch die intelligente, erfahrene und erfolgreiche Verkäuferin aufgebaut wurde, wurden Sie faktisch vom positiven Pol der emotionalen Schaukel magnetisch angezogen. Sie haben an sich selbst verkauft, bevor Sie sich hinsetzten, um über den Preis zu streiten. Die Schaukel hatte sich so weit zum positiven Pol bewegt, daß das Geschäft immer noch zum Vorteil beider Parteien abgewickelt wurde.

WIE SICH DIE SCHAUKEL AUF ANBIETER VON FREIBERUFLICHEN DIENSTLEISTUNGEN AUSWIRKT

Potentielle Kunden bezahlen mit größerer Wahrscheinlichkeit höhere Honorare, wenn sie in den Verkaufsprozeß emotional involviert sind. Die Schaukel kann magnetisch angezogen werden, wenn Sie die Honorarfrage zum richtigen Zeitpunkt ansprechen, und die Wahrscheinlichkeit ist größer, daß die Kunden ein höheres Honorar bezahlen, als sie es sonst ge-

tan hätten. Außerdem ist noch genug Zeit, daß die Schaukel zum positiven Pol zurückkehrt, wenn die Honorarfrage frühzeitig besprochen wird, und nicht erst als letzter Punkt, oder wenn sie sogar ganz vermieden wird.
Natürlich können Sie nicht immer dem potentiellen Kunden eine konkrete Honorarschätzung geben, ohne daß weitere Diskussionen, Untersuchungen und Analysen des Zeitaufwands für ein Projekt erforderlich sind. Wie das Preisschild auf dem Wagen, können Sie ihnen aber die Gelegenheit geben, an sich selbst zu verkaufen, lange bevor das Verkaufsgespräch vorüber ist.

FEHLER BEIM VERKAUFEN

Normalerweise bekommt ein Kunde nie die Gelegenheit, in einer Situation, wie bei dem Beispiel des oben dargestellten Autoverkaufs, an sich selbst zu verkaufen. Autoverkäufer sind notorisch ungeduldig und versuchen über den Preis zu diskutieren, bevor der Kunde ausreichend emotional involviert ist. Mit welchem Ergebnis? Zu guter Letzt verlieren sie das Geschäft, das hätte gemacht werden können. Die emotionale Schaukel des Kunden erreicht nie die äußerste positive Spitze, der Kunde schwingt zu lange auf der negativen Seite, um das Geschäft machen zu können, oder der Kunde verläßt den Autosalon, um andere Angebote einzuholen, bis er einen Wagen, der ihm gefällt, zum absolut niedrigsten Preis findet.

EINE WICHTIGE LEKTION

Sie kaufen Autos, indem Sie nach dem möglichst billigsten suchen, richtig? Ich wette, Sie können sich wahrscheinlich nicht vorstellen, daß jemand einen Wagen direkt aus dem Ausstellungsraum kauft, ohne tagelang über den Preis zu feilschen.
Eine der wichtigsten Verkaufslektionen, die ich von den besten Geschäftsleuten in den freien Berufen gelernt habe, ist die, innezuhalten und zu erkennen, daß Sie die Welt wahrscheinlich mit den Augen eines freiberuflichen Dienstleistungsanbieters sehen. Seien Sie vorsichtig! Jene Freiberufler von uns tendieren dazu, hoch intellektuell und sehr analytisch zu sein, und nicht so gefühlsbetont wie die meisten unserer Kunden.
Viele der Leute, denen wir freiberufliche Dienstleistungen verkaufen, sind keine Wirtschaftsprüfer, Berater, Ingenieure oder sonstige Anbieter von freiberuflichen Dienstleistungen. Es gibt viele verschiedene Charaktertypen (auf diese werden wir noch in Kapitel 9 eingehen), und an jeden sollte auf unterschiedliche Art und Weise verkauft werden. Viele der Kunden, an die wir verkaufen, sind nur an einer Sache interessiert: Resultate. Um Details kümmern sie sich nicht, und wenn der Verkauf richtig angegangen

wird, ist der Preis zweitrangig. Nutzen Sie an dieser Stelle die emotionale Schaukel zu Ihrem Vorteil, indem Sie die Honorarfrage frühzeitig besprechen, nachdem der Kunde emotional involviert ist.

ZEIGEN SIE DEM POTENTIELLEN KUNDEN DAS VERHALTEN EINER PERSON, DIE SEHR ERFOLGREICH IST

Die Leute machen gern Geschäfte mit jemandem, der erfolgreich ist. Wenn der potentielle Kunde erkennt, daß der Freiberufler in seinem Tätigkeitsbereich erfolgreich ist, wird der Kunde sehr wahrscheinlich an sich selbst verkaufen, weil er zu dem Schluß kommt, daß der Grund für den Erfolg des Freiberuflers der ist, daß er sehr gut in seiner Arbeit ist.

Vieles von dem, was wir tun und wie wir handeln, stellt uns besser dar als das, was wir sagen. Unsere Worte sind nur ein sehr kleiner Teil dessen, wie wir insgesamt kommunizieren. Die Lehre des Neuro-Linguistic Programming (NLP) zeigt auf, daß wir nur ungefähr 7 Prozent über das gesprochene Wort kommunizieren. 38 Prozent unserer Kommunikation erfolgen über den Tonfall, in dem wir sprechen, und ganze 55 Prozent unserer Kommunikation erfolgen über die Art und Weise, wie wir handeln und bei anderen ankommen. Das ist eine wichtige Verkaufslektion; sie erklärt einen Grund, warum Ronald Reagan als Präsident so erfolgreich war. Es können sich nicht sehr viele Leute so richtig daran erinnern, was Ronald Reagan sagte, als er Präsident war. Aber sah er nicht aus wie ein Präsident? Hörten sich seine Worte nicht großartig an? Er trug nicht wie Jimmy Carter seinen Koffer selbst zum Luftwaffenstützpunkt. Der Präsident ist der mächtigste Mann der Welt; er sollte dementsprechend aussehen und handeln!

Käufer haben Angst, mit Leuten zu verhandeln, die den Auftrag unbedingt brauchen. Höchst erfolgreiche Freiberufler, die für ihre Firma viele Aufträge hereinbringen, verschwenden nicht viel Zeit und zaudern nicht bei der Honorarfrage. Sie vertrauen auf ihre Fähigkeiten und erwarten von den Kunden, für ihre wertvollen Dienste bezahlt zu werden. Sie kennen ihren eigenen Wert und sind von ihrem Honorar überzeugt. Indem Sie das Honorar frühzeitig im Verkaufsprozeß besprechen, zeigen Sie dem potentiellen Kunden das Verhalten eines erfolgreichen Geschäftsmannes.

BEHALTEN SIE DIE KONTROLLE ÜBER DEN VERKAUFSPROZESS

Kontrolle – das ist ein wichtiges Wort für einen Anbieter von freiberuflichen Dienstleistungen. Viele Freiberufler haben eine Vorliebe, alles zu

kontrollieren. Alles muß peinlich genau stimmen. Wo ist die Checkliste? Wir dürfen das Projekt nicht außer Kontrolle geraten lassen.
Und genau so ist es mit dem Verkaufsprozeß. Sie müssen bei diesem heiklen Vorgang die Kontrolle behalten, oder Sie könnten durch unvorhergesehene Ereignisse scheitern. Sie müssen das Honorar ansprechen, sobald Sie die Probleme des Kunden entdeckt haben, weil Sie dadurch die Kontrolle behalten, und somit in der Lage sind, das bestmögliche Ergebnis zu garantieren.

DER ÜBERGANG VOM 3. ZUM 4. SCHRITT

Lassen Sie uns zusammenfassen, an welcher Stelle Sie sich beim Verkaufsgespräch befinden:

- Sie und der potentielle Kunde haben miteinander eine angenehme Atmosphäre geschaffen, und die Chemie stimmt.
- Der Kunde erzählt Ihnen seine emotionalen Bedürfnisse, Erfordernisse, Wünsche und absoluten Notwendigkeiten sowie die Hintergrundinformationen, die Sie zur Diagnose der Situation benötigen.
- Der Käufer ist bereit zu handeln.

Nun brauchen wir einen Übergang zur Honorarfrage:

***Berater*:** Bob, ich danke Ihnen, daß Sie diese Punkte mit mir besprechen. Ich denke, ich habe einen guten Überblick über Ihre Situation. Ich finde, jetzt ist ein guter Zeitpunkt, die Honorarfrage zu besprechen. Ich möchte Ihre Zeit nicht vergeuden. Ist das für Sie in Ordnung?

***Käufer*:** Selbstverständlich.

Innerhalb von vierzehn Jahren hat sich nie ein potentieller Kunde beschwert, es wäre zu früh gewesen, das Honorar anzusprechen, wenn ich zu diesem Zeitpunkt mit dieser Frage an den Käufer herantrat (nachdem ich mir etwa 45 Minuten bis eine Stunde seine Probleme angehört habe). Es ist nur allzu sinnvoll; auf diese Art und Weise machen Sie den Leuten nichts vor. Ich habe festgestellt, daß wir Freiberufler in der Regel diejenigen sind, die sich scheuen, dieses Thema anzusprechen.

WIE SIE DEN 4. SCHRITT AUSFÜHREN

Hier sind fünf Möglichkeiten, die Honorarfrage anzusprechen. Wählen Sie eine oder zwei, die Ihnen angenehm erscheinen.

1. Fragen Sie nach einem Budget

Berater: Haben Sie ein Budget für dieses/n Projekt/Posten?

Manchmal werden die Leute Ihnen über ihr Budget Auskunft geben, manchmal nicht. Ich habe festgestellt, daß dies von der Chemie (und dem sich daraus ergebenden Vertrauen) zwischen Ihnen und dem potentiellen Kunden abhängt. Käufer haben in der Regel ein Budget, insbesondere wenn es um ein Projekt geht.
Manche Leute werden Ihnen sagen „so wenig wie möglich". Das ist in Ordnung. Die zweite Möglichkeit ist ein guter Weg, dieser Bemerkung nachzugehen.

2. Fragen Sie: „Sind die Kosten Ihre wichtigste Überlegung?"

Ich kann nur sagen, sprechen Sie es frühzeitig aus. Sie sollten die Kontrolle behalten und entscheiden, ob Sie die Arbeit haben und mit Leuten Geschäfte machen wollen, die nur an die Kosten denken.

Berater: Betsy, ist das Honorar Ihre wichtigste Überlegung, wenn Sie einen neuen Berater engagieren (oder wenn Sie dieses Projekt angehen wollen)?
Betsy: Ja. Wir wollen den billigsten, den wir finden.

Sie haben die Kontrolle beim 4. Schritt und wissen nun, womit Sie es zu tun haben. Sie sind emotional noch nicht involviert, haben noch nicht viel Zeit investiert. Ihr Arbeitsaufwand für ein Angebot oder eine Präsentation war noch nicht groß. Sie können entscheiden, ob und wie Sie vorgehen.
In der Regel wird das Gespräch jedoch folgendermaßen verlaufen:

Berater: Betsy, ist das Honorar Ihre wichtigste Überlegung, wenn Sie einen neuen Berater engagieren?
Betsy: Nein. Selbstverständlich spielen die Kosten eine Rolle, wir sind aber sehr daran interessiert, daß dieses Projekt rechtzeitig erledigt und das Gebäude fertiggestellt wird. Je länger die Fertigstellung dauert, desto mehr Miete und Glaubwürdigkeit gegenüber unseren Investoren und künftigen Mietern büßen wir ein. Und wir wollen, daß der Übergang von unseren alten Architekten zu unseren neuen so einfach wie möglich vonstatten geht und daß sich an der Zusammensetzung des Personals so wenig wie möglich ändert.

Gut. Sie haben die Honorarfrage vielversprechend hinter sich gebracht. Sie haben einige zusätzliche Informationen bekommen (oder, wenn Sie Ihre Sache beim 2. Schritt richtig gemacht haben, eine Bestätigung für den Schmerzpunkt). Meine Erfahrung und die meiner Kunden ist, daß Betsy wahrscheinlich für die richtige Person, von der sie glaubt, sie werde mutig vorgehen, um ihre Probleme zu lösen, mehr bezahlen wird.

3. Nennen Sie ihnen einen ungefähren Betrag.

Das ist meine bevorzugte Methode, die Honorarfrage anzusprechen.

***Wirtschaftsprüfer*:** Jonathan, aufgrund dessen, was wir bis jetzt besprochen haben, wird das Honorar voraussichtlich im Bereich von 8.000 bis 12.000 Dollar liegen. Diese Schätzung könnte etwas hoch oder niedrig sein. Leider kann ich zu diesem Zeitpunkt noch nicht präziser sein, weil ich Ihre Unterlagen und Akten noch nicht gesehen habe und den Aufwand zur Fertigstellung des Projekts noch nicht kalkuliert habe. Aber das Honorar wird sich in diesem Rahmen bewegen. Sollen wir weitermachen?

Sie haben den Käufer gerade auf das Honorar festgelegt. Sagt er ja, sollten Sie das Gespräch fortführen, da er den 4. Schritt bestanden hat. Sagt er nein, hat er sich für die Honorarfrage nicht qualifiziert. Sie könnten dann herausfinden, was er bezahlen würde, und entscheiden, ob Sie das Geschäft zu diesem Preis machen wollen oder ob Sie ihm einfach danken sollten, daß er sich die Zeit genommen hat, und dann gehen.

Manche Anbieter von freiberuflichen Dienstleistungen sagen, sie benützen solche ungefähren Zahlen nur ungern. Sie müssen schließlich kalkulieren, nachkalkulieren, analysieren, besprechen, darüber nachdenken, alles überdenken und abwägen, was der Auftrag mit sich bringt. Das ist Quatsch! Geben Sie dem Käufer einen Anhaltspunkt, und verschwenden Sie nicht Ihre Zeit. Sie müssen bei dem Verkaufsgespräch vorwärtskommen. Nun ist der beste Moment, die Honorarfrage unter Kontrolle zu bekommen.

4. Fragen Sie den Käufer: „Wieviel haben Sie bislang bezahlt?“

***Berater*:** Stacy, wieviel bezahlen Sie Ihrer momentanen Firma?

Will die Käuferin diese Frage nicht beantworten, sollten Sie auf der Hut sein. Sie sollte sich mittlerweile eigentlich wohl fühlen und Ihnen trauen.

Will sie Ihnen das nicht sagen, spielt sie mit Ihnen, weil sie Angst hat, Sie könnten daraus Vorteile ziehen. Weigert sich die Käuferin zu diesem Zeitpunkt, Ihnen zu erzählen, was sie momentan bezahlt, ist das ein Warnsignal.

5. Sagen Sie dem Käufer: „Wir sind selten die billigsten, und eventuell sind wir teurer. Sollen wir fortfahren?“

***Berater*:** Chris, danke, daß Sie Ihre Situation mit mir besprechen. Ich finde, jetzt ist der richtige Zeitpunkt, die Honorarfrage anzusprechen. Ich möchte Ihnen nichts vormachen. In den meisten Fällen wie dem Ihren sind wir selten die billigsten und eventuell teurer – sollen wir fortfahren?

***Chris*:** Okay.

Nochmals, sollten Sie feststellen, daß der Käufer nur an die Kosten denkt, haben Sie noch die Kontrolle und können entscheiden, ob und wie Sie vorgehen.

DEN KUNDEN ALS AUFTRAGGEBER AKZEPTIEREN

Zweck der Verkaufsuntersuchung ist, sich die absolute Kontrolle über den Verkaufsprozeß zu verschaffen, genau wie ein Arzt den Untersuchungsfortgang kontrolliert. Die Kontrolle zu haben bedeutet, daß Sie entscheiden können, mit wem und wie Sie Geschäfte machen wollen.

Leider kennen viele Freiberufler nur einen Weg, etwas zu verkaufen, und zwar, indem sie ihr Honorar reduzieren. Mir sind einige Dienstleistungsanbieter begegnet, die so schlecht verkaufen können, daß sie buchstäblich nicht in der Lage waren, etwas zu verschenken; ja, richtig – sie konnten den potentiellen Kunden nicht dazu bringen, ihre Dienste umsonst in Anspruch zu nehmen.

Und zum Glück für Sie würden nicht einmal fünf Prozent Ihrer Konkurrenten auch nur daran denken, ein Buch wie dieses zu lesen. Ein freiberuflicher Dienstleistungsanbieter, der sein Geschäft versteht, kann seine Träume von finanziellem Erfolg und Freiheit realisieren. Sie haben weniger Konkurrenz, als Sie vielleicht denken.

Es wird jedoch auch Zeiten geben, in denen Sie vielleicht erwägen, einen Kunden als Auftraggeber zu akzeptieren, um einen neuen Markt zu erschließen. Das ist Ihre Entscheidung. Lassen Sie das beim Verkaufen aber nicht zur Gewohnheit werden.

Den allerersten großen Kunden, den ich damals als Berater gewinnen konnte, bekam ich unter der Bedingung, daß ich für die Hälfte meines üblichen Honorars arbeitete. Ich nahm das Angebot an – mit der vorherigen Übereinkunft, daß dieser Kunde mich weiterempfehlen würde. Ich ließ mich darauf ein, weil ich wußte, daß es das wert sein würde, einen Kunden wie diesen zu haben, der die Möglichkeit hat, mir weitere Kunden zu beschaffen und für künftige potentielle Kunden ein Aushängeschild wäre. Dieser eine bedeutende Kunde war das Sprungbrett für meine nationale Karriere, und ich arbeitete mehrere Jahre lang mit ihm zusammen. Obwohl ich mein Honorar reduzierte, werde ich für diese Gelegenheit immer dankbar sein.

Viele der geschäftstüchtigsten Beraterfirmen erlangen auf diese Weise Marktanteile, Rang und Namen – vergegenwärtigen Sie sich nur, daß es Ihre Entscheidung ist, das zu tun, und zwar nach vorheriger Übereinkunft mit dem Kunden, daß er Ihnen künftig als Kontaktperson zu neuen Aufträgen verhilft.

WIE SIE BEIM VERKAUFSGESPRÄCH WEITER VORGEHEN

Beim 4. Schritt haben Sie die Bereitschaft des Patienten getestet, für die Heilung seiner Wehwehchen zu bezahlen. Nun müssen Sie entscheiden, ob bzw. wie Sie weiter vorgehen. Haben Sie ein gutes Gefühl dabei, wie der Interessent der Honorarfrage gegenübersteht? Ist er ein ernsthafter Käufer, oder will er sich nur unverbindlich informieren? Ist es dieses Verkaufsgespräch und ist es der potentielle Kunde wert, die Sache weiterzuverfolgen?

Hat der Verkäufer den 4. Schritt bestanden, fahren wir nun mit dem 5. Schritt fort: Kenntnis über den Entscheidungsfindungsprozeß, und die Fähigkeit, diesen Prozeß zu beeinflussen.

DIAGNOSE UND BEHANDLUNG: ARBEITEN SIE NICHT OHNE RÜCKVERSICHERUNG

- Wenn Ihr potentieller Kunde Schmerzen hat und bereit ist, diese behandeln zu lassen, müssen Sie sich nun vergewissern, daß er auch in der Lage und willens ist, für die Behandlung zu bezahlen.
- Der beste Zeitpunkt, die Honorarfrage anzusprechen, ist, bevor Sie eine Lösungsmöglichkeit angeboten haben; geheilte Menschen sind nur wenig motiviert, Ihr Honorar zu bezahlen. Sprechen Sie die Honorarfrage frühzeitig an, um:

1. Zeitverschwendung zu vermeiden. Verbringen Sie Ihre kostbare Zeit nicht mit jemandem, der nicht bereit oder nicht in der Lage ist, Ihr Honorar zu bezahlen.
2. Bedenken in bezug auf das Honorar schon am Anfang des Verkaufsprozesses aus dem Weg zu räumen. So können Sie nicht in Frage kommende Käufer und die Notwendigkeit, Ihr Honorar zu reduzieren, umgehen.
3. Den emotionalen Impuls zu Ihrem Vorteil zu nutzen. Hat der Interessent Bedenken in bezug auf das Honorar, sind die Verkaufsverhandlungen noch nicht so weit fortgeschritten, und Sie können das Problem ansprechen, die Bedenken mildern und weiter fortfahren.

➤ Sie werden sehen, daß Interessenten mit größerer Wahrscheinlichkeit ein höheres Honorar bezahlen, wenn sie emotional in den Verkaufsprozeß involviert sind. Vergewissern Sie sich, daß Sie während der Verkaufsuntersuchung auf das wirkliche Problem Ihres Interessenten gestoßen sind.
➤ Wir Anbieter von freiberuflichen Dienstleistungen neigen zwar dazu, sehr selektiv und preisbewußt zu sein, aber die meisten Geschäftsleute, an die wir verkaufen, sind es nicht.
➤ Erfolgreiche Freiberufler verschwenden nicht viel Zeit, um Haarspalterei in bezug auf die Honorarfrage zu betreiben; sie vertrauen auf ihre Fähigkeiten und erwarten von ihren Kunden, daß sie ihre wertvollen Dienste bezahlen. Handeln Sie, als ob Sie erfolgreich wären, und Sie werden als erfolgreich wahrgenommen.
➤ Nachdem Sie die Chemie hergestellt haben, die Wunden entdeckt haben und die Bereitschaft, geheilt zu werden, vorhanden ist, sollten Sie zum Honorar überleiten; hierzu gibt es fünf Möglichkeiten:
   1. Fragen Sie nach einem Budget.
   2. Fragen Sie: „Sind die Kosten Ihre wichtigste Überlegung?“
   3. Nennen Sie dem Interessenten einen ungefähren Betrag.
   4. Fragen Sie den Käufer: „Was bezahlen Sie derzeit?“
   5. Sagen Sie dem Käufer: „Wir sind selten die billigsten, und eventuell sind wir teurer. Sollen wir das Gespräch fortsetzen?“

➤ Sie sollten es nicht zur Gewohnheit werden lassen, Ihr Honorar zu reduzieren, um den Auftrag zu bekommen. Sie können jedoch gelegentlich ein Zugeständnis machen, um einen neuen Markt zu erschließen oder einen speziellen Kunden zu gewinnen. Wenn Sie das tun, vereinbaren Sie mit dem Kunden vorab, daß er Ihnen künftig als Kontaktperson zu neuen Aufträgen verhilft.

KAPITEL 9:

ANATOMIE DER ENTSCHEIDUNGSFINDUNG

In diesem Kapitel werden Sie lernen, wie man all die wichtigen Informationen über den Entscheidungsfindungsprozeß des potentiellen Kunden aufdeckt. Sie werden auch lernen, wie Sie in Erfahrung bringen, ob Sie diesen Prozeß zu Ihren Gunsten beeinflussen können. Daraus setzt sich Schritt 5 zusammen: Prüfung der Kenntnis über den Entscheidungsfindungsprozeß, und die Fähigkeit, diesen zu beeinflussen.

WARUM DIE PRÜFUNG DES ENTSCHEIDUNGSFINDUNGSPROZESSES WICHTIG IST

Die Prüfung des Entscheidungsfindungsprozesses besteht aus folgenden Punkten:

1. *Bringen Sie in Erfahrung, wie die Entscheidung getroffen wird.* In diesem Schritt müssen Sie alles in Ihrer Macht Stehende tun, um zu vermeiden, daß Sie Ihre Zeit damit vergeuden, die falschen Leute zu befragen. Wenn Sie mit verschiedenen Leuten sprechen, werden Sie sehen, daß jeder seine eigenen Prioritäten setzt. Wenn Sie dem Käufer die falschen Ziele unterstellen, kann dies verhängnisvoll sein, und sie werden einen Mißerfolg erleiden. Außerdem finden die Anbieter von freiberuflichen Dienstleistungen oft zu spät heraus, wer die wirklichen Entscheidungsträger sind, nämlich dann, wenn sie schon eine Präsentation oder ein Angebot erstellt haben.

2. *Vermeiden Sie, Zeit zu vergeuden.* Ihre Zeit, zu vermarkten und zu verkaufen, ist begrenzt und wertvoll. Investieren Sie dieses Gut nicht in Leute, bei denen es unwahrscheinlich ist, daß sie in der nächsten Zeit eine Entscheidung treffen, oder die wahrscheinlich nicht zu Ihren Gunsten entscheiden werden. Sie müssen entscheiden, ob Sie sich weiter mit Kunden be-

schäftigen, die Sie nicht an die wirklichen Entscheidungsträger herankommen lassen oder Ihnen nicht sagen, wie die Entscheidung getroffen wird.

3. *Gewinnen Sie einen Mentor, der Sie durch den Verkaufsprozeß und zu einem erfolgreichen Ergebnis führt.* Vier Augen sehen mehr als zwei. Dies gilt vor allem beim Verkaufen. Bei jedem Verkauf sollten Sie jemanden finden, der Sie durch den Verkaufsprozeß führt und Ihnen sagt, was nötig ist, um das Geschäft zu machen. Dieser Mentor kann aus der Firma des Käufers sein (hoffentlich), aus Ihrer eigenen Firma oder jemand, vor dem Sie Respekt haben, weil er ein erfolgreicher Verkäufer ist.

4. *Schalten Sie, falls möglich, Ihre Konkurrenten aus.* In diesem Schritt werden Sie versuchen, alle oder die meisten Ihrer Konkurrenten auszuschalten, um zu erreichen, daß der Vorteil auf Ihrer Seite liegt.

5. *Versuchen Sie, als letzter an den Start zu gehen.* Eine gute Faustregel für den Entscheidungsfindungsprozeß ist: „Die Letzten werden die Ersten sein". Der letzte Eindruck ist gewaltig. Wir haben alle schon ein Geschäft an einen weniger qualifizierten Gegner verloren, obwohl wir dachten, wir hätten den Auftrag in der Tasche. Der Grund dafür ist, daß wir keine Möglichkeiten mehr hatten, an dem nachhaltigen Eindruck, den der Konkurrent, der nach uns zum potentiellen Auftraggeber kam, hinterlassen hat, etwas zu ändern.

VERSCHIEDENE CHARAKTERTYPEN, DIE SICH AUF DEN ENTSCHEIDUNGSFINDUNGSPROZESS AUSWIRKEN

Nicht jeder trifft seine Entscheidungen auf die gleiche Art und Weise. Sie werden den 5. Schritt besser durchführen können, wenn Sie sofort erkennen, mit welchem Charaktertyp Sie es in einer Verkaufssituation zu tun haben.
Es gibt sechs Charakter-Grundtypen, mit denen Sie sich befassen sollten. Sie können die Leute schnell einschätzen, wenn Sie ihr Verhalten, ihre Position in der Firma und ihre Umgebung beobachten.

1. DER FÜHRERTYP

Die meisten Geschäftsinhaber (Unternehmer) und Direktoren von schnell wachsenden, dynamischen Unternehmen sind Führertypen. Die Führertypen sind zuversichtlich und direkt, sie lieben Herausforderungen und sind bereit, Verantwortung zu übernehmen und anzupacken. Ergebnisse stehen bei ihnen an erster Stelle, und sie delegieren gern. Führertypen sind zielorientiert, dynamisch, können sich selbst motivieren und gehen an Probleme direkt heran.

Diese Leute sind handlungsorientiert und mit dem Status quo unzufrieden. Ihre Geschäfte sind ein Spiegelbild ihrer selbst. Viele Kunden dieses Typs wissen nicht einmal, wieviel Geld sie von einem Jahr aufs andere machen. Ihre Motivation, zur Arbeit zu gehen, ist der Gedanke, Monopoly im wirklichen Leben zu spielen. Sie interessieren sich nicht für Details und neigen dazu, basierend auf ihrem Instinkt schnelle Entscheidungen zu treffen, so daß sie den nächsten Punkt oder die nächste Herausforderung angehen können. Sie sind ungeduldig. Wenn Sie zaudern, sich eine Entscheidung zu sichern, werden Sie den Kunden verlieren, weil das nächste zu lösende Problem schon vor der Tür steht.

Norman Schwarzkopf, Mike Ditka, Lee Iacocca und Margaret Thatcher sind die vollkommenen Beispiele für den Persönlichkeitstyp des Führers. Menschen wie sie interessiert nichts weniger als Details darüber, was Sie als ihr Berater tun werden. Diskutieren Sie mit ihnen nicht über die Schwierigkeiten dieses Projekts, Sie werden sie verlieren. Alles, was sie interessiert, ist, den Ball über die Ziellinie zu bringen, und zwar so bald wie möglich. Sie möchten wissen, wie Sie ihnen helfen werden, bessere Ergebnisse zu erzielen und ihre Konkurrenten zu schlagen.

Die Führertypen mögen Veränderungen! Sie nehmen Risiken auf sich und lieben es zu spekulieren. Für ihr Team suchen sie sich Leute aus, die sich dem Gewinnen verschrieben haben. Wenn Sie dazu beitragen, daß sie öfter gewinnen, werden sie bei ihren Freunden (anderen Führertypen) intensiv Werbung für Sie betreiben.

Das Büro des Führertyps ist gut ausgestattet und stellt seinen Erfolg zur Schau. Und was noch wichtiger ist, es ist funktionell eingerichtet, damit rationeller gearbeitet werden kann.

Ihre Probleme und ihre Kaufmotivation konzentrieren sich darauf, bessere Ergebnisse zu produzieren und die Konkurrenz zu schlagen. Diese Konkurrenz setzt sich zusammen aus persönlichen Konkurrenten, wie zum Beispiel Freunde, Geschwister und Eltern; Konkurrenten in der Firma, wie zum Beispiel Arbeitskollegen und ganze Unternehmen. Üblicherweise befassen sie sich nicht mit Dingen wie Einsparungen in Honorarfragen.

Die eine Frage, die Sie dem Führertyp stellen müssen, ist: „Wie kann ich als Ihr Berater (oder Ingenieur, Anwalt, Graphikdesigner, Steuerberater, Architekt) Ihnen helfen, die Konkurrenz zu schlagen?" Stellen Sie diese Frage einem ergebnisorientierten Erfolgsmenschen, wie einem Führertyp, und Sie werden die Beziehung enorm verbessern können, sich von Ihrer Konkurrenz abheben (die noch nicht daran gedacht hat) und herausfinden, wie man diesem Charaktertyp etwas verkaufen kann.

2. DER LEITENDE ANGESTELLTE/MANAGER

Die meisten leitenden Angestellten und Manager von etablierten Unternehmen passen in diese Kategorie. Sie denken vor allem an ihren eigenen Vorteil – dadurch sind sie ungeheuer motiviert. Ihre Motivationen sind, vor anderen gut dazustehen (Vorstand, ihre Vorgesetzten, ihre Angestellten), ihre persönliche Sicherheit und ihre Entlohnung. Sie werden die Dinge vielleicht nicht in die Hand nehmen, wenn es nur zum Nutzen des Unternehmens ist und nichts für sie dabei herausspringt. Anders als die Führertypen mögen sie keine Veränderungen oder Handlungen, wenn sie keinen direkten persönlichen Vorteil erkennen können.

Sie müssen herausfinden, wie sich die Situation auf sie persönlich auswirkt. Sie müssen sie dazu bringen, Ihnen zu sagen, wie eine Veränderung oder Ihr Vorschlag ihnen helfen könnte. Vergessen Sie nicht, daß das Honorar vielleicht kein Hindernis ist, diesen Leuten etwas zu verkaufen. Leitende Angestellte/Manager geben das Geld anderer schneller und leichter aus als ihr eigenes. Eine gute Frage, die Sie einem leitenden Angestellen/Manager stellen können, ist: „Wie könnte ich als Ihr Berater Ihnen helfen, noch produktiver und kostbarer zu werden?"

3. DER SOZIALE

Der Soziale ist sehr liebenswert und hat eine Unmenge an Freunden. Er liebt die Menschen und ist oft im Verkauf und in anderen Positionen, in denen man mit Menschen zu tun hat, anzutreffen. Dazu gehören u.a. Öffentlichkeitsarbeit und Werbung. Er arbeitet gern mit anderen Menschen zusammen und haßt persönliche Ablehnung.

Der Soziale ist in erster Linie an den Beziehungen zu anderen Leuten interessiert. Er begehrt die Aufmerksamkeit der Leute, mit denen er zu tun hat. In seinem Büro kann es möglicherweise einen Gegenstand geben, der wirklich die Aufmerksamkeit auf sich lenkt, um das Gespräch in Gang zu bringen. Einer meiner Kunden, den ich zu dem sozialen Typ zähle, hat ein lebensgroßes Pony in seinem Büro!

Der Soziale möchte geliebt werden und fühlt sich unwohl, wenn alles still ist. Er liebt es zu reden – daraus schöpft er seine Energie. Seine Probleme und Kaufmotive konzentrieren sich auf den Mangel an persönlicher Aufmerksamkeit, der ihm von seinem Berater entgegengebracht wird. Er ist eher unorganisiert und möchte Ordnung in sein Leben, seine Karriere und sein Geschäft bringen.

Er möchte mehr Freunde, Kontakte und Kunden. Ergebnisse und Honorare sind nicht unbedingt ein Thema für ihn. Sie werden ihn langweilen und das Geschäft verlieren, wenn Sie ihm unnötige Details erzählen. Die Fragen, die Sie dem Sozialen stellen sollten, lauten: „Schenkt Ihnen Ihr derzeitiger Anbieter genügend persönliche Aufmerksamkeit? Sind Sie so organisiert, wie Sie sein sollten?"

4. DER FÜRSORGLICHE

Ben Cartwright, ein Darsteller aus der alten Fernsehserie Bonanza, war die Fürsorge in Person: Er sorgte für seine Familie, seine Leute und für die Ponderosa Ranch.

Der Fürsorgliche ist gegen Veränderungen, und er ist selbstlos. Er ist motiviert durch das, was das Beste für die „Familie" ist. Innerhalb von Organisationen sind die Fürsorglichen diejenigen, die Unterstützung anbieten, oder sie tauchen an einem Krisenherd als die Mutter-/Vaterfigur auf.

Der Fürsorgliche ist weniger an den Endergebnissen interessiert und beschäftigt sich mehr damit, wie jeder Schritt, den er macht, die Organisation beeinflußt.

Er möchte keine Sache gefährden, und er möchte, daß seine Dienstleistungsanbieter in die Gruppe passen. Der Fürsorgliche hofft auf Zusammenarbeit und Unterstützung der Ziele der Gruppe. Wenn er den Eindruck hat, daß Sie nicht in die Gruppe passen, werden Sie Schwierigkeiten mit ihm bekommen. Sie werden ihn langweilen und das Geschäft verlieren, wenn Sie ihm unnötige Details geben.

Sie erkennen den Fürsorglichen an der Unmenge von Familienphotos oder Zeichnungen seiner Kinder in seinem Büro. Diese Leute werden immer Gastgeber sein, nie Gäste. Wenn Sie ihn erst einmal auf Ihrer Seite haben, wird er alles für Sie tun.

Seine Probleme sind die Probleme der Gruppe. Seine Kaufmotive konzentrieren sich auf den Wohlstand der Familie (die Firma), und nicht unbedingt auf das Endergebnis oder wieviel Geld er beim Honorar sparen könnte. Eine gute Frage, die Sie dem Fürsorglichen stellen können, lautet: „Wie kann ich als Ihr Berater dazu beitragen, die Situation für alle hier zu verbessern?"

5. DER ERNEUERER

Sie werden den Erneuerer in Bereichen der Kunst finden. Er arbeitet als Designer, Schriftsteller, Architekt, Schauspieler oder Musiker. Der Erneuerer ist nicht gegen Veränderungen. Das eigentliche Wesen seiner Arbeit ist das Neue.

Sein wichtigstes Kaufmotiv oder Problem ist, Zeit für sich zu haben, um etwas Neues zu erschaffen. In diesem Punkt gleicht er dem Führertyp: Er wird Ihnen den Ball zuwerfen. Sie werden ihn langweilen und das Geschäft verlieren, wenn Sie ihm unnötige Details liefern. Manche Erneuerer übergeben sogar die Verwaltung ihres Geschäftes und ihre finanziellen Angelegenheiten einem anderen, damit sie mehr Zeit zur Verfügung haben, um etwas Neues zu schaffen.

Sein Büro oder sein Arbeitsplatz ist wahrscheinlich ziemlich unüblich, unordentlich und unorganisiert. Diese Leute treffen die Entscheidungen schnell. Sie möchten sich darauf konzentrieren, innovativ tätig zu sein. Eine gute Frage, die Sie dem Erneuerer stellen können, ist: „Wie kann ich als Ihr Berater Ihnen helfen, damit Sie mehr Zeit haben?"

6. DER BUCHHALTER/TECHNIKER

Neunzig Prozent der Wirtschaftsprüfer und Ingenieure haben diese Charaktereigenschaften. Sie scheuen das Risiko, sind eher mißtrauisch und von Natur aus sehr vorsichtig. Sie halten sich genau an Regeln und Vorschriften. Sie lieben Informationen und Details. Ihr Büro ist organisiert und peinlich genau aufgeräumt. Bitte berühren Sie nichts auf ihrem Schreibtisch!

Ihre Kaufmotive konzentrieren sich darauf, sicherzustellen, daß sie den allerbesten Gegenwert für sich selbst und ihr Unternehmen bekommen, und darauf, ihr Leben zu vereinfachen. Die meisten Buchhalter/Techniker sind der Meinung, viel zu viel zu arbeiten, und sie lehnen Veränderungen aus Angst davor ab, daß sie zusätzlich zu ihrem ohnehin schon vollen Terminkalender noch mehr Arbeit bekommen könnten.

Es kann sein, daß sie sich irgendwann in ihrem Leben vielleicht ändern, wenn sie erkennen, daß sie für ihr Geld nicht das Beste bekommen und daß eine solche Veränderung mehr Spielraum in ihren Terminkalender bringen wird. So haben sie mehr Zeit, sich auf wichtigere Dinge zu konzentrieren. Halten Sie nicht den Atem an, wenn Sie darauf warten, bis diese Leute eine Entscheidung treffen.

Die Buchhalter/Techniker sind nicht aufgeschlossen und zweifeln alles an. Sie sind gegen Veränderungen, haben riesige Angst vor Mißerfolgen und Risiken im allgemeinen, interessieren sich für nichts außer Endergebnisse und sind in erster Linie dadurch motiviert, daß Sie so viel Geld wie möglich mit ins Grab nehmen wollen. Die Honorarfrage ist für sie von ungeheurer Wichtigkeit.

Ihre Sorge über die Honorarfrage ist ein Grund dafür, daß die Buchhalter/Techniker in Verkaufssituationen so oft Mißerfolge erleiden. Wie Sie sehen, ist für fünf der sechs besprochenen Entscheidungsträgertypen nicht in erster Linie die Honorarfrage eine Motivation, und doch verkaufen die Buchhalter/Techniker auf diese Art und Weise. Sie hoffen, den Kunden zu gewinnen, indem sie das Honorar kürzen. Indem sie sich auf das Honorar konzentrieren, verfehlen sie völlig ihr Ziel, nämlich ihre Dienstleistungen zu verkaufen.

Die Art und Weise, wie man dem Buchhalter/Techniker etwas verkauft, ist, ihn mit Informationen zu überschütten. Je mehr Informationen – Details, Tabellen, Zahlen, Fallstudien -, desto besser, weil diese Vielzahl an Informationen dazu beiträgt, seine Angst vor Mißerfolgen zu lindern. Diese Leute brennen auf Referenzen von Leuten, die Sie in der Vergangenheit beauftragt und mit denen Sie erfolgreich zusammengearbeitet haben.

Sie müssen dem Buchhalter/Techniker beharrlich folgen – Ihr Ziel muß es sein, an ihm vorbei, zu dem Mann (oder der Frau) mit dem Geld zu kommen, zum wirklichen Entscheidungsträger. Die Buchhalter/Techniker sind unangenehme Käufer und verschieben oft Entscheidungen, die getroffen werden könnten oder sollten.

Ein paar gute Fragen, die Sie dem Buchhalter/Techniker stellen können, lauten: „Wie kann ich als Ihr Berater Ihnen helfen, Ihre Endergebnisse in die Höhe zu treiben?“, „Wie kann ich für Sie wertvoller sein als Ihr derzeitiger Berater?“, „Wie können wir Ihnen Ihr Leben erleichtern und mehr Zeit für Sie herausholen?“

Selbstverständlich gehören die einzelnen Leute nicht ausschließlich nur dem einen oder anderen Charaktertyp an. Es gibt einen dominanten Charakterzug, zusammen mit einer weiteren Eigenschaft. Zum Beispiel kann ein Generaldirektor in erster Linie ein Führertyp und in zweiter Linie ein sozialer Typ sein.

WELCHE ART VON ENTSCHEIDUNGSTRÄGER SIND SIE?

Beim Verkaufen werden Sie das, was Sie in die Welt projizieren, wieder zurückbekommen. Wenn Sie jemand sind, der jahrelang über etwas nachdenken muß, bevor Sie endlich ja oder nein sagen können, werden Ihre potentiellen Kunden genauso lange zögern, bis sie eine Entscheidung treffen. Sagen Ihnen die Leute ständig, daß sie mehr Zeit brauchen, um „die Sache noch einmal zu überdenken“? Kein Wunder! Sie tun das gleiche!

Die Top-Geschäftsleute in den freien Berufen können sich schnell entscheiden. Sie haben keine Zeit, die Entscheidungsfindung zu lähmen und so den Fortschritt zu bremsen. Sie fühlen sich gut dabei, wenn sie die Sache in die Hand nehmen und haben wegen der wenigen falschen Entscheidungen keine schlaflosen Nächte. Sie wissen, je länger sie warten, bevor sie etwas tun, desto unwahrscheinlicher ist es, daß etwas geschieht, und deshalb agieren sie sofort.

Sie können in einen Autosalon hineingehen und eine Stunde später mit einem neuen Auto herausfahren. Es ist auch möglich, daß sie einen potentiellen Kunden treffen und eine Stunde später einen neuen Kunden gewonnen haben. Weil sie ihre Entscheidungen so treffen, erhalten sie auch solche Entscheidungen: unmittelbare Antworten mit Ja oder Nein. Alles andere wäre unlogisch für sie.

WIE SIE IHRE ERFOLGSRATE VERBESSERN

Erfolgreicher darin zu sein, Ja- oder Nein-Entscheidungen zu erhalten, können Sie üben, indem Sie in Restaurants gehen. Öffnen Sie die Speisekarte erst, wenn der Ober kommt, und entscheiden Sie dann. Hören Sie damit auf, in Situationen, wo Sie Entscheidungen treffen müssen, zu sagen, sie müßten noch darüber nachdenken, und fangen Sie an, ja oder nein zu sagen. Tun Sie es jetzt! Denken Sie daran: Die Entscheidung, keine Entscheidung zu treffen, ist auch eine Entscheidung.

Um erfolgreicher zu verkaufen, müssen Sie schnell herausfinden, mit welchem Charaktertyp Sie es zu tun haben, und ein besseres Gefühl dabei haben, wenn die Leute Sie sofort engagieren – auch wenn Sie selbst sich nicht in eine Entscheidung stürzen.

Die meisten erfolgreichen Geschäftsleute sind daran interessiert, ein anstehendes Problem sofort anzugehen, so daß sie zum nächsten übergehen können. Ziehen Sie in Erwägung, alle unnötigen Details Ihrer Präsentation fallenzulassen. Denken Sie daran, wenn Sie mit verschiedenen Charaktertypen verhandeln, daß das Honorar oft nicht die entscheidende Rolle spielt.

WIE MAN SCHRITT 5 ABSOLVIERT: DER ÜBERGANG VON SCHRITT 4 ZU SCHRITT 5

Wir wollen kurz betrachten, wo Sie im Verkauf stehen:

- Sie und Ihr potentieller Kunde haben eine angenehme Atmosphäre entwickelt, und die Chemie zwischen Ihnen stimmt.
- Der Kunde berichtet Ihnen von seinen emotionalen Bedürfnissen, Erfordernissen und Wünschen und gibt Ihnen die notwendigen Hintergrundinformationen, damit Sie eine Diagnose der Situation stellen können.
- Der Käufer ist bereit zu handeln.
- Sie sind froh über die Entscheidung des Kunden, Ihr Honorar bezahlen zu wollen.

WIE MAN DEN 5. SCHRITT ABSCHLIESSEN KANN:

In diesem Schritt müssen Sie die Antworten auf die folgenden vier Fragen finden:

1. Wer sind die Entscheidungsträger?
2. Wer ist Ihre Konkurrenz?
3. Wann wird die Entscheidung getroffen?
4. Wie wird die Entscheidung getroffen?

Ein Beispiel für den 5. Schritt wird nachfolgend in den Grundzügen nachempfunden. Es handelt sich um einen Anbieter von freiberuflichen Dienstleistungen namens Bernie, einen Wirtschaftsprüfer, und einen potentiellen Kunden, Bob. Bob ist der Controller einer Produktionsfirma mit einem Umsatz von ungefähr 7 Millionen Dollar.

Obwohl sich dieses Beispiel für den Verkauf freiberuflicher Dienstleistungen auf den Bereich Steuerberatung/Wirtschaftsprüfung bezieht, versuchen Sie bitte nachzuempfinden, wie sich dieses Beispiel auf Ihre Situation anwenden läßt. Diese Unterhaltung würde nicht sehr viel anders verlaufen, wenn Bernie als Bürodesigner, EDV-Berater, Architekt oder irgendein anderer Freiberufler seine Dienste anbieten würde.

In den letzten vierzehn Jahren habe ich jede nur mögliche Art von Firmen, die freiberufliche Dienstleistungen verkaufen, beraten. Ich verspreche Ihnen, daß sich diese Situation nicht sehr von Ihrer eigenen unterscheidet, obwohl es hier um einen bestimmten Beruf geht.

In der Tat ist das Verkaufen von Dienstleistungen im Bereich der Rechnungsprüfung vielleicht noch schwieriger als das Verkaufen von anderen Dienstleistungen, weil der Markt für solche Dienstleistungen einen ganz eigenen Charakter hat. Während der letzten Jahre haben Käufer von Dienstleistungen im Bereich der Buchhaltung und Rechnungsprüfung diese Dienstleistungen und deren Anbieter immer mehr verallgemeinert. Rechnungsprüfungen werden einem Unternehmen von einer Bank oder einer Behörde aufgezwungen und üblicherweise als notwendiges Übel gesehen. Diese Dienstleistung ist äußerst schwierig zu verkaufen im Vergleich zu anderen freiberuflichen Dienstleistungen, die ich kenne. Von dem Kunden wird der Wert als sehr gering – fast als wertlos – angesehen.

Ich habe extra eine der schwierigsten Verkaufssituationen gewählt, um Ihnen den Gegenwert darzulegen, den Ihnen die Anwendung dieser sorgfältigen Verkaufsuntersuchung bringen wird:

***Bernie*:** Bob, wie sieht die Entscheidungsfindung für diese Rechnungsprüfung aus?

***Bob*:** Wir sind dabei, sieben Wirtschaftsprüfungsgesellschaften für diese Rechnungsprüfung zu befragen. Wir haben sie alle hierher eingeladen, um über ihre Qualifikationen zu sprechen. Nachdem ich mit allen konferiert habe, kommen drei in die engere Wahl. Diese werde ich einladen, mit Ms. Jones zu sprechen. Ms. Jones und ich werden dann gemeinsam entscheiden, wen wir beauftragen werden.

DIE FÜNF ENTSCHEIDUNGSTRÄGER, DIE DIE ENTSCHEIDUNGSFINDUNG BEEINFLUSSEN

Es scheint, daß Bernie gerade die Frage, wer die Entscheidungsträger sind und wie die Entscheidung getroffen wird, beantwortet hat.
Aber Vorsicht! Oft gibt es – sowohl zufällig als auch absichtlich – verborgene Informationen, die Sie entlocken müssen, um diesen Schritt korrekt durchzuführen. Sie müssen die fünf Arten von Entscheidungsträgern, die diesen Prozeß beeinflussen, immer im Hinterkopf haben:

1. Der Mann/die Frau mit dem Geld. Diese Person ist der endgültige Entscheidungsträger und „unterzeichnet den Scheck“.

2. Der Anwender. Dies ist die Person, mit der Sie oder Ihre Mitarbeiter zu tun haben werden. Dies kann der Projektmanager, Büroleiter, Abteilungsleiter oder ähnliches sein. Aber seien Sie vorsichtig. Diese Person ist oft nicht der endgültige Entscheidungsträger, gibt aber manchmal vor, einer zu sein. Sie ist jedoch wichtig, weil sie Einfluß auf den Mann mit dem Geld hat, der niemanden beauftragen wird, der mit ihr nicht klarkommt.

3. Der Eindringling von außen. Dies ist die Person, die man in einem Verkaufsprozeß sehr oft übersieht. Der Eindringling kann der geschätzte Anwalt, Bankier, Steuerberater oder Berater des Kunden sein, eben derjenige, zu dem er geht, wenn er einen geschäftlichen Rat braucht. Sie müssen diese Person kennenlernen, wenn Sie deren Einfluß für wichtig erachten. Ihre Konkurrenten werden daran nicht denken.

4. Der Mittelsmann. Manchmal können Sie nicht bis zu dem endgültigen Entscheidungsträger vordringen. In diesem Fall müssen Sie dem Mittelsmann Ihre Dienste so verkaufen, als ob er jene Person wäre. In solchen Fällen verläßt sich der endgültige Entscheidungsträger auf die Empfehlung des Mittelsmannes, wen er beauftragen soll. Aller Wahrscheinlichkeit nach hat der endgültige Entscheidungsträger dessen Rat schon früher eingeholt und wird es auch wieder tun.

5. Komitees. Wenn ein Komitee in den Entscheidungsfindungsprozeß involviert ist, sollten Sie versuchen, bis zu diesem Komitee vorzudringen, um ihm Ihre Sache selbst zu präsentieren. Wenn dies nicht möglich ist, werden Sie sich darauf verlassen müssen, daß der Mittelsmann für Sie verkauft (was nicht besonders optimal ist).

Gehen wir zurück zu Bernies Gespräch mit Bob. Bernie muß nachbohren:

Bernie: Es ist also niemand anders in die Entscheidung involviert, wie zum Beispiel Ihr Anwalt?

Bob: Na ja, Jane Doe ist schon seit 20 Jahren Anwältin und Beraterin der Firma, und wir vertrauen ihr. Wir würden wahrscheinlich keinen Schritt tun, ohne ihre Meinung zu hören.

Bernie: Ms. Jones ist also die endgültige Entscheidungsträgerin?

Bob: Wir werden die Entscheidung gemeinsam treffen.

Bernie: Glauben Sie, es ist möglich, daß Sie mich mit Jane Doe bekanntmachen? Üblicherweise sieht ein Anwalt das Geschäft des Kunden aus einer anderen Perspektive, die für uns sehr hilfreich wäre – natürlich ohne daß sie vertrauliche Informationen preisgibt.

Bob: Ich sehe keinen Grund, warum sie etwas dagegen haben sollte.

Ich verspreche Ihnen, daß Bernies Konkurrenten nicht daran gedacht haben, sich mit der Anwältin des Unternehmens zu treffen. Ja, natürlich ist es möglich, daß der Kunde einem solchen Treffen nicht zustimmt, aber sogar in diesem Fall hat sich Bernie als gewissenhafter dargestellt als jeder andere, den sie befragen werden (ein guter Zug für jeden Berater und Anbieter von freiberuflichen Dienstleistungen).

Und wenn Bernie sich tatsächlich mit der Anwältin treffen wird, hat er gerade einen weiteren Kontakt mit einem potentiellen Referenzgeber geknüpft. Da er der einzige sein würde, der sie trifft, und vorausgesetzt, er hinterläßt einen guten Eindruck, wird sie ihn weiterempfehlen.

Bernie: Darf ich Sie fragen, wer Ihr zuständiger Bankier ist?

Bob: Nate Rate von der Frank National Bank. Kennen Sie Nate?

Bernie: Ja, ein guter Mann.

Nehmen wir an, Bernie kennt Nate, dann kann er sich mit ihm in Verbindung setzen (z.B. ihn zum Mittagessen treffen) und ihn bitten, ein gutes Wort für ihn einzulegen. Wenn er ihn nicht kennt, könnte er ihn um ein Treffen bitten.

Jetzt muß Bernie Bob darauf festnageln, wann die Entscheidung getroffen wird und wer seine Konkurrenten sind:

Bernie: Wann werden Sie voraussichtlich eine Entscheidung treffen?

Bob: Wir wollen das in zwei Wochen erledigen.

Bernie: Hatten Sie schon die Möglichkeit, mit den anderen Wirtschaftsprüfern zu sprechen?

Bob: Bis jetzt haben wir mit einer anderen Firma gesprochen. Die übrigen Gespräche sind für Ende der Woche vereinbart.

Bernie: Darf ich fragen, wer die anderen Firmen sind?

Bob: Sicher. Wir haben mit Joe Blow und Co. gesprochen, der unser derzeitiger Wirtschaftsprüfer ist, und wir werden uns noch mit Arnold Arneson; Dupers und Hydrant; Young and Olde; Yours, Mine and Ours und Jack Sprat treffen.

Vielleicht haben Sie schon zuvor in einem Verkaufsgespräch nach Ihren Konkurrenten gefragt, und der Käufer sagte Ihnen, daß er es vorziehe, diese Informationen nicht preiszugeben. Dies ist ein Warnsignal. Als Bernie die Verkaufsuntersuchung anwandte, hat er diesen bestimmten Diskussionspunkt erst so spät angesprochen, um dem Käufer Zeit zu geben, daß er sich wirklich wohl mit ihm fühlt. Mittlerweile sollte der Käufer keine Informationen mehr zurückhalten. Falls er es tut, ist dies ein Zeichen dafür, daß entweder die Chemie nicht stimmt oder der Käufer mit ihm spielt und vielleicht gar kein ernsthafter Käufer ist.
Da die Chemie zwischen Bernie und Bob stimmt, schauen wir, ob er zustimmen wird, Bernie durch den Verkauf zu lotsen.

Bernie: Bob, Sie kennen Ms. Jones besser als ich. Was würde sie gerne sehen oder hören, wenn ich mich mit ihr treffe?

Bob: Vicky interessiert sich nicht so sehr für die Details. Meiner Erfahrung nach macht sie gern Geschäfte mit Leuten, die sehr präzise und direkte Vorschläge machen, wie sie uns helfen können. Sie ist sehr offen für neue Ideen von Außenstehenden, doch sie haßt Besserwisser.
Ich glaube, der beste Weg, ihr etwas zu verkaufen, ist, die Leute, die mit Ihnen zusammen die Buchprüfung durchführen werden mitzubringen. Sie ist sehr empfindlich, was die Chemie hier in unserem Büro anbelangt, und sie würde niemanden beauftragen, von dem sie denkt, er passe nicht hinein. Ich denke, es würde nicht schaden, wenn Sie ein paar Frauen in Ihr Team einbeziehen, weil sie sehr empfäng-

lich für die Sache der Frauen ist und ihr berufliches Fortkommen fördern möchte.

Bernie: Was ist mit Dias oder Flip-charts?

Bob: Ich glaube nicht, daß sie irgendwelche übertriebenen Präsentationen mag. Sie ist viel mehr an Ergebnissen interessiert. Das überlasse ich Ihnen. Erwarten Sie nicht, daß Sie irgendein Angebot in Romanlänge durchliest. Sie haßt Leute, die viel Papier produzieren!

Toll! Das waren sehr wertvolle Tips von jemandem, der weiß, wie der endgültige Entscheidungsträger in der Vergangenheit seine Entscheidungen getroffen hat. Sie können sehen, wie sich Bernie in diesem Fall wirklich irren könnte, wenn er ein hauptsächlich aus Männern bestehendes Team zusammenstellen und eine übertriebene und lange Präsentation vorbereiten würde. Und was glauben Sie, welche Präsentation Ms. Jones wahrscheinlich kaufen wird? Die, die sie sehen möchte, oder Bernies Standardpräsentation? Nun muß Bernie noch darum kämpfen, als letzter ins Rennen gehen zu dürfen:

Bernie: Bob, ich habe eine Bitte. Ich hoffe, Sie haben unsere Besprechung genauso produktiv empfunden wie ich. Kann ich mich mit Ihnen in Verbindung setzen, bevor Sie Ihre endgültige Entscheidung treffen, um zu sehen, wo wir stehen?

Bob: Rufen Sie mich am Freitagnachmittag an.

Wenn Bernie mit Bob nicht sprechen kann, bevor er seine endgültige Entscheidung über die Beauftragung trifft, ist das wieder ein Warnsignal. Wenn er mit ihm spricht, nachdem Bob alle anderen Firmen getroffen hat, hat er erreicht, daß er der letzte ist.

Dazu kommt, daß Bernie möglicherweise nur aufgrund eines Mißverständnisses nicht unter die Finalisten kommen könnte. Während dieses Anrufes kann er genau herausfinden, warum er nicht ausgewählt wurde, und dann versuchen, diese Punkte zu lösen, um schließlich das Geschäft zu machen. Ein Schlüssel für einen erfolgreichen Verkauf ist, mehr Kontakt zu dem potentiellen Kunden zu halten als es Ihre Konkurrenz tut. Nützen Sie diese Gespräche, um dem potentiellen Kunden Ihren außerordentlichen Service zu zeigen und um Ihre liebevolle Fürsorge zum Ausdruck zu bringen.

Unmittelbar nach dem Verkaufsgespräch wird Bernie einen kurzen persönlichen Dankbrief schreiben und diesen zusammen mit der Werbe-Broschüre seiner Firma (die er in seinem Büro gelassen hat, wie vorher in Kapitel 6 instruiert) an Bob schicken. Jetzt ist auch ein guter Zeitpunkt für Bernie, sich über die Bücher zu informieren und Bobs Mitarbeiter kennenzulernen. So kann er herausfinden, welche Probleme sie haben, von denen Bob nichts weiß.

Bernie kann Bob jede Information zukommen lassen, von der er glaubt, sie könnte ihn interessieren, zum Beispiel einen kürzlich erschienenen Artikel über seinen Industriezweig. Je mehr Kontakt er zu Bobs Firma und den Mitarbeitern hat, ohne lästig zu fallen, desto besser. Die Chancen stehen gut, daß seine Konkurrenten in der Zeit zwischen ihrem Gespräch mit Bob und der endgültigen Entscheidung nichts tun.

Bitte denken Sie darüber nach, wie sich diese Strategie auf Sie anwenden läßt. Wenn Sie Ingenieur sind, sollten Sie mit dem Generalunternehmer oder anderen Leuten, mit denen Sie im Zuge dieses Auftrags zu tun hätten, sprechen. Wenn Sie Graphikdesigner sind, könnten Sie einen separaten Termin vereinbaren, um sich das bereits vorhandene Material der Firma anzusehen. Wenn Sie EDV-Berater sind, sollten Sie sich das System des Interessenten genau ansehen, um herauszufinden, welche Art von Berichten erstellt werden und wie sie ihre Daten sichern. Sie sollten auch mit den Mitarbeitern im Haus über deren Probleme mit dem System sprechen. Versuchen Sie herauszufinden, wie sich diese Analogien auf Sie anwenden lassen, anstatt zu prüfen, wie man sie nicht auf Ihre Situation anwenden kann. Sie werden viel mehr Erfolg haben, wenn Sie sich bestmöglich an die Verkaufsuntersuchung halten, anstatt zu sagen: „Das funktioniert bei mir nicht."

EIN ANDERES KAUFSZENARIO

In dem vorhergehenden Gespräch betrachteten wir die mögliche Handlungsweise in einer Wettbewerbssituation. Manchmal jedoch haben Sie vielleicht das Glück, daß Sie empfohlen wurden oder von dem Generaldirektor, Inhaber oder Manager, der nur mit Ihnen sprechen möchte, in ein Unternehmen eingeladen werden. Dieser Entscheidungsfindungsprozeß verläuft ganz anders. Seien Sie darauf vorbereitet, sich diesen Kunden sofort zu sichern!

Das größte Problem, das Anbieter von freiberuflichen Dienstleistungen in Verkaufssituationen haben, ist, nicht zu wissen, wann das Geschäft unter Dach und Fach ist. Wenn Sie einem Entscheidungsträger gegenüberstehen, mit dem die Chemie stimmt, der Probleme hat, der bereit ist zu handeln und der auch Ihr Honorar bezahlen wird, dann ist er in der Lage, jetzt etwas zu unternehmen. Wenn Sie persönlich vielleicht auch keine Schritte unternehmen würden, ohne zweieinhalb Wochen darüber nachzudenken – Leute, die ein Geschäft führen, treffen ständig dynamische Entscheidungen.

Wenn Sie bereit sind, sich den Kunden zu sichern, ohne langwierige Untersuchungen und Analysen durchzuführen und ohne vorher ein Angebot zu erstellen, werden Sie sogar ohne Präsentation einen Verkauf während dieser Entscheidungsphase abschließen können.
Seien Sie bereit. In dieser Situation kann das folgende nur vorkommen, wenn Sie ein gutes Gefühl haben und bereit dafür sind:

***Berater*:** John, wie sieht die Entscheidungsfindung aus, um unsere Firma zu beauftragen?
***John*:** Lassen Sie uns anfangen.

Schließen Sie das Geschäft durch Handschlag ab, und schicken Sie sofort jemanden in die Firma, um mit der Arbeit zu beginnen (am besten noch am gleichen Nachmittag). Bringen Sie auf Ihrem Nachhauseweg vom Büro noch eine schriftliche Vereinbarung über die Beauftragung vorbei, wenn das in Ihrem Geschäft üblich ist. Lassen Sie nicht zu, daß die derzeitigen Dienstleistungsanbieter sich wieder einen Weg zurück in die Firma suchen.

DIE KONKURRENZ AUSSCHALTEN

Es ist nun Freitagnachmittag und unser Held Bernie ruft an, um herauszufinden, wie die Gespräche mit seinen Konkurrenten verliefen:

***Bernie*:** Bob? Hallo! Hier spricht Bernie Fast. Wie geht's Ihnen?
***Bob*:** Gut, Bernie, und Ihnen?
***Bernie*:** Gut, danke. Ich rufe an, um herauszufinden, wo wir stehen und wie Ihre Gespräche mit den anderen Firmen verliefen.
***Bob*:** Klar. Wir haben den Kreis auf Ihre Firma, Joe Blow & Co. und Young & Olde eingeschränkt.
***Bernie*:** Gut! Was war mit den anderen Firmen?
***Bob*:** Dupers war viel zu groß für uns. Wir wären nur einer von vielen gewesen. Arneson war irgendwie spießig und pedantisch. Jack Sprat macht keine Rechnungsprüfungen mehr, und Yours, Mine & Ours haben ihren Termin abgesagt.
***Bernie*:** Werden Sie mit ihnen einen neuen Termin vereinbaren?
***Bob*:** Nein.

Bernie hat die Konkurrenz auf zwei andere Firmen eingegrenzt. Jetzt kann er vielleicht weitere Konkurrenten ausschalten und genau herausfinden, wo er steht:

***Bernie*:** Ausgehend von dem, was Sie bis jetzt wissen, und wenn wir nicht in diesen Prozeß involviert wären, wen würden Sie empfehlen, Joe Blow oder Young & Olde?

Dies ist eine durchschlagende Frage, und Bernie muß das Risiko auf sich nehmen, sie zu stellen. Wieder hat seine Konkurrenz (und wenige andere, mit denen der Käufer zu tun hatte) nicht daran gedacht, diese Frage zu stellen. Sollte Bernie Angst haben, diesen Punkt anzusprechen? Warum? Die Chemie zwischen ihm und Bob stimmt, und die Antwort wird ihm im Verkaufsprozeß eine enorme Hilfe sein.

Eine meiner persönlichen Enttäuschungen beim Verkaufen ist es, Fragen nicht gestellt zu haben, die ich sicher gestellt hätte, wenn ich keine Angst gehabt hätte. Fragen Sie sich am Ende Ihres Lebens ja nicht, wie Ihr Leben, Ihre Karriere, Ihr Geschäft, Ihre persönlichen Beziehungen und Ihre Finanzen verlaufen wären, wenn Sie nur den Mut gehabt hätten, alle wirklich wichtigen Fragen zu stellen. Haben Sie den Mut, rechtzeitig zu fragen.

Zurück zum Gespräch:

***Bob*:** Joe Blow.

Super! Mit einer Frage hat Bernie 50 Prozent seiner Konkurrenz aus dem Rennen geworfen. Was als große Expedition mit sieben Firmen begonnen hatte, ist nun eingegrenzt auf ihn und einen Konkurrenten. Aber Bernie braucht noch ein paar Informationen mehr.

***Bernie*:** Warum ziehen Sie Young & Olde nicht in die engere Wahl?

***Bob*:** Wir sind der Meinung, daß ihre Firma die richtige Größe hat, um mit unseren Problemen fertigzuwerden, aber ich kann nicht sagen, daß ich von den Leuten, die sie mit zu dem Gespräch brachten, begeistert war. Alles, was sie taten, war, darüber zu sprechen, wie großartig sie doch sind. Ich glaube nicht, daß sie mehr als ein paar Fragen zu unserer Situation gestellt haben. Außerdem sind sie lausige Zuhörer.

Es ist gut, dies über die Konkurrenz zu wissen.

***Bernie*:** Warum würden Sie Joe Blow auswählen?

***Bob*:** Wie Sie wissen, ist er unser derzeitiger Wirtschaftsprüfer. Joe ist wirklich nett, und er kennt sich schon mit unserem Geschäft aus.

Bernie: Warum möchten Sie dann die Firma wechseln? (Bernie hat diese Information eigentlich schon im 2. Schritt bekommen, aber es ist gut, wenn der Käufer es wiederholt.)

Bob: Die Firma besteht nur aus ihm und ein paar Leuten, die ihn unterstützen. Er hat wirklich nicht das Fachwissen, uns mit unseren Computersystemen, Finanzmanagement, Problemen mit unserem Warenbestand, Inkasso und so weiter zu helfen. Joe ist ein guter Steuerberater, aber das war's. Wir brauchen eine größere Firma. Ich habe es satt, ständig Hilfe von außen zu suchen. Und die Bank möchte auf unseren Abschlüssen mehr als nur den Namen eines Einzelkämpfers sehen.

In diesem Fall ist Bob der Anwender-Entscheidungsträger. Falls Bob nicht in der Lage wäre, bis zu Ms. Jones vorzudringen, wäre Bob auch der Mittelsmann. In diesem Fall würde Bernie Bob entlocken müssen, welche Entscheidung er träfe, wenn er der endgültige Entscheidungsträger wäre, weil er berechtigt wäre, seine Wahl Ms. Jones zu verkaufen. Es ist auch hilfreich, diese Information in dieser Situation zu entlocken:

Bernie: Bob, ich möchte nicht zu direkt sein, aber wenn Sie alleine entscheiden könnten, wen würden Sie beauftragen?

Bob: Natürlich kann ich nicht für Ms. Jones sprechen, aber Ihre Firma scheint am besten geeignet zu sein, unsere Bedürfnisse zu erfüllen. Und Sie haben es sicherlich bis zum Ende durchgezogen.

Oooh, das ist ein tolles Gefühl: eine gute Arbeit! Bernie muß sich nun den letzten Termin mit Bob und Ms. Jones sichern, damit er sich auch bei ihr gut verkaufen kann.

Bernie: Haben Sie die Folgebesprechungen mit den anderen beiden Firmen schon festgelegt?

Bob: Nein. Ich habe sie noch nicht darüber informiert, daß sie in die engere Wahl gekommen sind.

Bernie: Okay. Da sich aus ihren Besprechungen mit Ihnen und Ms. Jones noch neue Punkte ergeben könnten, bitte ich Sie, daß Sie ihre Termine zuerst ansetzen. Ich würde es sehr begrüßen, wenn wir die letzten sein könnten. Das gäbe mir die Möglichkeit, mich den Punkten zu widmen, die sicher in den beiden anderen Besprechungen zur Sprache kommen werden. Wann soll ich auf Sie zukommen, um zu erfahren, für wann ihre Termine vereinbart wurden?

***Bob*:** Ich werde mich am Montag mit ihnen in Verbindung setzen. Rufen Sie mich am Dienstag an.

***Bernie*:** Großartig. Danke, Bob. Schönes Wochenende!

***Bob*:** Ebenfalls, Bernie.

Nochmals, Sie brauchen keine Angst zu haben, um die letzte Position zu bitten. Die Bitte, der letzte sein zu können, wird von erfahrenen und geschäftstüchtigen Käufern erwartet und respektiert. Außerdem stimmt die Chemie zwischen Bernie und Bob, und Bob ist sein Fürsprecher. Es ist erforderlich, daß er Bernie hilft, damit er engagiert wird.
Eine andere Möglichkeit (an die Ihre Konkurrenz üblicherweise nicht gedacht hat):

***Bernie*:** Okay. Da sich aus ihren Besprechungen mit Ihnen und Ms. Jones noch neue Punkte ergeben könnten, bitte ich Sie, daß Sie ihre Termine zuerst ansetzen. Ich würde es sehr begrüßen, wenn wir die letzten sein könnten. Wann soll ich auf Sie zukommen, um zu erfahren, für wann ihre Termine vereinbart wurden?

***Bob*:** Joe Blow hat bereits um den letzten Termin gebeten. Wir fühlen uns verpflichtet, ihn als letzten zu treffen, weil er schon so lange mit uns zusammenarbeitet.

Jetzt wäre Bernie in Schwierigkeiten. Joe Blow wird flehen, weinen und darum betteln, seinen besten Klienten nicht zu verlieren – und manchmal funktioniert es! Bernie muß seine Arbeit während der Präsentation verdammt gut machen, um sicherzustellen, daß Blow seinen Kunden nicht behält.

***Bernie*:** Was sagt Ms. Jones dazu?

***Bob*:** Ich weiß es nicht. Aber sie mag Joe ganz gern.

Sehen Sie sich vor. Doch Bernie ist vorbereitet. Er muß nur nochmals um die letzte Position kämpfen, wenn es an die Präsentation geht.

DIAGNOSE UND BEHANDLUNG: STUDIEREN SIE DIE ANATOMIE DES ENTSCHEIDUNGSFINDUNGSPROZESSES

➤ Sie werden den Entscheidungsfindungsprozeß genau untersuchen wollen, um Ihren Verkauf zu vereinfachen. Mit Hilfe dieser Untersuchung werden Sie herausfinden, wie die Entscheidung getroffen wird, Sie wer-

den Zeitverschwendung vermeiden, einen Mentor erwerben, eventuell Ihre Konkurrenz ausschalten und um die letzte Position kämpfen.
Es gibt sechs Charaktertypen, mit denen Sie sich auseinandersetzen müssen. Es sind die folgenden:

1. Der Führertyp: zuversichtlich, direkt, liebt Herausforderungen, ist bereit, Verantwortung zu übernehmen und anzupacken.
2. Der leitende Angestellte/Manager: motiviert durch persönlichen Gewinn, Sicherheit und dadurch, vor anderen gut dazustehen.
3. Der Soziale: sehr liebenswürdig, hat viele Freunde, arbeitet gern mit anderen zusammen und liebt persönliche Aufmerksamkeit.
4. Der Fürsorgliche: lehnt Veränderungen ab, wird dadurch motiviert, was das Beste für die „Familie" ist; selbstlos.
5. Der Erneuerer: sehr ungewöhnlich und flexibel, sucht immer nach mehr Zeit, um etwas Neues zu erschaffen, ist begierig, Verantwortung für geschäftliche Angelegenheiten an andere zu delegieren.
6. Der Buchhalter/Techniker: extrem mißtrauisch und von Natur aus vorsichtig, peinlich genau, möchte den besten Gegenwert bekommen, sehr langsam in der Entscheidungsfindung.

Das Wissen, mit welchem Persönlichkeitstyp Sie es zu tun haben, wird Ihnen helfen, den Entscheidungsfindungsprozeß zu Ihren Gunsten zu führen. Sie können die Leute sehr schnell nach ihrem Verhalten, ihrer Position in dem Unternehmen und ihrem Büro einschätzen.

➤ Die Art, wie Sie Entscheidungen treffen, wird die Art und Weise beeinflussen, wie Sie Entscheidungen erhalten. Die meisten Firmenleiter sind es gewohnt, schnell Entscheidungen zu treffen, und sie bevorzugen das auch. Deshalb sollten Sie üben, schnelle Entscheidungen zu treffen, damit Sie von Interessenten eine ähnliche Antwort bekommen können. Hören Sie auf, über Dinge nachzudenken. Tun Sie es einfach!

➤ Ihre Untersuchung wird vollständig sein, wenn Sie Antworten auf die folgenden vier Fragen haben:

1. Wer sind die Entscheidungsträger?
2. Wer ist Ihre Konkurrenz?
3. Wann wird die Entscheidung getroffen?
4. Wie wird die Entscheidung getroffen?

➤ In vielen Fällen ist der Entscheidungsfindungsprozeß nicht unkompliziert. Es gibt fünf verschiedene Parteien, die an einer Entscheidung beteiligt sein können. Das sind:

1. Der Mann (oder die Frau) mit dem Geld.
2. Der Anwender.
3. Der Eindringling von außen (derjenige, an den sich der Käufer wendet, wenn er einen geschäftlichen Rat braucht).
4. Der Mittelsmann.
5. Komitees.

Um Erfolg zu haben, müssen Sie genau herausfinden, wie viele dieser Parteien in die Entscheidung involviert sind und Ihr Bestes tun, um an jeden Teilnehmer einzeln zu verkaufen.

➤ Lassen Sie Ihrem potentiellen Kunden während des Verkaufsprozesses ein hohes Maß an Aufmerksamkeit und Service zukommen. Senden Sie ihm ein kurzes persönliches Dankschreiben und relevante Literatur. Sprechen Sie mit den Mitarbeitern des Interessenten, um eventuell neue Punkte aufzudecken, die relevant sein könnten. Bleiben Sie in engem Kontakt, aber hören Sie auf, bevor Sie lästig werden.

➤ Denken Sie daran, daß Leute, die ein Geschäft führen, gewohnt sind, schnelle Entscheidungen zu treffen. Seien Sie darauf gefaßt, das Geschäft schnell abzuschließen. Versuchen Sie nicht noch immer zu verkaufen, wenn Sie das Geschäft eigentlich schon abschließen sollten.

KAPITEL 10

GUT DASTEHEN, UND DAS GESCHÄFT IN EINEM EINZIGEN VERKAUFSGESPRÄCH ABSCHLIESSEN

In diesem Kapitel werden Sie durch den heiklen und manchmal etwas gefährlichen Prozeß der Präsentation und Angebotslegung geführt. Sie werden herausfinden, wie man erfolgreichere Präsentationen und/oder Angebote erstellt und wie man es schafft, den Verkauf in einer einzigen Besprechung zu tätigen. Dies wird in Schritt 6 abgedeckt: Prüfung der Notwendigkeit einer Präsentation oder eines Angebots, und Entscheidung, wie diese auszusehen haben.

IST EINE PRÄSENTATION ODER EIN ANGEBOT WIRKLICH NOTWENDIG?

Durch die Prüfung des Präsentations- und Angebotsprozesses lernen Sie folgendes:

1. *Sie arbeiten so wenig wie möglich, und Sie bekommen das Geschäft trotzdem.* Sie müssen mit Köpfchen arbeiten!

2. *Sie erfüllen die rationalen Bedürfnisse des Käufers.* Die Leute kaufen aus emotionalen Gründen, aber sie müssen den Kauf ihrer linken Gehirnhälfte gegenüber (der emotionalen Seite) rational rechtfertigen, ebenso gegenüber ihren Vorgesetzten, Angestellten, Ehepartnern, Verwandten, Freunden und anderen. In diesem Schritt werden Sie den Käufern die zum Kauf notwendigen Rechtfertigungen geben.

Manche brauchen keine logischen Überlegungen, um zu kaufen. Sie haben schon an sich selbst verkauft. Deshalb müssen Sie prüfen, ob eine Präsentation und/oder ein Angebot überhaupt notwendig sind. Wenn Sie darauf bestehen, eine Präsentation zu machen oder ein Angebot zu legen, wenn es nicht notwendig ist, steigt die Wahrscheinlichkeit dramatisch, daß Sie das Geschäft verlieren werden, das Sie sonst abgeschlossen hätten.

3. *Geben Sie dem Käufer die Möglichkeit, Fragen zu stellen.* Bis jetzt haben Sie eine Befragung durchgeführt, und der Käufer hat Ihnen die notwendigen Informationen gegeben, so daß Sie entscheiden können, ob Sie fortfahren wollen. In diesem Schritt sollte der Käufer Ihnen Fragen stellen (wenn es welche gibt).

4. *Vermeiden Sie es, Zeit und Mühe zu vergeuden und Ihre Ideen zu verschenken.* Überzeugende Präsentationen und Angebote zu erstellen kann äußerst zeitaufwendig und schwierig sein. Ihre Zeit, zu vermarkten und zu verkaufen, ist begrenzt und wertvoll, und Sie sollten sie nur in solche Situationen investieren, in denen die Erfolgsaussichten für das Geschäft, das Sie haben wollen, am größten sind.
Manche Käufer sind überhaupt keine wirklichen Käufer und betrachten den Präsentations- und Angebotsprozeß als eine Methode, kostenlos Ratschläge zu bekommen. Deshalb haben Sie diesem Punkt des Verkaufs die erforderliche Sorgfalt zukommen lassen, um herauszufinden, ob Sie einen wirklichen Käufer vor sich haben, oder nicht. Nichts ist schlimmer als zu entdecken, daß Ihre Interessenten in Wirklichkeit Ihre Ideen an ihren derzeitigen Dienstleistungsanbieter weitergeben oder Ihren Ratschlag einfach selbst umsetzen. Gehen Sie mit äußerster Vorsicht vor, wenn Sie das Gefühl haben, Sie haben es mit einem Gelegenheitskäufer oder einem Parasiten zu tun.

5. *Erstellen Sie eine maßgeschneiderte Präsentation und/oder ein Angebot (falls notwendig), welche/s den Wünschen der/s Käufer/s entspricht/entsprechen.* Wenn Sie entschieden haben, daß eine Präsentation und/oder ein Angebot notwendig ist/sind, sollten Sie nur das vorbereiten und präsentieren, das der Käufer auch kaufen wird. Zu oft gehen Anbieter von freiberuflichen Dienstleistungen zurück in ihr Büro und zerbrechen sich darüber den Kopf, wie die Präsentation oder das Angebot aussehen sollte – ohne die Käufer nach ihren Anregungen und Ideen zu fragen. Der Käufer wird höchstwahrscheinlich das kaufen, zu dessen Erstellung er beigetragen hat. In diesem Kapitel werden wir behandeln, wie man Präsentationen oder Angebote erstellt, die den Vorstellungen der Käufer entsprechen.

6. *Vermeiden Sie es, sich selbst wieder aus dem Verkauf zu reden.* Sie müssen die positiven und negativen Stimmungsschwankungen, die der Käufer während des Verkaufszyklus durchlaufen kann, immer erkennen. Wenn Ihre Käufer eine positive Einstellung haben, ist ihre Position gefährlich, weil sich ihre Einstellung nur zum Negativen wenden kann. Genau so reden

sich viele Leute wieder aus dem Verkauf hinaus: der Käufer hat eine positive Einstellung, diese wird aber negativ, wenn der Dienstleistungsanbieter nicht aufhört zu reden und alles übertreibt.
Wenn die Käufer eine negative Einstellung haben, sollen Sie dann zuerst eine Präsentation oder ein Angebot machen? Da Sie die Kontrolle über den Verkaufsprozeß haben, können Sie entscheiden, ob Ihre Chancen gut sind, das Geschäft zu bekommen. In einer negativen oder neutralen Situation würde es nicht schaden, den Käufer danach zu fragen.

WIE MAN SCHRITT 6 ERFÜLLT: DER ÜBERGANG VON SCHRITT 5 ZU SCHRITT 6

Wir wollen kurz betrachten, wo Sie im Verkauf stehen:

- Sie und Ihr potentieller Kunde haben eine angenehme Atmosphäre entwickelt, und die Chemie zwischen Ihnen stimmt.
- Der Kunde berichtet Ihnen von seinen emotionalen Bedürfnissen, Erfordernissen und Wünschen und gibt Ihnen die notwendigen Hintergrundinformationen, damit Sie eine Diagnose der Situation stellen können.
- Der Käufer ist bereit zu handeln.
- Sie haben ein gutes Gefühl bei der Bereitschaft des Käufers, Ihr Honorar zu zahlen.
- Sie haben herausgefunden, wie die Entscheidung getroffen wird, entschieden, wie Sie diesen Prozeß beeinflussen können, und sich selbst in die günstigste Position gebracht.

Nun müssen Sie sich der Präsentation widmen. Wenn Sie die Verkaufsuntersuchung korrekt durchgeführt haben, sollte Ihre Abschlußrate von diesem Zeitpunkt an bei ungefähr 90 Prozent oder mehr liegen.

DIE FORMLOSE PRÄSENTATION

Die meisten Anbieter von freiberuflichen Dienstleistungen, die dieses Buch lesen, sollten die formlose Präsentation beherrschen. Formlose Präsentationen sind für einzelne Kunden gedacht sowie für sehr kleine bis mittelgroße Unternehmen, bei denen kein erschöpfender formeller Prozeß notwendig ist, um eine Entscheidung zu treffen.

DAS SZENARIO EINES EIN-PHASEN-VERKAUFS

Sie stehen dem Eigentümer oder den Entscheidungsträgern gegenüber. Sie haben eine Verkaufsuntersuchung durchgeführt, indem Sie Fragen

stellten, und die potentiellen Kunden haben mindestens 80 Prozent der Zeit gesprochen. Die Chemie stimmt, sie wissen, wo die Probleme liegen, und Sie haben die Honorarfrage geklärt. Seien Sie darauf vorbereitet, das Geschäft heute abzuschließen und einen neuen Kunden zu gewinnen.
Die Verkaufsuntersuchung wurde entwickelt, damit sich Ihr potentieller Kunde jetzt sicher fühlt und eine äußerst positive Einstellung hat – nicht so wie bei einem typischen Verkaufsgespräch. Wenn Sie sich von ihm trennen, ohne sich eine Entscheidung gesichert zu haben, kann der Kunde nur noch in eine Richtung tendieren: bestenfalls auf die neutrale oder auf die negative Seite der emotionalen Schaukel.
An diesem Punkt sollten Sie die rationalen Bedürfnisse des Käufers befriedigen, indem Sie ihn auffordern, Fragen zu stellen.

Berater: Harry, danke, daß Sie mir Ihre Situation erläutert haben. Welche Fragen haben Sie an mich?

Der Käufer wird Ihnen nicht die Fragen stellen, die er beantwortet haben möchte, um seine rationalen Bedürfnisse zu befriedigen. Seien Sie vorbereitet – manche Käufer werden sagen, Sie hätten ihnen bereits ihre Fragen beantwortet. Sollte dies der Fall sein, gehen Sie sofort zum letzten Schritt der Verkaufsuntersuchung über: Formalisierung und Abschluß (siehe Kapitel 13). Viele Käufer werden Ihnen jedoch an diesem Punkt ein paar Fragen stellen. Es werden aber nicht unbedingt so viele Fragen sein, wie Sie dachten oder so viele, wie Sie an seiner Stelle gestellt hätten. Seien Sie bei diesem Schritt sehr vorsichtig, weil es auf alles, was Sie sagen oder vorschlagen, nur zwei mögliche Reaktionen gibt: der Käufer wird es entweder mögen, oder nicht. Das ist ein großes Risiko.
Um zu vermeiden, daß Sie sich selbst wieder aus dem Verkauf reden, beachten Sie folgendes:

- *Denken Sie daran, mit wem und über was Sie sprechen*. Um so erfolgreich wie möglich in Ihrer Präsentation zu sein, müssen Sie Ihre Antworten dem Typ von Entscheidungsträger, mit dem Sie sprechen, anpassen. Bei jedem Entscheidungsträger-Typ müssen Sie andere Bedürfnisse befriedigen (siehe Überblick Kapitel 9). Sie müssen auch mit dem, was Sie sagen, auf die Probleme Bezug nehmen. Ihre Präsentation ist der richtige Zeitpunkt, um dem Käufer, jetzt da er sich qualifiziert hat, zu sagen, wie Sie seine Schmerzen lindern können. Seien Sie überzeugend, und überdenken Sie Ihre detaillierten Aufzeichnungen, bevor Sie reden.

- *Bleiben Sie bei der Sache; schweifen Sie nicht vom Thema ab.* Die Leute langweilen sich sehr schnell. Zu oft werden Geschäfte wieder verloren, weil sich der Verkäufer bei einer leicht zu beantwortenden Frage in einen langen Vortrag verstrickt. Der Käufer langweilt sich, seine Stimmung schwenkt um zum Neutralen oder Negativen, und das Geschäft ist verloren.
- *Erzählen Sie von Erlebnissen (kurze Geschichten über einen Fall), um Ihre Behauptungen zu untermauern.* Informationen können trocken sein und den Käufer leicht langweilen. Außerdem ist alles, was Sie über sich sagen, reine Vermutung Ihrerseits. Verleihen Sie Ihren Präsentationen Glaubwürdigkeit und Würze, indem Sie das, was Sie über sich und Ihre Firma erzählen, mit Bezugnahmen auf ähnliche Situationen untermauern, die Sie und/oder Ihre Firma mit Erfolg gemeistert haben. Da Sie sich ja während des Gespräches ausführliche Notizen gemacht haben, sollten Sie bereits in der Lage sein, auf irgendeine Art und Weise die Situation des Käufers in Zusammenhang mit einem Geschäft zu bringen, in das Sie in der Vergangenheit involviert waren. Antworten Sie auf die Probleme des Kunden, indem Sie auf Dritte verweisen.
- *Stellen Sie keine Behauptungen auf, die Sie nicht beweisen können.* Das letzte, das Sie tun sollten, ist, mit irgendwelchen erstaunlichen Resultaten zu prahlen, wenn Sie nicht die Daten haben, um Ihre Behauptungen zu beweisen. Ein solches Verhalten wird dazu führen, daß Sie sofort die Glaubwürdigkeit bei Ihrem potentiellen Kunden und vielleicht sogar das Geschäft verlieren. Wenn Sie Informationen geben, stellen Sie sicher, daß das, was Sie sagen, auch das ist, was der Käufer hören möchte und daß Sie Ihre Behauptungen auch mit mindestens einem Beispiel aus dem wirklichen Leben beweisen können.
- *Beantworten Sie keine ungestellten Fragen, bevor Sie nicht ganz sicher wissen, daß der Kunde bestimmte Fakten unbedingt hören muß.* Wenn Sie jemals aus Ihrem eigenen Mund die Worte „Oh, übrigens..." hören, befinden Sie sich in großen Schwierigkeiten. Alles, was Sie sagen, kann und wird auch gegen Sie verwendet werden.

In dem folgenden Teil werden Sie sehen, wie man dem Führertyp etwas präsentiert, um in nur einem Gespräch zu einem Verkaufsabschluß zu kommen. Sie werden zwei absolut unterschiedliche Verkaufsszenarien sehen: im ersten handelt es sich um einen Marketingberater, im zweiten um einen Steuerberater. Obwohl diese zwei Bereiche schon aufgrund der Art der Dienstleistungen und der Menschen, die in diesen Berufen tätig sind, total unterschiedlich sind, beachten Sie, wie sich Absicht und Ergebnisse gleichen.

PRÄSENTATION FÜR DEN ENTSCHEIDUNGSTRÄGER TYP 1: DER FÜHRERTYP: SZENARIO 1

Berater: Stella, danke, daß Sie mir Ihre Situation geschildert haben. Welche Fragen möchten Sie mir stellen?

Stella: Chloe, bitte sagen Sie mir, was Sie tun werden, um mir mit meiner Immobilienfirma zu helfen.

Berater: Nur kurz zusammengefaßt: Sie erwähnten, daß sich der Markt für Einfamilienhäuser verbessert hat und daß es Ihrer Firma ganz gut geht, aber Sie haben nicht das Gefühl, daß Ihr Marktanteil groß genug ist, wenn man berücksichtigt, daß die Firma hier in Hokum City seit 15 Jahren besteht. Sie geben ein Vermögen für Werbung aus, erzielen aber mit dem Geld, das Sie ausgeben, nicht die gleichen Ergebnisse wie früher. Wenn das Telefon läutet, nehmen manche Ihrer Makler nicht ab, und die meisten haben Schwierigkeiten, Geschäfte abzuschließen, die eigentlich leicht zu machen sein sollten. Ihre Erzrivalen Slokum Realty nehmen Ihnen Marktanteile weg. Sie haben ihre Marketingstrategie geändert, aber Sie sind sich nicht sicher, wie. Es hat auch den Anschein, daß sie bessere Verkäufer haben.

Sie haben alle Funktionen, die mit Marketing zu tun haben, in all den Jahren für Ihr Büro selbst erledigt, aber es ist einfach zu viel für Sie geworden, da Sie erkennen, daß Sie zurück auf die Straße sollten um selbst zu verkaufen. Die anderen Marketingberater, mit denen Sie gesprochen haben, scheinen nicht viel Erfahrung in diesem Bereich zu haben, obwohl sie es behaupten. Sie möchten in den nächsten drei bis fünf Jahren das Geschäft so weit vergrößert haben, daß Sie es jederzeit verkaufen können, wenn Sie wollen, daß Sie sich teilweise zurückziehen können oder die Dinge einfach etwas lockerer sehen können. Habe ich etwas vergessen?

Stella: Nein, bis jetzt fassen Sie das alles gut zusammen.

Berater: Unsere Firma traf vor einigen Jahren auf eine ähnliche Situation mit einer anderen Immobilienfirma in East Rogers Park. Sie werden sich sicher erinnern, daß damals der Markt, aufgrund der wirtschaftlichen Situation, stagnierte. Kennen Sie Thelma Thrasher von XYZ Realty? Sie hat nichts dagegen, daß wir sie als Referenz nennen oder daß wir über die Situation sprechen, die dazu geführt hat, daß sie uns beauftragte. Obwohl Ihnen kein integrer Marketingberater unverzügliche Ergebnisse versprechen kann, konnten wir während der vergangenen beiden Jahre Thelmas Marktanteil um 39 Prozent erhöhen, und XYZ Realty war nicht gerade eine kleine Firma, wie Sie wissen.

Wir änderten ihre Werbestrategie, gingen weg von reiner Zeitungswerbung und stellten für sie ein einheitliches Programm zusammen. Wir verwendeten verschiedene Medien, um den Effekt zu vervielfachen, ohne ihr Werbebudget zu erhöhen. Thelma war wie Sie für das Marketing des Unternehmens verantwortlich. Jetzt hat sie uns fast den gesamten Marketingbereich übergeben, so daß sie sich auf jene Dinge konzentrieren kann, von denen sie glaubt, daß sie absolute Priorität haben. In ihrem Fall ist es so, daß sie sich um die Schulung jedes Verkäufers persönlich kümmert, indem sie deren telephonische Gesprächsführung verbessert und überprüft, zu Verkaufsterminen geht und ihnen sogar zeigt, wie man Beauftragungen am Telefon und an der Haustür bekommen kann. Diese Dinge tut sie gern.

Stella: Ich habe dafür keine Geduld.

Berater: In Ihrem Fall würden wir dann einen Verkaufsexperten mitbringen, mit dem wir früher schon zusammengearbeitet haben. Er erstellt ein Schulungsprogramm für Ihre Mitarbeiter und installiert dann ein System zur Erstellung von Berichten über den Verkauf, so daß Sie und wir genau nachvollziehen können, was Ihre Leute tun. Es ist möglich, daß Sie hier nutzlosen Ballast haben.

Stella: Mein Gott, ja.

Berater: Wir haben bemerkt, daß die besten Verkaufsleute für jene Immobilienfirmen arbeiten möchten, von denen sie glauben, sie seien die besten. Wenn sie für die besten Firmen arbeiten, erhöht dies Ihre Möglichkeiten, mehr zu verkaufen, da die Werbung dieser Firmen im allgemeinen wirkungsvoller ist und somit mehr Spitzenobjekte hereinkommen. Sie und ich werden uns zusammensetzen und unsere Ziele für die Vergrößerung des Marktanteils der Firma setzen. Wir werden herausfinden, wie hoch er zur Zeit ist und dies dann monatlich überprüfen, um sicherzustellen, daß Sie als unsere Kundin absolut begeistert sind.

Unser Ziel wird es sein, Ihr Geschäft so weit zu vergrößern, wie sie es wollen, so daß Sie in drei bis fünf Jahren in der Lage sein werden, das Geschäft als phänomenal erfolgreicher Marktführer zu verkaufen, falls Sie das möchten. Nur dadurch, daß wir begeisterte Kunden haben, können wir Empfehlungen für unsere nächsten Kunden bekommen. Wir brauchen dies und erwarten von unseren zufriedenen Kunden, daß sie dazu beitragen, unseren Kundenstamm zu erweitern.

Haben Sie noch weitere Fragen?

Stella: Ich habe schon einmal mit einer Marketingberaterin zusammengearbeitet, aber außer Spesen ist da nichts gewesen. Sie versprach mir ein paar der gleichen Dinge wie Sie, aber nichts hat sich geändert. Wie soll ich wissen, daß Sie nicht auch nur leere Versprechungen machen?

Berater: Stella, ich stehe im Geschäftsleben wie Sie. Wenn ich überall Versprechungen mache, die ich nicht halten kann, wären meine Kunden mit mir nicht glücklicher als Sie mit der anderen Beraterin. Die Art Geschäfte, die Sie und ich machen, nennt man Folgegeschäfte. Wenn ich Ihnen etwas verspreche, Ihnen aber nichts bieten kann, werden Sie sich bald wieder jemanden anderen suchen.

Es gibt jedoch keine systematische Methode, um Marktanteile zu gewinnen und das, was Sie wollen, zu erreichen. Die Resultate werden nicht schon morgen erkennbar sein. Wir haben gesehen, daß Marketing immer funktioniert, wenn man es richtig macht. Marketing muß permanent betrieben werden, und es muß durchorganisiert sein. Wir werden alles in unserer Macht Stehende tun, um Ihnen zu helfen, Ihre Ziele zu erreichen. Dadurch sind wir so erfolgreich geworden.

Wenn ich nicht der Meinung wäre, daß wir Ihnen helfen können, hätte ich Ihnen das gleich gesagt. Das ist ein Grund dafür, daß wir nicht billiger sein werden als andere Marketingberater hier in Hokum City oder in der Region. Ich finde es toll, welche Möglichkeiten Sie hier haben; ich glaube, hier ist ungeheures Potential vorhanden.

Welche Fragen haben Sie noch, bevor wir mit der Arbeit beginnen können?

Stella: Mir fällt nichts mehr ein. Was Sie sagen, klingt wunderbar. Lassen Sie uns beginnen. Ich freue mich auf unsere Zusammenarbeit.

PRÄSENTATION FÜR DEN ENTSCHEIDUNGSTRÄGER TYP 1: DER FÜHRERTYP: SZENARIO 2

Wirtschaftsprüfer: Harry, danke, daß Sie mir Ihre Situation erläutert haben. Welche Fragen möchten Sie mir stellen?

Harry: Tom, bitte sagen Sie mir, was Sie tun werden, um mir mit meinem Geschäft zu helfen.

Wirtschaftsprüfer: Sie erwähnten, daß Ihre derzeitige Wirtschaftsprüferin zu lange für Ihre finanziellen Auswertungen braucht und es sehr lange dauert, bis sie auf Ihre Telefonanrufe reagiert. Manchmal dauert es zwei Tage oder noch länger, bis sie zurückruft. Außerdem kennt sie sich in Ihrem Industriezweig wirklich nicht aus. Ist das korrekt?

Harry: Ja.

Wirtschaftsprüfer: Wir trafen vor ungefähr zwei Monaten auf eine ähnliche Situation mit einem anderen Unternehmen in einer anderen Branche,

das ungefähr so groß war wie Ihre Firma. Vielleicht kennen Sie Joe Dokes von ABC International? Er hat nichts dagegen, daß wir ihn als Referenz nennen und daß wir über die Situation sprechen, die ihn veranlaßt hat, uns zu beauftragen.
Obwohl keine Wirtschaftsprüfungsgesellschaft umgehende finanzielle Auswertungen versprechen kann, konnten wir die Reaktionszeit bei Joe um ungefähr 80 Prozent verbessern. Wir sind in der Lage, ihm die nötigen Informationen, die er auch für seine Bank braucht, zu geben. Da Joe mit seiner Bank um einen besseren Zinssatz und eine neue Kreditlinie verhandelte, setzten wir uns zusammen und erklärten ihm und seinem Bankier die vergleichenden finanziellen Auswertungen Zeile für Zeile. Wir sollten ihm auch dabei helfen, schnellere und bessere Entscheidungen zu treffen, wenn der Markt stagniert. Er sagte mir, seine Bank sei sehr glücklich über unsere Zusammenarbeit. Sie haben uns auch schon an mehrere ihrer Kunden weiterempfohlen.
Was die Reaktionszeit auf die Anfragen unserer Kunden betrifft, so bin ich ziemlich stolz darauf. Da wir nicht immer in unserem Büro zu erreichen sind, haben wir ein neues Voice Mail-System installiert. Dies erlaubt unseren Kunden, uns jederzeit zu erreichen und eine ausführliche Nachricht zu hinterlassen. Dadurch können wir eine für sie wichtige Angelegenheit überprüfen, untersuchen und sie dann schneller zurückrufen. Meine Klienten haben mir gesagt, daß es auch ihnen geholfen hat, ihre Zeit besser einzuteilen.
Wir wissen, daß unsere Klienten unsere Informationen verwenden, um ihre Firmen besser zu führen. Wir sind dazu da, ihnen auch in Bereichen zu helfen, die nichts mit Buchhaltung und Buchprüfung zu tun haben. Da wir permanent mit unseren Kunden in Kontakt stehen, kennen wir sie besser als jeder andere Dienstleistungsanbieter es möglicherweise könnte. Im Notfall sind wir da, um ihnen zum Beispiel bei der Lösung ihrer Computerprobleme zu helfen, wir unterstützen sie in Fragen der Warenbestandskontrolle, geben ihnen Ideen für ihr Finanzmanagement und beraten sie in Fragen der betrieblichen Vorsorge.
Haben Sie noch weitere Fragen?

Harry: Unsere letzten beiden Wirtschaftsprüfer versprachen uns auch, umgehend zu reagieren, aber wir trafen ständig auf das gleiche Problem. Wie kann ich wissen, daß Sie nicht auch nur leere Versprechungen machen?

Wirtschaftsprüfer: Harry, ich stehe im Geschäftsleben wie Sie. Wenn ich überall Versprechungen mache, die ich nicht halten kann, wären meine Kunden mit mir nicht zufriedener als Ihre Kunden, wenn Sie nicht rechtzeitig liefern. Wenn ich Ihnen nichts bieten kann, werden Sie sich bald wieder einen anderen Wirtschaftsprüfer suchen und sagen, ich hätte Versprechungen gemacht, die ich nicht halten kann.

Es kann jedoch auch vorkommen, daß wir Sie vielleicht nicht so schnell zurückzurufen können, wie wir eigentlich wollen. Deshalb fragte ich Sie gleich am Anfang, welches die Voraussetzungen für Ihre Zufriedenheit sind.

Sie sagten mir, sie wären zufrieden, wenn wir Sie innerhalb von vier Stunden nach Ihrem Anruf zurückrufen würden und Ihre monatlichen Auswertungen bis zum 20. des Folgemonats fertigstellen könnten. Wenn ich nicht der Meinung wäre, daß wir dazu in der Lage sind, hätte ich das Gespräch sofort beendet. Dies ist ein Grund dafür, daß wir nicht billiger sein werden als Ihr derzeitiger Wirtschaftsprüfer oder jemand anderer, und es kann sogar sein, daß wir teurer sind. Wir haben in unser Büro und in unsere Mitarbeiter viel investiert, um bei den Kunden ausgezeichnete Resonanz zu finden.

Um diese Versprechungen zu erfüllen, sind wir jedoch auch auf die Kooperation Ihrer Leute angewiesen. Und es kann vorkommen, daß ich auf Reisen bin oder einfach nicht so schnell reagieren kann, aber ich hoffe, Sie werden das verstehen. Meine Hoffnung ist, daß Sie mit uns als Ihr Partner zusammenarbeiten werden. Sollten Sie je ein Problem oder Sorgen haben, müssen wir unverzüglich darüber sprechen. Ich brauche begeisterte Kunden wie Sie, die mich anderen Leuten in einer ähnlichen Situation, die vielleicht auch Hilfe benötigen, weiterempfehlen. Dadurch ist unsere Firma so groß geworden. Wenn Sie nicht zufrieden sind, habe ich sowohl meine als auch Ihre Zeit verschwendet. Das kann sich keiner von uns beiden leisten.

Haben Sie noch andere Fragen?

Harry: Gut. Lassen Sie uns anfangen und die Sache hinter uns bringen.

VERGLEICH DER PRÄSENTATIONEN

Bitte beachten Sie, daß diese zwei Präsentationen im wesentlichen gleich sind, obwohl sie an verschiedene Personen gerichtet sind und von Leuten, die absolut unterschiedliche Dienstleistungen verkaufen, durchgeführt wurden. Freiberufliche Dienstleistungen haben gemeinsame Eigenschaften, egal um welche bestimmte Dienstleistung es sich handelt:

- Sie sind alle immateriell.

- Der Verkauf hängt von dem Umgang des einzelnen Dienstleistungsanbieters mit dem Käufer ab.
- Sie müssen sich deutlich von Ihrer Konkurrenz abheben, weil es nichts gibt, was der Käufer sehen, fühlen, hören, berühren oder riechen kann. Für den Käufer sind Sie der einzige Hinweis auf die Qualität der Dienstleistung, die Sie anbieten.

Beachten Sie, daß beide Präsentationen sachlich waren. Obwohl sie vielleicht langatmig zu lesen waren, hat die Präsentation höchstens zehn Minuten gedauert.

PRÄSENTATION FÜR DEN ENTSCHEIDUNGSTRÄGER TYP 2: DER LEITENDE ANGESTELLTE/MANAGER

In diesem Szenario werden Sie nochmals den Verkauf von Marketingberatungsleistungen verfolgen, und zwar dieses Mal an einen leitenden Angestellten/Manager – keinen Führertyp. Beachten Sie die Unterschiede:

Berater: Karen, danke, daß Sie mir Ihre Situation erläutert haben. Welche Fragen möchten Sie mir stellen?

Karen: Sagen Sie mir, was Sie tun werden, um mir mit meiner Immobilienfirma zu helfen.

Berater: Am Anfang unseres Gespräches ging es um Ihre achtzehn Büros in drei verschiedenen Landkreisen. Jeder Kreis hat seinen eigenen ganz spezifischen Markt. Obwohl sich einige der Büros in dem gleichen Kreis befinden, ist ihre Lage innerhalb dieses Kreises sehr unterschiedlich, wodurch sich absolut unterschiedliche demographische Voraussetzungen für jedes Büro ergeben können.

Die Idee, das interne Marketing abzuschaffen, stammt nicht von Ihnen, sondern vom Vorstand. Dieser setzt sich in Wirklichkeit aus der Familie des Firmengründers zusammen. Der Vorstand möchte die Kosten senken und Sie für die Vergabe des Marketing an eine Firma sowie für die Ergebnisse des beauftragten Unternehmens verantwortlich machen. Der Marktanteil ist etwas zurückgegangen, und Sie möchten jemanden beauftragen, mit dem Sie persönlich gut zusammenarbeiten können. Die Leiter der einzelnen Büros werden neue Marketingideen von außen für ihre Büros haben wollen, aber die endgültige Entscheidung liegt bei Ihnen. Sie wurden von einer anderen Firma abgeworben und sind seit drei Jahren Präsidentin des Unternehmens, haben aber keine Erfahrung im Marketing-Bereich. Habe ich etwas vergessen?

Karen: Sie haben es ziemlich gut zusammengefaßt.

Berater: Vor ein paar Jahren trafen wir im Norden des Landes auf eine ähnliche Situation. Vielleicht kennen Sie Selma Salmon von der Firma Fish Realty in Pompano Pines?

Karen: Sicher, ich kenne Selma seit Jahren aus dem Verband der Immobilienmakler.

Berater: Sie hat nichts dagegen, daß wir sie als Referenz nennen oder daß wir über die Situation sprechen, die dazu geführt hat, daß sie uns beauftragte. Wie Sie wurde sie von einem Unternehmen im Familienbesitz engagiert. Die Arbeit war ihnen über den Kopf gewachsen. Sie war die dritte Präsidentin in drei Jahren. Das Unternehmen hatte zwölf Büros und überhaupt keine Marketingstrategie. Die Eigentümerfamilie machte sie für alles verantwortlich. Schließlich konnte Selma sie überzeugen, einen Marketingberater zu engagieren, der sie unterstützte.

Selma hatte einen meiner Geschäftsteilhaber gesehen, als er auf einer Veranstaltung der Vereinigung der Immobilienmakler über das Thema „Investition für Marketing und maximale Rendite" einen Vortrag hielt. Sie rief ihn an, und wir wurden sofort engagiert.

Wir fingen in Selmas Firma damit an, daß wir ihren ersten Marketingplan konstruierten und dann eine Strategie zur Durchführung entwickelten. Dies beinhaltete auch die Frage, wo und wann wir ihren Werbeetat investierten. Wir kamen in die Firma, schulten ihre Leute und führten ein neues Prämiensystem zur Leistungssteigerung ein. Wir änderten ihre Werbe-Broschüren, damit sie dem aktuellen Stand entsprachen und erneuerten all ihre Anzeigen und damit zusammenhängendes Material, um es dem Stand der 90er Jahre anzupassen. Wir installierten ein System für die Verkaufsleitung, so daß die Aktivitäten jedes Büros wöchentlich überwacht werden können.

Nachdem sie ein Jahr mit uns zusammengearbeitet hatte, betrugen ihre Erträge aus Investitionen ungefähr zwölf zu eins. Die Gewinne sind wirklich gestiegen, ebenso die Marktanteile. Selma erhielt einen neuen Fünf-Jahres-Vertrag, wurde Geschäftsteilhaberin und bekam eine beträchtliche Gehaltserhöhung. Sie war so glücklich, daß sie uns vier anderen Immobilienverbänden in verschiedenen Staaten der USA vorstellte. Wir waren somit in der Lage, auf nationaler Ebene tätig zu sein.

Karen: Ich kann es mir nicht leisten, die falschen Leute zu engagieren.

Berater: Selbstverständlich können Sie das nicht, aber Sie müssen verstehen, daß wir eng zusammenarbeiten müssen, so daß wir so schnell wie möglich voll einsteigen können. Wenn auch wir die Arbeit tun werden, brauchen wir doch ständig Ihre Anregungen und die Freiheit, jederzeit mit Ihren Büroleitern und Verkäufern sprechen zu können, um ein besseres Gefühl für den Markt zu bekommen und um den Erfolg dieses Projektes zu garantieren.

Ich glaube, den größten Fehler, den Firmen machen, wenn sie uns engagieren, ist, daß sie es als ein kurzfristiges Geschäftsverhältnis betrachten. Geschäftstüchtige Firmen erkennen, daß sie uns als ihre Experten brauchen, die von außen die Resultate objektiv beobachten und ständig neue Anregungen einbringen. Wir erwarten uns eine langfristige Geschäftsbeziehung. Wir agieren für Sie als Versicherung, um die Zukunft des Geschäftes und der Angestellten zu sichern, indem wir dazu beitragen, daß es einfacher wird, den Erfolg zu steigern. Und wir brauchen auch die Hilfe unserer zufriedenen Kunden dabei, daß wir durch ihre Empfehlung neue Geschäfte erhalten, so wie wir ihnen zu neuen Aufträge verhelfen.

Ich weiß, daß Sie Geld über das interne Marketing sparen wollen. Sie brauchen wirklich keine Mannschaft, bestehend aus lauter Vollzeitmitarbeitern, um die Arbeit zu erledigen. Unser Honorar stellt nur einen geringen Teil Ihrer gesamten Werbeausgaben dar und liefert die Ergebnisse, die Sie brauchen.

Haben Sie noch weitere Fragen?

Karen: Lassen Sie uns anfangen.

PRÄSENTATION FÜR DEN ENTSCHEIDUNGSTRÄGER TYP 3: DER SOZIALE

Berater: Larry, danke, daß Sie mir Ihre Situation erläutert haben. Worüber sollten wir sprechen, damit wir vorankommen und mit der Arbeit beginnen können?

Larry: Sie wissen, ich mag unsere derzeitige Architektin wirklich gern. Gibt es eine Möglichkeit, daß wir weiterhin mit ihr zusammenarbeiten?

Berater: Nach dem, was Sie mir über sie erzählt haben, scheint sie eine wirklich nette Person zu sein. Schade, daß sie sich nicht so um die Dinge kümmerte und daß die Beziehung nicht so verlief, wie Sie es sich erhofft hatten.

Wir haben ein Prinzip: Wir arbeiten nicht mit anderen Architekten zusammen, außer sie verfügen über Fachwissen, das wir nicht besitzen oder wenn die Projektorte unseres Auftraggebers übers ganze Land verstreut sind. In den Fällen, wo es wirtschaftlich machbar ist, arbeiten wir lieber mit uns bereits vertrauten Kollegen in der jeweiligen Stadt zusammen. Das sind Leute, von denen wir wissen, daß sie die beste Arbeit leisten.

Vielleicht sollten Sie sie behalten und sie ihr Architektenteam austauschen lassen.

Larry: Nein, das habe ich bereits versucht. Ich habe sie engagiert, damit sie sich persönlich um unsere Projekte kümmert, aber sie besteht darauf, diese jungen Leute agieren zu lassen und ignoriert mich. Können Sie mir sagen, was bei Ihnen anders sein wird?

Berater: Wir trafen auf eine ähnliche Situation bei Jim Shoe drüben bei der Walk and Talk Shoe Company. Er und ich sind gute Freunde geworden. Er hat nichts dagegen, wenn ich Ihnen von seiner Situation erzähle. Vielleicht kennen Sie ihn?

Larry: Sicher, ich kenne ihn seit Jahren. Ich treffe ihn öfters in unserem Club.

Berater: Wie Sie hat Jim ein wachsendes Unternehmen. Es ist erforderlich, ständig neue Produktionsstätten und Büros zu bauen. Er hatte einen Architekten, von dem er glaubte, er würde sich persönlich um seine ganzen Angelegenheiten kümmern. Sie haben sich sofort gut verstanden. Aber im Grunde genommen war dies das letzte Mal, daß er den Mann gesehen hat.

Larry, ich bringe meiner Firma Kunden, von denen ich glaube, daß sich zwischen uns eine langfristige Geschäftsbeziehung entwickelt. Aber Sie müssen verstehen, daß ich nicht derjenige sein werde, der tatsächlich die tägliche Arbeit erledigen wird, genauso wie Sie nicht mehr im Hinterzimmer sitzen und Werbegespräche per Telefon machen. Meine Pläne sind, Sie als Kunden zu gewinnen und mich dann regelmäßig mit Ihnen zu treffen, um die Projekte zu besprechen und unsere Beziehung aufrecht zu erhalten und zu verbessern. Deshalb habe ich Sie vorher nach den Voraussetzungen für Ihre Zufriedenheit gefragt.

Wir müssen in Kontakt bleiben, indem wir so oft wir es für nötig halten, miteinander telefonieren. Wenn ich nicht im Büro bin, können Sie mit mir über unser Voice Mail-System in Verbindung treten oder über meinen Pager.

Und ich werde da sein, um meine Leute zu kontrollieren, um sicherzustellen, daß die Arbeit von hoher Qualität ist und um meine Beziehung zu ihnen aufrecht zu erhalten. Mein Ziel ist, daß Sie zu Ihren Leuten, die an diesem Projekt arbeiten, gute Verbindungen knüpfen. Wenn wir uns regelmäßig treffen und miteinander reden, gibt uns dies auch die Möglichkeit, über alle Bereiche zu sprechen, die den Bau des Projektes als Ganzes betreffen, und wir können sicherstellen, daß das Verhältnis mit Ihren Vertragsnehmern, Angestellten und den anderen Beteiligten gut bleibt. Wir möchten die Kontrolle behalten, um sicherzustellen, daß Ihre Beziehung zu den Leuten, die hier arbeiten, weiterhin gut ist.

Ich brauche dieses starke Bündnis mit Klienten wie Ihnen, damit sie uns anderen weiterempfehlen, die vielleicht nicht die Beziehung zu ihrem Architekten haben, die sie sich wünschen. So habe ich mir meinen Kundenkreis aufgebaut.

Haben Sie darüber nachgedacht, wie Sie es ihrer anderen Architektin beibringen, daß Sie sie entlassen wollen?

Larry: Nein, aber ich bin sicher, daß ich damit umgehen kann.

Berater: Lassen Sie mich das für Sie erledigen. Ich werde sie sofort anrufen und mit ihr eine Besprechung vereinbaren, damit ich die Arbeit von ihr übernehmen kann. Wir machen so etwas ständig. Sie müssen sich keine Sorgen machen, ich werde ihr die Situation so freundlich wie möglich erklären. Vielleicht kann Sie aus dieser Erfahrung für ihren eigenen Nutzen lernen.

Larry: Ich würde dies sehr zu schätzen wissen.

PRÄSENTATION FÜR DEN ENTSCHEIDUNGSTRÄGER TYP 4: DER FÜRSORGLICHE

Berater: Ben, danke, daß Sie mir Ihre Situation hier auf der Ranch erläutert haben. Welche Fragen möchten Sie mir stellen?

Ben: Tom, sagen Sie mir, wer sich um unsere Angelegenheiten kümmern wird. Wir möchten nichts tun, das das gute Verhältnis, das wir untereinander haben, durcheinander bringen könnte.

Berater: Sie haben vorher erwähnt, daß Ihre derzeitige EDV-Beraterin nicht diejenige ist, die Sie beauftragt haben, und zwar in dem Sinn, daß Sie sie nie zu Gesicht bekommen. Seit dem Tag, an dem Sie sie beauftragt haben, haben Sie unzählige, ständig wechselnde Leute am Hals, es ist, als ob ständig Fremde hier wären. Durch den ständigen Wechsel fühlt sich keiner hier mehr wohl. Und keiner der Leute kennt sich wirklich gut genug mit der Ausrüstung oder mit den Systemen aus.

Wir trafen auf eine ähnliche Situation bei Jan Doe von der XYZ Agri-National. Sie und ich sind gute Freunde geworden, und sie hat nichts dagegen, wenn ich Ihnen ihre Geschichte erzähle.

Wie Ihr Unternehmen hat auch sie eine EDV-Beraterin engagiert, von der sie dachte, sie passe perfekt zu ihren Leuten. Zuerst akzeptierte sie die Leute, die die Firma ihr schickte, weil sie ihrer Kontaktperson eine Chance geben wollte. Aber die andere Beraterin nahm ihre Chance nicht wahr, nahm es als selbstverständlich hin und ignorierte die Beziehung. Jan verlor beinahe einen ihrer besten Debitorenbuchhalter, weil die Leute ihn so herablassend behandelten.

Glücklicherweise wurde sie mit uns bekanntgemacht. Sie ist mit unseren Leuten so zufrieden, daß sie uns im vergangen Jahr ungefähr acht neuen Klienten empfohlen hat.

Ben, Sie müssen verstehen, daß ich nicht derjenige sein werde, der sich tatsächlich um die täglich anfallende Arbeit an den Computern kümmert, ebenso wie Sie nicht selbst auf den Feldern das Vieh hüten. Meine Pläne sind, daß Sie ein Mitglied unserer Familie sein werden, und daß dann Sie und Ihre Mitarbeiter einige unserer Leute treffen, die an Ihrem Projekt arbeiten werden, so daß jeder mit jedem ein gutes Verhältnis entwickeln kann. Selbstverständlich vertraue ich allen meinen Leuten, daß sie die Arbeit gut erledigen. Ich weiß aber natürlich auch, daß nicht jeder in Ihr Team hineinpaßt.

Ist das okay?

Ben: Das klingt gut. Aber was ist mit unserer Zusammenarbeit? Ein Mitarbeiter kann sicherlich nicht alle unsere Bedürfnisse befriedigen. Sie sind derjenige, mit dem ich zusammenarbeiten möchte.

Berater: Das werden Sie. Sie und ich werden uns regelmäßig zum Mittagessen oder in Ihrem Büro treffen, um genau darüber zu sprechen, was im Büro vor sich geht und um sicherzustellen, daß alles glatt verläuft. Wir werden in regelmäßiger Verbindung bleiben, und ich werde die Qualität der Arbeit meiner Mitarbeiter kontrollieren.

Wenn wir uns regelmäßig treffen und miteinander reden, haben wir dadurch auch die Möglichkeit, über Bereiche, die nicht unter die EDV-Beratung fallen, zu sprechen, wie zum Beispiel bessere Warenbestandskontrollsysteme und verbesserte Systeme für das Finanzmanagement, um sicherzustellen, daß das Unternehmen so effizient und profitabel wie möglich geführt wird. Das kommt allen zugute. Wir möchten Ihre EDV-Abteilung kontrollieren, um sicherzustellen, daß Ihre Kunden und Ihre Angestellten weiterhin zufrieden sind. Wir hoffen, daß Sie uns als Mitglied Ihrer Familie betrachten. Wir möchten für jeden hier von Nutzen sein.

Was unsere Zusammenarbeit betrifft, so können Sie mich jederzeit erreichen, es ist fast so, als ob ich hier arbeiten würde. Wenn ich nicht in meinem Büro bin, erreichen Sie mich über das Voice Mail-System oder meinen Pager. Ich werde Sie dann umgehend zurückrufen.

Ben, ich habe meinem Team gegenüber eine Verantwortung – so wie Sie Ihren Leuten gegenüber – und muß ihre Interessen bestmöglich vertreten. Wenn ich überall Versprechungen mache, die ich nicht halten kann, wären meine Kunden mit mir nicht zufriedener als Ihre Kunden mit Ihnen, wenn Sie nicht pünktlich liefern. Sie würden bald wieder nach einem anderen EDV-Berater suchen. Wir möchten keinen unserer Kunden aus der Familie verlieren.

Wir sind jedoch auch auf die Zusammenarbeit mit Ihren Leuten angewiesen, um unsere Ziele zu erreichen. Und es kommt vor, daß ich auf Reisen bin oder einfach nicht in der Lage bin, so schnell zu reagieren, aber ich hoffe, Sie werden das verstehen. Meine Hoffnung ist, daß Sie mich als Mitglied Ihrer Familie betrachten. Wenn es ein Problem gibt, können wir sofort darüber sprechen.

Wir brauchen begeisterte Kunden wie Sie, die uns an andere Leute in ähnlichen Situationen, die vielleicht auch unsere Hilfe brauchen, weiterempfehlen. So haben wir unser Team aufgebaut. Wir wissen, daß wir unseren Kunden und Mitarbeitern gegenüber eine Verantwortung haben. Wir tragen dazu bei, daß das Geschäft richtig geleitet wird, so daß sie sich über Kontinuität oder Stabilität der Arbeitsplätze keine Sorgen machen müssen.

Welche Fragen haben Sie noch, bevor wir einen Termin für eine Besprechung mit Ihren und meinen Mitarbeitern vereinbaren, damit wir anfangen können?

Ben: Lassen Sie uns eine Besprechung vereinbaren, die hier in unserem Konferenzraum stattfinden soll, um Ihre und meine Mitarbeiter zusammenzubringen. Wir werden ein Mittagessen vorbereiten, damit es nicht so formell wird.

PRÄSENTATION FÜR DEN ENTSCHEIDUNGSTRÄGER TYP 5: DER ERNEUERER

Berater: Ariel, danke, daß Sie mir Ihre Situation erläutert haben. Was müssen wir noch besprechen, damit wir Ihnen diese Probleme aus der Hand nehmen können, so daß Sie mehr Zeit haben für das, was Sie lieber tun?

Ariel: Mein letzter Geschäftsführer war überhaupt nicht verantwortungsbewußt, und er war Anwalt! Er überließ mir viele Detailarbeiten, und ich bin überhaupt kein Geschäftsmann – Sie haben das vielleicht schon erkannt. Ich brauche jemanden, der mich unterstützt und ein wachsames Auge auf das Geschäft wirft, der meine Verträge aushandelt und der mir hilft, schlechte geschäftliche Entscheidungen zu vermeiden.

Berater: Dies ist ein Grund dafür, daß wir teurer sein werden als Ihr derzeitiger Berater. Wir möchten Ihnen den Service bieten, den Sie brauchen, um weiterhin profitabel zu arbeiten, damit Ihre Karriere und Ihr Geschäft florieren.

Manche Klienten möchten, daß wir nur sehr wenig involviert sind, andere übergeben uns die ganze Kontrolle über ihre Geschäfte. Ich glaube nicht, daß dies in Ihrem Fall notwendig ist. Natürlich hängt das Honorar davon ab, wieviel Ihrer Arbeit wir Ihnen abnehmen.

Ich traf auf eine ähnliche Situation wie die Ihre, als ich vor Jahren mit der Unternehmensberatung anfing. Es handelte sich allerdings um einen anderen Industriezweig. Unser Klient war eine Firma für Innenarchitektur. Sie waren an der ganzen Ostküste für ihre Arbeit bekannt. Leider wußten sie nicht, wie man ein Geschäft profitabel führt, oder sie kümmerten sich einfach nicht darum. Sie waren deshalb leichte Beute für die Behörden und waren immer mit Situationen konfrontiert, aus denen Sie keinen Ausweg mehr fanden. Wir wurden ihre Berater, denen sie vertrauen, und sie empfahlen uns Dutzenden ihrer Künstlerfreunde, denen die Leitung eines Unternehmens ebenfalls nicht sehr liegt.

Ariel, ich würde Sie nicht als Kunde unserer Firma gewinnen wollen, wenn ich nicht wüßte, daß wir Ihnen helfen können. Wir haben unsere Firma aufgebaut mit Kunden wie Ihnen, die uns wiederum ihren Kollegen vorgestellt haben.

Können wir nun anfangen, so daß Sie sich wieder Ihren Projekten widmen können, an denen Sie lieber arbeiten?

PRÄSENTATION FÜR DEN ENTSCHEIDUNGSTRÄGER TYP 6: DER BUCHHALTER/TECHNIKER

Berater: Will, danke, daß Sie mir Ihre Situation erläutert haben. Worüber müssen wir noch sprechen, damit wir vorankommen und anfangen können?

Will: Wie Sie wissen, habe ich früher für die Wirtschaftsprüfungsgesellschaft Blood and Guts gearbeitet. Ich kenne mich mit Steuerberatung aus und weiß, wie Ihr Jungs versucht, Eure Rechnungen in die Höhe zu treiben. Ich glaube, daß Wirtschaftsprüfer eine besondere Gattung sind, speziell wenn es um Buchprüfungen geht, und ich will das Bestmögliche für unser Geld herausholen. Ich weiß, wieviel Geld Geschäftsteilhaber machen – ich möchte nicht, daß Sie oder Ihre Firma durch mich reich werden.

Berater: Wie vorher schon besprochen, werden wir sicher nicht die billigste Firma sein. Und wir werden das Honorar sicher nicht zu Lasten der Qualität reduzieren, nur um den Auftrag zu bekommen. Wir möchten nicht wegen Fahrlässigkeit vor Gericht landen, weil wir einen Auftrag angenommen haben, den wir nicht ordnungsgemäß ausführen konnten. Wenn Sie weiter nach dem billigsten Wirtschaftsprüfer suchen, werden Sie wahrscheinlich andere finden, die dieses Risiko auf sich nehmen. Außerdem sind wir der Meinung, daß unser Gewinn angemessen sein sollte.

Wir investieren beinahe 5 Prozent unseres Bruttogewinnes in die Schulung unserer Geschäftsteilhaber und Mitarbeiter, um auf dem neuesten Stand zu bleiben. Sie wissen, in diesem Beruf ändert sich alles sehr schnell.

Wir treffen immer wieder auf ähnliche Situationen, in denen potentielle Kunden „das Bestmögliche für ihr Geld herausholen möchten". Erst kürzlich kam eine neue Klientin, die eine Firma gewählt hatte, deren Honorar ungefähr zwei Drittel unseres Kostenvoranschlags betrug. Sie schränkten die Dienstleistungen auch nur auf den Bereich der Buchprüfung ein.

Üblicherweise bekommen die Leute das, wofür sie bezahlen. Da ihr Honorar so niedrig war, hatten ihre früheren Wirtschaftsprüfer sehr unerfahrene Leute, die nur ungenügend geschult waren, mit den Aufgaben betraut. Das Ergebnis war, daß die Buchprüfung um sechs Wochen verschoben werden mußte. Bei dieser Wirtschaftslage wurden die Banken nervös, und die Aktionäre und der Vorstand waren auch nicht gerade erfreut. Und die Klientin verlor die Kontrolle über ihre eigene Arbeit, weil sie ständig die Nachwuchskräfte der Wirtschaftsprüfungsgesellschaft schulen mußte.

Da die Firma unter solchem Druck stand, die Arbeit fertigzustellen, waren die Zahlen falsch, es gab Druckfehler, und die Abschlüsse waren nicht nur zu spät fertig, sondern sie mußten für ungültig erklärt und neu erstellt werden. Leider hat die Klientin, die geglaubt hatte, das Beste zu tun, indem sie die billigste Firma beauftragte, alles abbekommen. Der Wirtschaftsprüfungsgesellschaft wurde sofort gekündigt, und wir bekamen einen neuen Klienten.

Offen gesagt, ich kann nicht verstehen, warum Firmen unbedingt einen relativ geringen Betrag unterm Strich sparen wollen. Auch wenn der Betrag im Moment vielleicht sehr viel Geld zu sein scheint, sind diese relativ geringen Einsparungen es nicht wert, das Geschäft, die

Beziehung zu den Aktionären, der Bank und dem Vorstand einem großen Risiko auszusetzen. In jener Situation verloren sie für lausige 7.000 Dollar beinahe ihre neue Kreditlinie und einen guten Zinssatz, um den sie jahrelang verhandelt hatten.

Will: Versprechen Sie also, daß Sie die ganze Arbeit nicht später fertigstellen als wir es wünschen?

Berater: Will, wenn wir entscheiden, zusammenzuarbeiten, dann müssen wir eine Partnerschaft aufbauen. Wie Sie wissen, gibt es Zeiten, in denen wir mehr unter Druck stehen als sonst. Sie müßten sich dessen besonders bewußt sein. Denken Sie an die 90-Stunden-Wochen, wenn viel los ist!

Wenn wir weitermachen, werden wir eng zusammenarbeiten, um sicherzustellen, daß Sie die Qualität erhalten, die Sie brauchen, und zwar in einem zeitlichen Rahmen, mit dem wir beide leben können. Aber wir werden auch auf die engste Kooperation Ihrer Mitarbeiter angewiesen sein. Ich kann meine Ziele nicht erfüllen, wenn Ihre Leute uns bremsen. Wir werden alles in unserer Macht Stehende tun, um Ihre Leute zu entlasten, um Ihnen Honorar zu sparen und den Prozeß zu beschleunigen.

Will: Wir möchten nicht, daß unser geregelter Betrieb gestört wird.

Berater: Das wollen wir auch nicht. Wie Sie wissen, können Wirtschaftsprüfer jedoch während der Buchprüfung nicht ganz unsichtbar sein. Wir müssen Sie erreichen können, und wir brauchen Informationen. Wir werden versuchen, die Störungen auf ein Minimum zu beschränken. Haben Sie noch weitere Fragen?

Will: Unsere derzeitigen Wirtschaftsprüfer belästigen mich ständig damit, daß ich noch mehr ihrer teuren Dienstleistungen in Anspruch nehmen soll. Ich mag das nicht.

Berater: Die Zeiten haben sich geändert. Unsere Firma kommt nicht mehr nur einmal im Jahr in das Unternehmen und geht dann wieder. Unsere Leute sind darin geschult, daß sie ihre Augen offen halten, um Probleme oder Möglichkeiten zur Verbesserung zu erkennen, die dem Klienten vielleicht nicht bewußt sind.

Unser Ziel ist, wirtschaftlich gesunde Klienten zu haben, die unsere Rechnungen rechtzeitig bezahlen und die uns ihren Kollegen in anderen Firmen weiterempfehlen. Deshalb konnten wir Erfahrung in Bereichen sammeln, an die sich Wirtschaftsprüfungsgesellschaften üblicherweise nicht heranwagen, wie zum Beispiel die Wahl der Computersysteme und deren Installation, Beratung in der betrieblichen Vorsorge, Beratung in der Finanzverwaltung und Warenbestandskontrolle. Da Sie bereits ein erfahrener Wirtschaftsprüfer sind, brauchen Sie vielleicht keine Hilfe über die Bereiche, die Sie jetzt bearbeiten, hinaus.

Ich werde jedoch regelmäßig zu Ihnen kommen, um den Fortschritt bei der Buchprüfung zu überprüfen. Wenn ich Kenntnis von etwas erlange, von dem ich glaube, Sie sollten es wissen, werde ich es ansprechen. Ich verspreche, Ihnen nichts zu verkaufen und Sie nicht zu drängen, etwas zu tun, das Sie nicht tun wollen oder müssen. In dieser Hinsicht bin ich eher wie ein Arzt. Wenn wir ein Problem entdecken, werden wir darüber sprechen, wie wir es lösen könnten. Wenn Sie entscheiden, meine Anregungen nicht aufzunehmen, so soll es so sein.

Will: Wieviel Erfahrung haben Sie in unserem Geschäft? Wir möchten Ihre Leute nicht bezahlen und sie gleichzeitig noch schulen müssen.

Berater: Wir haben keine direkte Erfahrung mit Herstellern von Sprengstoffen, was natürlich auch bedeutet, daß wir mit keinem Ihrer Konkurrenten zusammenarbeiten. Wir haben jedoch Erfahrung mit Herstellern von Feuerwerkskörpern. Dieser Industriezwerg ist in vielen Aspekten Ihrer Branche ähnlich. Es ist nicht unser Ziel, auf Ihre Kosten Erfahrungen zu sammeln. Ich erwarte weder, daß Ihre Buchprüfung mehr kostet noch daß sie länger dauert, als es üblicherweise der Fall wäre, wenn wir ständig Revisionen in Ihrer Branche machen würden. Selbstverständlich behalten wir uns das Recht vor, von Ihrer Erfahrung in diesem Gewerbezweig zu profitieren und werden Sie manchmal um Hilfe bitten, falls es sein muß. Wir müssen als Partner zusammenarbeiten, um das beste Endergebnis für Sie und Ihr Unternehmen zu erzielen.

Und basierend auf dem, was wir bis jetzt über Ihre Firma erfahren haben, denke ich, daß wir dem aufgrund unserer bisherigen Sachkenntnis gewachsen sind. Wir würden gerne mit Ihnen zusammenarbeiten, aber wir müssen noch Ihre Akten durchsehen und eine bessere Vorstellung von der damit zusammenhängenden Arbeit bekommen, bevor wir formell fortfahren können. Ich würde gerne Ihre Mitarbeiter treffen und mir Ihr System ansehen.

Hier ist eine schriftliche Fallstudie über eine ähnliche Situation mit dem Hersteller von Feuerwerkskörpern. Und hier ist der Name einer Kundin von uns, die bereit ist, mit Ihnen über unsere Zusammenarbeit in diesem Industriezweig zu sprechen. Bitte rufen Sie sie an, und

sehen Sie sich die Fallstudie durch, während ich damit beginne, Ihre Berichte durchzusehen und mich mit Ihren Mitarbeitern treffe.
Sollen wir fortfahren?

Will: Ich möchte gern wissen, wie Sie mit dem vorher erwähnten Problem mit den Finanzbehörden umgehen.

Berater: Sie deuteten vorher an, was die anderen Firmen, mit denen Sie gesprochen haben, vorschlugen und welches Ihre Pläne sind. Zu diesem Zeitpunkt habe ich noch nicht genügend Informationen, um Empfehlungen zu geben, auf die man mich später festnageln könnte. Warum haben Sie nicht einen ihrer Vorschläge aufgegriffen und sie engagiert?

Will: Mir gefiel ihr Rat nicht. Ich möchte jetzt gern Ihre Ideen hören.

Berater: Will, bitte entschuldigen Sie, wenn ich Sie vertrösten muß, aber ich habe einfach nicht genügend Hintergrundinformationen, um Ihnen meine ehrliche Meinung zu sagen. Ich habe weder mit meinen Kontaktpersonen bei den Finanzbehörden gesprochen, noch habe ich es mit meinem für Steuern zuständigen Geschäftsteilhaber durchgesehen.
Alles, was ich sagen kann, ist, daß ich in der Vergangenheit ähnliche Angelegenheiten erfolgreich beigelegt habe und daß meine Klienten damit sehr zufrieden waren. Vor ungefähr vier Monaten hatten wir einen Fall, in dem die Steuerbehörden einem Unternehmen, von dem wir dann beauftragt wurden, für rückständige Steuern, Säumniszuschläge und Zinsen einen Betrag von mehr als 100.000 Dollar forderten. Es war nicht leicht, aber wir haben den Fall geprüft und handelten sie auf einen etwas vernünftigeren Betrag herunter, und zwar auf ungefähr 28.000 Dollar. Die Zinsen und die Säumniszuschläge wurden erlassen.
Wenn Sie sich entschließen, die Sache in die Hand zu nehmen, wäre ich glücklich, Ihnen die gleiche Unterstützung zukommen zu lassen. Ich kann Ihnen jedoch nicht versprechen, daß wir auch für Sie so ein Ergebnis erzielen werden, aber ich weiß, Sie werden das verstehen.

Will: Danke für Ihre Offenheit. Lassen Sie uns mit meinen Mitarbeitern sprechen.

Das war ein ganzes Stück Arbeit! Bitte beachten Sie: Wenn Sie mit diesen Theoretikern sprechen, müssen Sie darauf vorbereitet sein, auf Herz und Nieren geprüft zu werden, wenn es darum geht, Informationen und Details darüber zu geben, wie Sie das Projekt abschließen wollen. Nur zu oft verliert ein Dienstleistungsanbieter, egal, was er verkauft, das Geschäft, das er eigentlich hätte machen sollen, weil er nicht bereit war, mit diesem risikoscheuen Kunden-Typ in einer angenehmen Atmosphäre ausführlich zu verhandeln. Andererseits beachten Sie bitte, daß unser Held nicht viele Ideen kostenlos preisgegeben hat.

EINIGE BEOBACHTUNGEN BEIM EIN-PHASEN-VERKAUF

1. *Die formlose Präsentation sollte relativ wenig Zeit in Anspruch nehmen.* Bis zu diesem Zeitpunkt hat der Käufer ungefähr 80 Prozent der Zeit geredet. Sie als der Dienstleistungsanbieter haben Ihre Zeit dafür investiert, etwas über sein Geschäft herauszufinden und haben alles in Ihrer Macht Stehende getan, um nachzuweisen, daß er Probleme hat, daß er mit Ihrem Honorar einverstanden ist und wie die Entscheidungsfindung aussehen wird. In diesem formlosen Ein-Phasen-Verkaufsszenario sollten Sie damit rechnen, daß Sie sofort engagiert werden.

Ein großer Teil Ihrer Kommunikation erfolgt nicht über Worte, sondern darüber, wie Sie während des Gespräches agieren. Indem Sie sich Notizen machten, haben Sie gezeigt, daß Sie interessiert, detailorientiert und sorgfältig sind. Aufgrund Ihrer Fragestrategie hat der Käufer ein gutes Gefühl bekommen und hat über seine persönlichen Ziele gesprochen. Der Verkauf ist zu 90 Prozent abgeschlossen, wenn Sie die Verkaufsuntersuchung korrekt durchgeführt haben.

Die Präsentation liefert die rationalen Informationen, die der Käufer braucht, um die linke Hälfte seines Gehirns zufriedenzustellen. Da Sie wahrscheinlich mehr mit Geschäftsleuten als mit Buchhaltern oder Technikern verhandeln, ist dieses Bedürfnis vielleicht weniger groß, als wenn Sie selbst der Käufer wären. Bei vielen Käufern könnte Ihre Präsentation nur ungefähr fünf Minuten dauern.

Seien Sie vorsichtig! Anbieter von freiberuflichen Dienstleistungen haben die schlechte Angewohnheit, ihr Ego an die erste Stelle zu setzen und den Verkauf erst an die zweite Stelle. Zu oft denken Freiberufler, sie müßten zeigen, wie brillant sie doch sind. Sie erklären (reden) zu viel und vergeben so die Chance auf einen Verkauf, weil der Käufer sich zu Tode langweilt (da die emotionale Schaukel sich zum negativen Pol bewegt). So kann sich ein Verkäufer selbst wieder geradewegs aus dem Verkauf reden. Wenn Sie die Untersuchung bei Ihrem Verkaufsgespräch anwenden, werden Sie die Käufer nicht zu Tode langweilen. Wenn die Käufer sich als geeignet erweisen, ist die emotionale Schaukel immer noch in der positiven Position. Nachdem Sie also bei Ihrem Teil des Verkaufsgespräches – die formlose Präsentation – richtig vorgegangen sind, müssen Sie darauf gefaßt sein, einen neuen Kunden zu gewinnen oder von einem bestehenden Kunden einen neuen Auftrag zu erhalten. Verkaufen Sie nicht weiter, wenn das Geschäft bereits unter Dach und Fach ist.

2. *Sie, als der Anbieter von freiberuflichen Dienstleistungen, sollten Ihre formlose Präsentation dem Personentyp anpassen, mit dem Sie sprechen.* Wenn Sie dem Käufer sorgfältig zuhören und ihn genau beobachten, sind Sie in der Lage, Ihre Minipräsentation genau auf den Käufer zuzuschneiden.

Wenn Sie dem Führertyp – dem Unternehmer – etwas präsentieren, konzentrieren Sie sich auf Ergebnisse, nicht auf Details. Für den leitenden Angestellten/Manager schneidern Sie Ihre Präsentation so, daß Sie sich auf Sicherheit konzentrieren und darauf, was für sie selbst dabei herausschaut. Bei dem Fürsorglichen sollten Sie über das Wohlbefinden der Gruppe sprechen. Wenn Sie dem Sozialen etwas präsentieren, konzentrieren Sie sich auf die Aspekte der Beziehung und beschäftigen sich mit dem Problem der Ablehnung. Dem Erneuerer müssen Sie die große Last seines Geschäftes abnehmen und ihm somit mehr Zeit geben, Neues zu erschaffen. Und wenn Sie schließlich dem Buchhalter/Techniker etwas präsentieren, bereiten Sie für ihn eine Fallstudie vor, und nennen Sie ihm eine Referenz, mit der er sofort sprechen kann. Dadurch beweisen Sie Ihren Wert und liefern Details, verleihen sich Glaubwürdigkeit und bieten Sicherheit für eine Entscheidung an. Außerdem sollten Sie bei jedem Käufertyp alles, was Sie sagen, in Zusammenhang damit bringen, wo es den Käufern weh tut und wie Sie ihre Schmerzen lindern.

3. *Betteln Sie nicht um den Auftrag.* So viele Freiberufler betteln um Aufträge, weil sie nicht wissen, wie man freiberufliche Dienstleistungen verkauft. Sie müssen sich dem Käufer gegenüber so verhalten, als ob Sie bereits sehr erfolgreich wären. Die Leute verhandeln lieber mit erfolgreichen Menschen („Es muß einen Grund dafür geben...“) als mit jemandem, der sich in Not befindet.

4. *Bleiben Sie bei der Sache; schweifen Sie nicht vom Thema ab.* Die Leute langweilen sich sehr schnell. Oft werden Geschäfte wieder verloren, weil der Verkäufer bei einer leicht zu beantwortenden Frage lange Reden schwingt. Üblicherweise findet der Käufer solche Vorträge ziemlich uninteressant, und seine Stimmung schwenkt über zum neutralen oder negativen Punkt. Tun Sie Ihr Bestes, um Ihre Antworten einfach und knapp zu halten.

5. *Sie sollten von Erlebnissen (kurze Geschichten über einen Fall) erzählen, um Ihre Behauptungen zu untermauern.* Informationen können trocken und langweilig sein. Um Ihrer Präsentation Würze zu verleihen, erzählen Sie dem

Käufer alle Hintergründe, die den Punkten Farbe verleihen. Während der Befragung, wenn Sie sich Notizen machen, werden Sie wahrscheinlich Dinge hören, die Sie an Probleme erinnern, die Sie in der Vergangenheit erfolgreich gelöst haben. Wenn Sie mit der Präsentation an der Reihe sind, nehmen Sie Bezug auf diese Notizen, und erzählen Sie, wie Sie in einer ähnlichen Situation vorgegangen sind. Wenn Sie das, was Sie sagen, mit Hinweisen auf vergleichbare Situationen untermauern, die Sie und Ihre Firma erfolgreich hinter sich gebracht haben, wird Ihnen dies bei den potentiellen Kunden große Glaubwürdigkeit verleihen.

6. *Stellen Sie keine Behauptungen auf, die Sie nicht beweisen können.* Ebenso wie zweckdienliche Berichte über Ihren Erfolg Ihnen Glaubwürdigkeit verleihen, können nicht-fundierte Behauptungen Ihrer Beziehung zum Kunden wirklich schaden. Wenn Sie erstaunliche Statistiken oder Ergebnisse herunterrasseln, aber keinen konkreten Nachweis dafür haben, werden die Käufer wahrscheinlich skeptisch und mißtrauisch. Ihre Stimmung kann sich zum Neutralen oder Negativen hin ändern, und das kann Sie das Geschäft kosten.

7. *Beantworten Sie keine ungestellten Fragen, wenn Sie nicht ganz sicher wissen, daß der Kunde diese Fakten unbedingt hören muß.* Wenn Sie zu viele Informationen anbieten, kann Ihnen das nur schaden. Wenn Sie vom Thema abschweifen, werden Sie wahrscheinlich den Käufer zumindest langweilen. Im schlimmsten Fall könnten Sie sogar das Geschäft verlieren. In der Präsentationsphase, wenn Sie an der Reihe sind zu reden, sollten Sie sehr vorsichtig sein und dem Käufer nur das erzählen, was er von Ihnen wissen will. Würzen Sie diese Daten mit Geschichten über einen Fall, der Ihre Ziele direkt veranschaulicht. Und wenn Sie jemals aus Ihrem eigenen Mund die Worte hören „Oh, übrigens...", dann befinden Sie sich in ernsten Schwierigkeiten. Alles, was Sie sagen, kann und wird auch gegen Sie verwendet werden.

In der formlosen Präsentation sollten Sie den Kunden gegenüber ein paar der zusätzlichen Dienstleistungen erwähnen, die Ihre Firma anbietet, um ihnen dabei zu helfen, ihr Unternehmen effizienter zu führen. Wenn Sie dies gleich im Anfangsstadium Ihrer Geschäftsbeziehung tun, vermeiden Sie es, den Kunden ständig belehren zu müssen und ihn später daran zu erinnern, daß er nicht zusätzliche andere Dienstleistungen (von Ihrer Konkurrenz oder Dritten) in Anspruch nehmen muß, um seine geschäftlichen Probleme zu lösen. In Zukunft werden Ihre Rundschreiben, Mitteilungen, Werbe-Broschüren, Seminare und Besprechungen überdies Aufmerksamkeit auf den umfassenden Service lenken und diesen Gedanken noch verstärken.

DAS VERKAUFEN ZUSÄTZLICHER DIENSTLEISTUNGEN AN BESTEHENDE KUNDEN

Der einzige Unterschied zwischen dem Verkaufen an neue Kunden und dem Verkaufen von neuen Dienstleistungen an bestehende, zufriedene Kunden besteht darin, daß das Verkaufen an zufriedene Kunden leichter sein sollte. Zum Beispiel werden Sie sich wahrscheinlich ein Zahnimplantat einsetzen lassen, wenn Ihr Zahnarzt Ihnen vorschlagen würde, einen problematischen Zahn zu ersetzen. Wenn Sie der Meinung sind, daß Ihr Zahnarzt sich gut auskennt und vertrauenswürdig ist – was der Fall sein sollte, er ist schließlich Ihr Zahnarzt –, dann werden Sie sich wahrscheinlich auf sein Urteil bezüglich zusätzlicher Leistungen verlassen. Das gleiche gilt, wenn Sie zusätzliche Leistungen an Ihre bestehenden Kunden verkaufen wollen: Sie werden eher von Ihnen kaufen, aber nur, wenn sie in Ihnen einen wirklichen Berater sehen, und nicht nur den Wirtschaftsprüfer oder EDV-Berater.

Nachfolgend ein Verkaufsszenario, wobei zu beachten ist, daß die Unternehmensberaterin bereits mit ihrem Kunden über die Probleme mit dem bestehenden Computersystem gesprochen hat:

Beraterin: Danke, daß Sie mit mir darüber gesprochen haben, was mit Ihrem derzeitigen Computersystem funktioniert, und was nicht.
Sie sagten, es dauert immer länger, die Informationen vom Computer abzurufen. Es handelt sich dabei um Informationen, die Sie zur Erledigung Ihrer täglichen Arbeiten benötigen. Lieferungen werden verzögert, weil ständig Korrekturen durchgeführt werden müssen. In der EDV-Abteilung werden mehr Überstunden denn je gemacht. Es klingt so, als ob Ihr System zu klein geworden ist.
Wir haben darüber gesprochen, wie hoch die geschätzten Kosten sein werden, um ein größeres System zu suchen, bei dessen Installation wir Ihnen dann helfen.
Haben Sie noch weitere Fragen?

Mike: Haben Sie diese Art von Arbeit schon einmal gemacht? Sind Sie nicht hauptsächlich im Bereich der Unternehmensberatung tätig?

Beraterin: Ja, in unserer Firma ist Unternehmensberatung immer noch der dominierende Geschäftszweig. Aber die Bedürfnisse unserer Kunden erfordern es, daß wir uns auch aktiv um ihre Sorgen in bezug auf PCs, Netzwerke und um den Austausch von zu kleinen Computern kümmern. Wir haben in den letzten fünf Jahren viele Arbeiten im EDV-Bereich durchgeführt, meistens mit Kunden wie Ihnen. Wir haben festgestellt, daß wir als Ihre Unternehmensberater Ihr Geschäft besser kennen als irgend jemand anders, und wir können Ihnen den Ärger und die Zeit ersparen, die Sie aufwenden müßten, wenn Sie einen Außenstehenden beauftragen, der sich erst mit Ihrem Geschäft, Ihrem System und Ihrem Personal vertraut machen muß. Wir haben gesehen, daß Außenstehende eher ungeeignete Lösungen vorschlagen, die zu mehr Ausfallzeiten führen, zu Korrekturen und dazu, daß Programme umgeschrieben werden müssen. Außerdem muß das Personal neu eingeschult werden. Für dies alles berechnen sie natürlich eine stattliche Summe.

Vor kurzem haben wir einen Schwarzkopf X-94 bei Phillips Hydromakers installiert. Sie waren in einer ähnlichen Situation wie Sie. Sie wollten ihren veralteten Computer ersetzen und wollten die Flexibilität, die ihnen ein PC-Netzwerk bietet. Wir wickelten alles ab, von der Auswahl der Hard- und Software und Installation bis hin zur Schulung des Personals. Wir halfen ihnen, ihre Daten auf das neue System zu übertragen. Die beiden Systeme liefen drei Monate lang parallel. Die Kunden waren sehr zufrieden.

Mike: Gut. Lassen Sie uns mit der EDV-Leiterin sprechen und anfangen.

Beraterin: Wird sie sich nicht etwas in die Enge getrieben fühlen? Vielleicht brauchen Sie auch gar keine EDV-Leiterin mehr, wenn Ihr neues System installiert ist und läuft.

Mike: Wirklich? Wir können ihr Gehalt einsparen? Was schlagen Sie vor?

Beraterin: Bei diesem Teil der Arbeit brauchen wir sie nicht, und es wäre besser, wenn Sie ihr nicht sofort alles erzählen. Ich werde anfangen, mich nach Systemen und Software umzusehen und den Ball ins Rollen bringen. Lassen Sie uns den Termin für die nächste Besprechung gleich vereinbaren, damit wir zusammen durchsehen können, was ich herausgefunden habe. Dann können wir fortfahren.

Mike: Gut.

ANGEBOTE UND DER EIN-PHASEN-VERKAUF

Sie müssen immer daran denken, daß in sehr kleinen und mittelgroßen Unternehmen nur ein relativ kleiner Prozentsatz von Käufern, mit denen Sie zu tun haben, sachlich ist, wie zum Beispiel Buchhalter oder Techniker. Ein formelles Angebot wird in den meisten Fällen nicht notwendig sein.

BIETEN SIE NIEMALS AN, EIN ANGEBOT ZU ERSTELLEN

Es werden viele Geschäfte dadurch verloren, daß Anbieter von freiberuflichen Dienstleistungen anbieten, ein Angebot zu erstellen, wenn es eigent-

lich nicht notwendig gewesen wäre. Dies kommt daher, daß sie nicht den Mut haben, sich sofort eine Entscheidung zu sichern, oder sie wissen einfach nicht, wie man erfolgreich verkauft. Das einzige Angebot, das Sie jemals in einem solchen Fall machen sollten, nennt man eine *Verpflichtungserklärung*.
Wenn Sie einem Führertyp, Sozialen, leitenden Angestellten, Erneuerer oder dem Fürsorglichen anbieten, ein Angebot zu erstellen, kommt das einem Selbstmord im Verkaufsgespräch gleich. Die Gefühle des Käufers werden in Richtung neutral oder negativ schwanken, und in beiden Fällen verlieren Sie. Der Buchhalter/Techniker als Entscheidungsträger oder auch einer der anderen möchte jedoch manchmal ein Angebot oder „etwas Schriftliches". In Kapitel 12 werden wir über eine – für Sie und den Käufer – schmerzfreie Lösung sprechen, die es Ihnen ermöglicht, das Geschäft abzuschließen und sich den Kunden zu sichern. Nun lassen Sie uns auf eine Situation zurückkommen, in der um ein Angebot gebeten wird:

Rose: Seymour, wir werden etwas Schriftliches brauchen.
Berater: Okay. Was genau brauchen Sie, damit wir anfangen können?
Rose: Wir müssen genau wissen, welche Dienstleistungen Sie in welchem Zeitraum erbringen und wie hoch das Honorar sein wird.
Berater: Lassen Sie uns einen Termin vereinbaren, damit wir es persönlich besprechen können.
Rose: Oh, das ist nicht nötig.
Berater: Kein Problem. Wir können uns am späten Nachmittag treffen. Ich werde Ihnen etwas Schriftliches vorbeibringen, und wir können es gemeinsam durchsehen.

Die Käuferin muß mithelfen, das Angebot zu erstellen! Sie muß Ihnen sagen, was für sie absolut notwendig ist. Schließen Sie das Geschäft durch Handschlag ab, vereinbaren Sie den nächsten Termin für so bald wie möglich, und bringen Sie die Verpflichtungserklärung auf Ihrem Nachhauseweg kurz vorbei, bevor sie ihre Meinung ändert (ein Geheimnis des Lebens, mit dem Sie im Verkauf zu tun haben, nennt man die Gewissensbisse des Käufers). Schicken Sie sofort jemanden in die Firma, damit er die Akten durchsieht und sich mit den Mitarbeitern trifft.
Sie haben nun eine Vorstellung davon bekommen, was Rose mit „etwas Schriftliches" meint. Sie gehen ins Büro zurück, bereiten eine Verpflichtungserklärung vor, geben sie einer Sekretärin mit Roses Änderungswünschen und lassen sie so bald wie möglich unterschreiben. Mehr über das Schreiben von formellen Angeboten erfahren Sie in Kapitel 12.

DER EIN-PHASEN-VERKAUF MIT ZUSATZGESPRÄCH

Okay, Sie haben versucht, das Gespräch als letzter führen zu können, bei einem Verkauf, der eigentlich in einem Gespräch abgeschlossen werden sollte, und nun finden Sie heraus, daß der Oberboß noch mit anderen Firmen spricht. Oder es ist Ihnen einfach nicht gelungen, der letzte zu sein. Die zweitbeste Situation ist die, der erste und letzte zu sein. Stellen wir uns vor, Ihre Besprechung mit der Besitzerin oder dem Boß verlief großartig, aber sie hat schon einer anderen Firma ein Gespräch versprochen. Kein großes Problem – wenn man es richtig angeht! Sie müssen ihr das Versprechen abnehmen, daß sie mit Ihnen noch einmal spricht, bevor sie eine endgültige Entscheidung trifft, und somit sind Sie wieder an der letzten Stelle. Dieses Gespräch könnte sich wie folgt anhören:

Berater: Maxine, welche weiteren Informationen brauchen Sie, damit wir beginnen können?

Käuferin: Ich habe versprochen, mit der EDV-Beraterin meines Anwaltes zu sprechen, Mann, das habe ich total vergessen!

Berater: Kennen Sie diese Person?

Käuferin: Nein, aber sie wurde mir wärmstens empfohlen.

Berater: Gut. Wann werden Sie sich mit ihr treffen?

Käuferin: Ich habe noch nicht einmal mit ihr gesprochen. Ich muß sie darum bitten, daß sie zu mir kommt.

Berater: Ist es nötig, daß Sie sich mit ihr treffen?

Käuferin: Ja, mein Anwalt bat darum.

Berater: Wann glauben Sie, werden Sie beide sich treffen?

Käuferin: Sobald sie Zeit hat.

Berater: Ich möchte Sie um einen Gefallen bitten. Ich hoffe, Sie haben unsere Besprechung als genauso produktiv empfunden wie ich. Ich denke, wir passen gut zusammen und würde gern mit Ihnen zusammenarbeiten. Ich freue mich, daß Ihr Bankier diese Möglichkeit gesehen hat und mich Ihnen empfohlen hat.

Ich würde gerne noch mit Ihnen sprechen, nachdem Sie die Möglichkeit hatten, die EDV-Beraterin Ihres Anwaltes kennenzulernen, aber bevor Sie Ihre endgültige Entscheidung darüber treffen, wen Sie beauftragen werden, einfach nur für den Fall, daß sich während des Gesprächs mit ihr etwas ergeben sollte, über das wir noch nicht gesprochen haben.

Ist das für Sie in Ordnung?

Käuferin: Ja, ich glaube auch, daß wir gut zusammenarbeiten könnten. Sicher, das können wir tun.

Berater: Wann soll ich Sie anrufen, um herauszufinden, wie die Besprechung verlaufen ist?

Käuferin: Ich habe mit ihr überhaupt noch keinen Termin vereinbart. Ich werde Sie anrufen, sobald wir uns getroffen haben.

Das ist nicht gut. Sie müssen sie kontaktieren – sie könnte zu lange warten, bis sie die andere Beraterin trifft, so daß sie Sie vergißt! Zweifeln Sie daran? Was haben Sie gestern zu Abend gegessen? Und was war es letzten Dienstag?

Berater: Wie wäre es, wenn ich Sie Freitag morgen anrufe? Werden Sie da sein? In der Zwischenzeit kann ich mich nochmals mit Ihrem Controller und den Mitarbeitern treffen, Ihre Akten und Ihr System durchsehen, Ihre Arbeitsabläufe besser kennenlernen und mich darauf vorbereiten, weiterzumachen.
Wenn Sie sie vorher treffen sollten, können Sie mich ja anrufen. Sehen Sie zu diesem Zeitpunkt einen Grund, warum wir nicht zusammenarbeiten sollten?

Käuferin: Das paßt mir. Ich respektiere unseren Anwalt wirklich, aber diese Frau ist eine total Fremde für mich. Nein, ich wüßte nicht, was uns davon abhalten könnte, weiterzumachen. Ich höre am Freitag von Ihnen.

Berater: Danke.

Während die potentielle Kundin darauf wartet, daß sie sich mit der anderen Beraterin trifft, müssen Sie soviel Kontakt wie möglich zu dem Unternehmen halten.
Gehen Sie so vor, wie Sie es normalerweise mit einem neuen Kunden machen würden. Befragen Sie die Mitarbeiter. Laden Sie den Controller zum Mittagessen ein, und finden Sie mehr über seine Sorgen heraus. Treffen Sie sich mit dem Debitorenbuchhalter und mit jedem anderen, mit dem Sie zusammenarbeiten werden. Bringen Sie alle Mitarbeiter mit, die mit dem Kunden zusammenarbeiten werden. Seien Sie ständig in den Geschäftsräumen präsent, so daß die Leute dort Sie von jetzt an als Ihren Berater betrachten. Schicken Sie unmittelbar nach der Besprechung eine Werbe-Broschüre zusammen mit einem kurzen persönlichen Dankschreiben an den Käufer. Halten Sie Ausschau nach einem Zeitungsartikel, und schicken Sie diesen sofort an den potentiellen Kunden. Sie müssen den

engen persönlichen Kontakt aufrechterhalten und die Kontrolle behalten, bis die Verpflichtungserklärung unterschrieben ist.
Am Freitag morgen rufen Sie die Käuferin an:

Berater: Maxine, hier ist Jeff. Wie geht's Ihnen?
Käuferin: Jeff! Wie geht es Ihnen?
Berater: Super. Was tut sich?
Käuferin: Ich habe für nächsten Donnerstag nachmittag einen Termin mit der Beraterin meines Anwalts vereinbart.
Berater: Gut. Übrigens, wie ist ihr Name?
Käuferin: Roberta Hoffman. Kennen Sie sie?
Berater: Nein, ich glaube nicht. Kann ich Sie am Donnerstag ungefähr um 17.00 Uhr anrufen? Glauben Sie, daß Sie bis dahin fertig sind?
Käuferin: Sicher, und übrigens danke für den Artikel.

Nun haben Sie ein paar Erkundigungen einzuholen. Gehen Sie zurück in Ihr Büro, und sprechen Sie mit Kollegen, anderen Bekannten, Kunden oder anderen Fachleuten. Finden Sie alles, was Sie können, über Ihre Konkurrentin heraus. Ist sie teuer? Billig? Welchen Ruf genießen ihre Leistungen? Kann sie Fachwissen über den Industriezweig des Käufers und über seine Systeme vorweisen? Sie müssen mit Informationen bewaffnet sein, auf die Sie sich Ihrem künftigen Kunden gegenüber ganz beiläufig beziehen können, falls es nötig sein sollte (natürlich ohne der Konkurrentin nahezutreten). Außerdem sollten Sie in der Zeit bis zu dem Termin Ihres Rivalen mindestens einmal Kontakt mit der Firma des Klienten haben.
Es ist 16.59 Uhr, Donnerstag nachmittag, und sie rufen Maxine an.

Berater: Hallo. Kann ich bitte mit Maxine sprechen?
Empfangssekretärin: Tut mir leid, sie ist heute nicht mehr im Büro. Möchten Sie eine Nachricht hinterlassen?
Berater: Ja, bitte richten Sie ihr aus, daß Jeff Feeshmann angerufen hat und daß ich mich morgen früh bei ihr melden werde.

Mist! Sie haben ihr gesagt, daß Sie anrufen würden, und sie ist nicht da! Was, wenn sie diese andere Person beauftragt hat? Oh nein! Sie haben vielleicht versagt!
Vergessen Sie es. Schlagen Sie sich diese Gedanken aus dem Kopf. Gehen Sie sofort wieder an Ihre Arbeit. Die einzige Methode, vernünftig zu bleiben und mehr zu verkaufen, ist, nie darüber nachzugrübeln, was ge-

schehen könnte, oder was nicht. Sie müssen sich sofort ablenken und sich selbst versprechen, daß Sie deswegen keine Minute Schlaf verlieren werden. Zu diesem Zeitpunkt haben Sie nichts außer Ihrer eigenen Phantasie, was darauf hinweist, daß sie die andere Beraterin engagiert hat. Es kann sein, daß sie zu Hause irgendwelche Probleme hatte oder einen anderen Termin außerhalb des Büros. Machen Sie sich eine Notiz in Ihrem Kalender, daß Sie sie als erstes am nächsten Morgen anrufen, und streichen Sie es aus Ihrem Gedächtnis. Das Leben ist zu kurz, um darüber nachzudenken, was passieren könnte, ohne daß Sie die ganze Geschichte kennen.
Die Verkaufsuntersuchung ist noch nicht abgeschlossen; wie also können Sie eine Prognose stellen?
Es ist Freitag morgen, 9.00 Uhr:

Berater: Maxine, hallo, hier ist Jeff.
Käuferin: Jeff, wie geht's Ihnen?
Berater: Ganz gut. Wie verlief Ihre Besprechung mit Ms. Hoffman?
Käuferin: Gut, sie ist wirklich nett.
Berater: Und...?
Käuferin: Und es hat den Anschein, daß sie weiß, was sie tut. Sie arbeitet mit einigen Klienten unseres Anwalts seit Jahren zusammen.
Berater: Wie weit sind Sie mit Ihrem Auswahlprozeß?
Käuferin: Ganz ehrlich, ich neige im Moment dazu, sie zu engagieren.
Berater: Wirklich? Wie wäre es, wenn wir uns noch einmal zusammensetzen und darüber sprechen, was wir in Ihren Akten und Systemen gefunden haben und auch über Ihre Leute. Das könnte von großer Wichtigkeit sein. Haben Sie schon den nächsten Termin mit ihr vereinbart?
Käuferin: Nein, noch nicht. Ich habe ihr gesagt, ich würde sie anrufen.
Berater: Haben Sie heute Zeit? Zum Mittagessen?
Käuferin: Nein, ich habe den ganzen Tag über Termine. Aber am Montag habe ich Zeit.
Berater: Montag zum Mittagessen?
Käuferin: Okay.
Berater: Bis dann.

Abermals müssen Sie dies sofort aus Ihrem Gedächtnis streichen. Sie werden schriftliche Tagesordnungspunkte für Montag mittag vorbereiten und ihr zeigen, wie sorgfältig Sie arbeiten. Danach müssen Sie abschalten. Ruinieren Sie nicht Ihr Wochenende, Ihre Zeit allein oder mit der Familie, Ihre Möglichkeiten, sich zu amüsieren.

Montag beim Mittagessen:

Berater: Ich freue mich, daß wir uns zusammensetzen konnten, um über die Ergebnisse unserer Recherchen zu sprechen.

Käuferin: Fahren Sie fort.

Berater: Ihre Controllerin ist wirklich eine nette Frau, aber da Ihre Firma in den letzten fünf Jahren gewachsen ist und sich verändert hat, kommt sie nun an die Grenzen ihrer Fähigkeiten, was die Verwendung moderner Systeme anbelangt, um Ihr Unternehmen so effizient wie möglich zu führen.

Käuferin: Empfehlen Sie, sie zu ersetzen?

Berater: Überhaupt nicht. Sie ist dem Unternehmen sehr verbunden und Ihnen gegenüber loyal. Sie bräuchte nur mehr Unterweisung durch Ihre EDV-Berater. Wieviel Zeit hat Roberta mit Susie verbracht?

Käuferin: Überhaupt keine.

Berater: Aha. Susie, ich und der für dieses Projekt Verantwortliche werden uns mit ihr regelmäßig besprechen müssen. Hat Roberta ihre Mitarbeiter mitgebracht?

Käuferin: Nein. Sie ist selbständig, hat aber andere Berater an der Hand, die ihr helfen können.

Berater: Na, so was! Und diese Berater arbeiten mit ihr die ganze Zeit zusammen, bei jedem Projekt und jedem Klient?

Käuferin: Das bezweifle ich. Sie betonte, wieviel Geld Sie uns sparen könne.

Berater: Ich hätte schwören können, daß Sie gesagt haben, das Honorar spiele für Sie nicht die wichtigste Rolle. Und ein Grund, warum Sie Ihre alten Berater hinauswarfen, war, daß sie nicht das nötige Fachwissen über Ihre Branche hatten.

Käuferin: Das stimmt. Wir brauchen jemanden, der sich aktiv um unsere Angelegenheiten kümmert. Wir brauchen Leute, die ihre Augen offen halten, damit wir einige der Probleme, mit denen wir uns in der Vergangenheit auseinandersetzen mußten, vermeiden können.

Berater: Roberta wird also die Arbeit nicht allein erledigen. Sie wird Außenstehende in Ihre Firma bringen, die nicht direkt für ihre Firma arbeiten, und sie wird mit einer wohlmeinenden Controllerin arbeiten, die professionelle Unterstützung braucht. Sie hat sich Ihr System noch nicht angesehen beziehungsweise mit Ihren Leuten gesprochen, oder? Haben Sie Susie von unseren Besprechungen erzählt?

Käuferin: Ja. Susie hat mich angesprochen. Sie mag Sie wirklich gern und möchte mit Ihnen zusammenarbeiten.

Berater: Wie werden wir weitermachen?

Käuferin: Gehen wir zurück ins Büro und fangen an.

DIE VERWENDUNG VON WERBE-BROSCHÜREN BEI EINER PRÄSENTATION

Manchmal glauben Anbieter von freiberuflichen Dienstleistungen, daß die Leute aus Werbe-Broschüren kaufen und daß ihre Werbe-Broschüre im Mittelpunkt der Präsentation stehen sollte.

Das ist falsch. Eine Werbe-Broschüre überreicht man dem Kunden am besten am Ende einer Besprechung, bevor man das Büro verläßt, oder man verschickt sie nach einem Gespräch zusammen mit einem kurzen handgeschriebenen Dankbrief, um mit dem potentiellen Kunden wieder Kontakt aufzunehmen.

Der wirkliche Grund dafür, daß man eine Werbe-Broschüre hat, ist der, daß jeder eine hat und Sie nicht unprofessionell wirken möchten. Ich wurde schon gefragt, ob eine Werbe-Broschüre für einen Einzelunternehmer wichtig ist. Sie kann Ihre Glaubwürdigkeit erhöhen – aber nur, wenn sie richtig aufgemacht ist. Denken Sie jedoch immer daran: die Leute kaufen andere Leute.

Seien wir ehrlich: Die meisten Werbe-Broschüren von Anbietern freiberuflicher Dienstleistungen sind vom Inhalt und Layout her ziemlich gleich. Die extrafeinen Werbe-Broschüren beinhalten Fotos der Fachleute, die (angeblich) arbeiten, und Fotos ihrer Büros. Sie alle sagen so ziemlich das gleiche aus: „Wir sind großartig!" „Wir werden ihre Geschäftspartner sein!" „Wir kümmern uns um alles!" „Wir gehen auf Ihre Bedürfnisse ein!" Bla, bla, bla...

Glauben Sie, daß Käufer ihre Entscheidungen aufgrund von Werbe-Broschüren treffen? Lassen Sie bei einem Verkaufsgespräch Ihre Werbe-Broschüren zu Hause.

DIAGNOSE UND BEHANDLUNG: ERSTELLEN SIE NUR PRÄSENTATIONEN ODER ANGEBOTE, DIE FÜR DEN VERKAUF FÖRDERLICH SIND

➤ Sie werden den Angebots- und Präsentationsprozeß sorgfältig durchführen wollen, um den Verkauf zu vereinfachen. Solch sorgfältige Planung wird es Ihnen ermöglichen, so wenig wie möglich zu arbeiten und das Geschäft trotzdem zu bekommen; die rationalen Bedürfnisse des Käufers werden befriedigt; Sie geben dem Käufer die Möglichkeit, Ihnen Fragen zu stellen; Sie vermeiden es, Zeit und Mühe zu verschwenden sowie kostenlos Ideen preiszugeben; Sie erstellen auf die Kunden zugeschnittene Präsentationen oder Angebote (wenn nötig), die den Wünschen des Kunden entsprechen; und Sie unterlassen es, sich selbst wieder aus dem Verkauf zu reden.

- Bei den meisten kleinen bis mittelgroßen Unternehmen ist nur eine formlose Präsentation erforderlich (im Gegensatz zu größeren Unternehmen, wo oft ein erschöpfender formaler Prozeß durchlaufen wird, bis es zu einer Entscheidung kommt). Eine formlose Präsentation sollte nur relativ wenig Zeit in Anspruch nehmen; Sie sollten damit rechnen, daß Sie nach der Präsentation den Auftrag haben.
- Nachdem Sie die anderen Schritte der Verkaufsuntersuchung absolviert haben (die Chemie zwischen Ihnen und dem potentiellen Kunden stimmt, Sie haben Probleme gefunden, Geld und die Bereitschaft zu handeln sind vorhanden, und Sie wissen, wie die Entscheidung getroffen wird), sind Sie bereit, die rationalen Bedürfnisse der Käufer zu befriedigen, indem Sie sie bitten, Fragen zu stellen. Diese Fragen bilden die Grundlage Ihrer formlosen Präsentation.
- Seien Sie während dieses Schrittes vorsichtig, weil es nur zwei mögliche Reaktionen auf alles, was Sie sagen oder vorschlagen, gibt: Der Käufer wird es entweder mögen, oder nicht. Um zu vermeiden, daß Sie sich selber wieder aus dem Verkauf reden, denken Sie an folgendes:

1. Mit wem Sie sprechen, und über was Sie sprechen. Wie Ihre Präsentation aufgebaut ist, hängt von dem Persönlichkeitstyp des Käufers ab; die Informationen, die Sie geben, beruhen auf den Fragen des Käufers und auf Ihren ausführlichen Notizen.

Persönlichkeitstyp	*Schwerpunkte der Präsentation*
Führer	Ergebnisse, keine Details
leitender Angestellter/Manager	Sicherheit, Nutzen für den Käufer
der Fürsorgliche	Wohlergehen der Gruppe
der Soziale	Aspekte der Beziehung
der Erneuerer	Befreiung von weltlicher Arbeit
Buchhalter/Techniker	Gegenwert, Details, Glaubwürdigkeit

Außerdem müssen Sie bei allem, was Sie sagen, auf die Probleme Bezug nehmen und darauf, wie Sie diese lösen können.

2. Bleiben Sie bei der Sache; schweifen Sie nicht vom Thema ab.
3. Erzählen Sie dem Käufer von Erlebnissen (kurze Geschichten über einen Fall), die Ihre Behauptungen untermauern.

4. Stellen Sie keine Behauptungen auf, die Sie nicht beweisen können.
5. Beantworten Sie keine ungestellten Fragen, bevor Sie nicht ganz sicher wissen, daß der Kunde ganz bestimmte Fakten unbedingt erfahren muß. Wenn Sie jemals aus Ihrem eigenen Mund die Worte hören „Oh, übrigens..." – dann befinden Sie sich in Schwierigkeiten. Alles, was Sie sagen, kann und wird auch gegen Sie verwendet werden.

- ➤ Stellen Sie bei Ihrer Präsentation nicht die Werbe-Broschüre in den Mittelpunkt; nehmen Sie sie zu einem Verkaufsgespräch nicht mit. Die Leute kaufen freiberufliche Dienstleistungen nicht aufgrund von Werbe-Broschüren. Sie kaufen aufgrund des Erscheinungsbildes und des Auftretens des Verkäufers.
- ➤ In kleinen bis mittelgroßen Firmen gibt es nur einen relativ geringen Prozentsatz der Käufer, die Buchhalter/Techniker-Typen sind, deshalb ist eine formale Präsentation in den meisten Fällen nicht nötig.
- ➤ Bieten Sie nie an, ein Angebot zu erstellen. Für die Führertypen, Sozialen, leitenden Angestellten, Erneuerer und Fürsorglichen sollte das einzige Angebot, das Sie jemals erstellen, eine Verpflichtungserklärung sein. Wenn Sie für eine dieser Führungskräfte ein Angebot erstellen, kommt dies einem Selbstmord im Verkauf gleich.

KAPITEL 11

DER ZWEI-PHASEN-VERKAUF & DAS VERKAUFEN IM TEAM

In diesem Kapitel werden Sie mehr über Präsentationen für kleine bis mittelgroße Firmen erfahren. Sie werden lernen, wie man mit einem Verkauf umgeht, der sich über zwei Besprechungen erstreckt. Im Ein-Phasen-Verkauf sitzen Sie schon beim ersten Gespräch den wirklichen Entscheidungsträgern gegenüber und können damit rechnen, sofort engagiert zu werden. Beim Zwei-Phasen-Verkauf sind in der Regel zwei Meetings notwendig. Erst beim zweiten Treffen werden Sie den tatsächlichen Entscheidungsträgern gegenüber sitzen. Sie bekommen auch einen Überblick über den Zwei-Phasen-Verkauf mit Zusatzgespräch, in dem Sie sich darum bemühen müssen, als letzter, nach Ihren Konkurrenten, einen Termin bei dem potentiellen Käufer zu bekommen.
Beim 5.Schritt führten Sie sämtliche Prüfungen in Zusammenhang mit der Entscheidungsfindung des Käufers durch, und Sie nutzten diese Untersuchungen, um in Erfahrung zu bringen, ob Sie dieses Vorgehen zu Ihren Gunsten beeinflussen können. Dieses Kapitel führt Sie durch die heikle – und manchmal riskante – Phase der Präsentation und des Angebots und hilft Ihnen, beim Verkauf in zwei Gesprächen damit erfolgreicher zu sein. Das ist der 7. Schritt: Erstellen Sie eine auf den Kunden zugeschnittene Präsentation und/oder ein Angebot.

EIN KURZER RÜCKBLICK

Eine kurze Zusammenfassung des 10. Kapitels: Sie sollten die Präsentations- und Angebotsphase untersuchen, um folgendes zu erreichen:

1. Sie haben so wenig Arbeitsaufwand wie möglich und bekommen dennoch den Auftrag.

2. Sie befriedigen die rationalen Bedürfnisse der Käufer.
3. Sie geben den Käufern Gelegenheit, Ihnen Fragen zu stellen.
4. Sie vermeiden es, Zeit und Mühe zu verschwenden und Ihre Ideen umsonst weiterzugeben.
5. Sie erstellen eine maßgeschneiderte Präsentation und/oder ein Angebot (falls erforderlich), welche die Wünsche des Käufers berücksichtigen.
6. Sie vermeiden es, sich selbst wieder aus dem Verkauf zu reden.

Lassen Sie uns zusammenfassen, wo Sie beim Zwei-Phasen-Verkauf stehen:

- Sie und der potentielle Kunde haben eine angenehme Gesprächsatmosphäre geschaffen, und die Chemie zwischen Ihnen stimmt.
- Der Kunde teilt Ihnen seine emotionalen Bedürfnisse, Erfordernisse, Wünsche und absoluten Notwendigkeiten mit und gibt Ihnen die Hintergrundinformationen, die für die Beurteilung der Situation erforderlich sind.
- Der Käufer ist bereit zu handeln.
- Sie sind bereit, den Kunden als Käufer zu akzeptieren; der Kunde ist bereit, Ihr Honorar zu bezahlen.
- Sie haben einen Mentor gewonnen, der Sie durch den Verkauf und zu einem erfolgreichen Ergebnis führt.
- Sie haben herausgefunden, wie der Entscheidungsfindungsprozeß aussieht und festgestellt, welche Möglichkeiten Sie haben, diesen Prozeß zu beeinflussen.
- Sie haben so viele Konkurrenten wie möglich ausgeschaltet.
- Sie haben sich bemüht, als letzter beim potentiellen Kunden vorsprechen zu dürfen.
- Ihr nächster Termin mit dem endgültigen Entscheidungsträger ist vereinbart.

Nun müssen Sie sich dem Präsentationsprozeß zuwenden. Wenn Sie die Verkaufsuntersuchung korrekt durchgeführt haben, liegt Ihre Abschlußrate ab diesem Punkt bei ungefähr 90 Prozent.

DIE PRÄSENTATION BEIM ZWEI-PHASEN-VERKAUF

Beim 5. Schritt der Verkaufsuntersuchung haben Sie sich einen Coach gesichert und erfahren, wer die Entscheidungen trifft sowie was diese Personen sehen oder hören wollen, damit Sie engagiert werden.

Um die Kontinuität der Überlegungen und Ermittlungen bei der Verkaufsuntersuchung zu wahren, lassen Sie uns noch einmal ein paar Schritte zurückgehen zu dem Verkaufsszenario mit Bernie, dem Wirtschaftsprüfer von Kapitel 9. In jenem Kapitel befragte Bernie Bob, einen der Käufer, um herauszufinden, wie die Entscheidungsfindung für die Vergabe der Buchprüfung aussieht. Bob antwortete, daß seine Firma sieben Wirtschaftsprüfungsfirmen in Betracht ziehe. Bob hatte die Aufgabe, den Kreis auf drei Firmen einzuengen und diese Ms. Jones vorzustellen, damit die Endauswahl getroffen werden kann.

Bernie befragte Bob weiter über den Auswahlprozeß, stellte ihm detaillierte Fragen darüber, wie der Fortgang bis zu diesem Punkt war, welche Firmen in Betracht gezogen wurden und was Bob an diesen Firmen gefiel oder nicht gefiel. Er fragte auch, was Ms. Jones vorrangig sehen oder hören wolle, um zu wissen, wie er seine abschließende Präsentation gliedern muß.

Im Verlauf dieses Gesprächs befragte Bernie Bob auch darüber, wer vielleicht sonst noch Einfluß auf die endgültige Entscheidung haben könnte. Bob erwähnte die Anwältin der Firma, Jane Doe, und den Bankier, Nate Rate. Bernie plante, mit beiden zu sprechen.

Am Freitag, nachdem Bob mit den anderen Firmen gesprochen hatte, rief Bernie ihn an, um herauszufinden, wie diese Besprechungen verlaufen waren. Er befragte Bob systematisch und feinfühlig darüber, was ihm an jeder einzelnen Firma gefiel, und was nicht. So schränkte er den Kreis auf ein paar Konkurrenten ein. Bernie arrangierte es auch, daß er seine Präsentation bei Ms. Jones als letzter machen konnte.

Betrachten wir einmal den weiteren Fortgang am Dienstag, als Bernie bei Bob anruft, um seinen Präsentationstermin zu bestätigen:

Bob: Hier ist Bob.

Bernie: Hallo Bob, hier spricht Bernie. Wie geht's Ihnen?

Bob: Gut. Ihr Termin ist für Freitag nachmittag um 15.00 Uhr eingeplant.

Bernie: Und die anderen beiden Firmen?

Bob: Sie kommen am Donnerstag nachmittag und am Freitag vormittag.

Bernie: Danke. Können wir uns heute nachmittag oder am Mittwoch zusammensetzen, um Ihre Bücher durchzusehen und um Ms. Jones' Vorstellungen nochmals zu besprechen, so daß ich bestmöglich vorbereitet bin? Ich würde außerdem noch gerne einige Ihrer Leute treffen.

Bob: Ist das notwendig? Heute nachmittag wird es sehr eng bei mir, und der Mittwoch ist wirklich dicht.

Bernie: Meiner Erfahrung nach zahlt es sich aus, eher zu viel als zu wenig auf solche Besprechungen vorbereitet zu sein. Ich möchte sicherstellen, daß wir alle für Sie und Ms. Jones wichtigen Fragen abdecken. Wann würde es Ihnen passen?

Bob: Ich kann Sie am Donnerstag morgen um 8.00 Uhr einschieben; das ist zirka zwei Stunden vor dem Präsentationstermin der ersten Firma.

Bernie: Das wäre schön. Also bis dann.

Bernie steht selbst unter Zeitdruck. Er hatte für Donnerstag Termine eingeplant und gehofft, mit der Vorbereitung für das Treffen mit Bob und Ms. Jones Mittwoch abend fertig zu sein. Er wird seine Termine nun verschieben, weil er weiß, daß das eine Gelegenheit ist, sich einen wichtigen neuen Kunden zu sichern, wobei seine Erfolgsaussichten sehr groß sind.

Vor der Besprechung am Donnerstag wird Bernie noch einmal seine ausführlichen Notizen durchgehen und mit den Vorbereitungen für die Besprechung am Freitag beginnen. Er wird sich noch einmal mit den Problemen befassen, die ihm Bob während des ersten Gespräches beschrieb, sowie mit Bobs Voraussetzungen für Zufriedenheit. Er wird sich Banken und Geschäftsakten von Kunden, für die er arbeitet, ins Gedächtnis rufen und darauf vorbereitet sein, Bobs Situation mit einem konkreten Beispiel für die Problematik eines anderen Unternehmens, die er oder ein anderer Mitarbeiter seiner Firma bereits erfolgreich gelöst hat, in Bezug zu setzen. Hat er keine direkte Erfahrung mit einer derartigen Situation, so wird er in der Firma entsprechende Personen ausfindig machen und sie über die Situation informieren oder sie bitten, ihn zu begleiten.

Am Donnerstag morgen wird er den für die Buchprüfung verantwortlichen Wirtschaftsprüfer auswählen, der ihn am Freitag zu dem Gespräch begleiten wird. Es handelt sich hier nicht um eine formelle Präsentation, und die Firma scheint keine größeren Steuerprobleme zu haben. Wenn das der Fall wäre, würde er einen für Steuern zuständigen Geschäftsteilhaber oder Manager zur Präsentation mitnehmen. Obgleich Bernie gut vorbereitet sein will, ist er trotzdem darauf bedacht, nicht zu viele Leute zu diesem Gespräch mitzubringen. Bernie wird für das Vorgespräch mit Bob am Donnerstag Tagesordnungspunkte festlegen.

Am Freitag wird Bernie genaue Lösungsvorschläge für Bobs Probleme vorbereitet haben. Er wird mit Referenzen und Fallstudien über andere Firmen ausgerüstet sein, die er entweder vortragen oder in Schriftform verteilen wird (falls erforderlich). Er hat Jane Doe, die Anwältin, angerufen und mit ihr gesprochen. Obwohl er sich nicht mit ihr persönlich treffen

konnte, lernte er sie doch kennen und erfuhr durch die Gespräche mehr über die Situation des potentiellen Kunden. Am Montag morgen frühstückte er mit Nate Rate, dem Bankier. Rate erzählte ihm, daß Bobs Firma ein geschätzter Bankkunde sei, dessen Kapitalbedarf in einem sich schnell ändernden Wirtschaftszweig ständig stieg.
Lassen Sie uns einen Teil der Besprechung vom Donnerstag mitverfolgen:

Bernie: Ich danke Ihnen, daß Sie mir die Gelegenheit zu diesem Treffen heute morgen geben. Ich möchte Ihnen Audrey, eine unserer Wirtschaftsprüferinnen vorstellen. Sie ist eine der Besten, die wir haben, und sie hat Erfahrung mit vielen unserer Kunden aus Ihrer Branche. Können wir einen Blick auf die Bilanzen, das Hauptbuch, Einnahmen und Ausgaben und auf die Steuererklärungen werfen?

Bob: Natürlich. Ich werde Sie Mary, der Leiterin unserer Buchhaltung, vorstellen. Sie kann Ihnen alle Informationen geben, die Sie brauchen.

Bernie und Audrey besprechen sich mit der Leiterin der Buchhaltung und hören sich auch ihre Belange und Probleme an. Sie erhalten zusätzliche Informationen über die Beziehung zu dem derzeitigen Wirtschaftsprüfer, die Bob nicht kannte, wie zum Beispiel, daß Mary ihre Zeit ständig mit einer Unzahl von turnusmäßig sich abwechselnden Leuten von der derzeitigen Wirtschaftsprüferkanzlei verbringen und sie immer wieder neu einarbeiten mußte. Audrey hat zwischenzeitlich begonnen, eine Beziehung zu Mary aufzubauen. Aufgrund der Unterlagen und der Durchsicht der Rechnungen der derzeitigen Wirtschaftsprüfungsgesellschaft beginnt Bernie, die Kosten für Ms. Jones und Bob abzuschätzen. Er sieht sich die Steuererklärung an und erstellt einen Fragenkatalog bezüglich der Möglichkeiten, Steuern für den Kunden einzusparen, den er dann mit Bob durchgehen wird.
Bernie und Audrey legen Wert darauf, jedem im Büro vorgestellt zu werden. Audrey legt Wert darauf, einige Zeit mit Mary, ihrem Pendant in der Buchhaltung, zu verbringen. Bevor sie gehen, treffen sie sich noch einmal mit Bob:

Bernie: Danke, daß wir uns mit Mary treffen durften.

Audrey: Sie scheint ziemlich engagiert zu sein.

Bob: Oh ja, das ist sie. Ms. Jones mag sie wirklich gerne.

Bernie: Hat sich seit unserem letzten Treffen irgendetwas ergeben, worauf wir vorbereitet sein sollten?

Bob: Eigentlich nicht.

Bernie: Audrey, ich muß mit Bob noch etwas Vertrauliches besprechen.

Audrey: Okay. [*Sie geht weg*].

Bernie: Bob, ich möchte Sie um zwei Gefälligkeiten bitten. Erstens: Manchmal sind die Leute der Gespräche überdrüssig und wollen es kurz machen. Das ist mir schon einmal passiert. Ist es möglich, daß Ms. Jones eventuell eine Entscheidung trifft, bevor wir uns morgen treffen?

Bob: Nein, sie freut sich auf das morgige Gespräch.

Bernie: Großartig! Die andere Bitte ist, daß Sie mit Mary sprechen und schauen, wie sie und Audrey miteinander auskommen. Das ist eine wichtige Beziehung, und ich möchte sichergehen, daß sie gut zueinander passen. Sollte es ein Problem geben, lassen Sie es mich bitte sofort wissen.

Bob: Das ist sinnvoll. Ich werde mit ihr sprechen, sobald Sie gegangen sind.

Bernie: Danke. Wo wird die Besprechung stattfinden?

Bob: In unserem Konferenzraum.

Bernie: Gut, wir sehen uns am Freitag nachmittag um 15.00 Uhr. Informieren Sie mich bitte, wenn sich irgend etwas ergibt, das ich wissen sollte.

Bernie und Audrey verlassen ihren künftigen Kunden und tauschen auf dem Weg zum Wagen die erhaltenen Informationen aus. Sie setzen ihre Unterhaltung im Konferenzraum ihres Büros fort. Jeder der beiden überprüft die Probleme des Kunden von Bobs und von Marys Standpunkt aus, um sicherzugehen, daß nichts vergessen wird. Sie stellen die Tagesordnungspunkte der morgigen Besprechung zusammen, um die Besprechung unter Kontrolle zu haben, um professionell, organisiert und gut vorbereitet zu sein und um sich von ihren Konkurrenten, die versuchen werden, ihren potentiellen Auftraggebern ihre Firmen zu verkaufen, grundlegend zu unterscheiden. Bernie weiß, daß Bob und Ms. Jones Menschen, und nicht Firmen, kaufen werden. Außer Audrey wird Bernie niemanden zu der Besprechung mitbringen (wenn er von Bob nichts Neues hört). Es gibt keine brisanten Steuerfragen oder andere fachliche Details zu besprechen. Obwohl dieser Kunde ein schöner zusätzlicher Edelstein für den Familienschmuck wäre, möchte Bernie Bob und Ms. Jones nicht überfordern. Die Besprechung soll ungezwungen und offen gehalten werden, um den Informationen und den Gefühlen freien Lauf zu lassen.

Die zweite (und hoffentlich letzte) Besprechung bei einem Zwei-Phasen-Verkauf (mit Bob und Ms. Jones) muß, um so effizient wie möglich zu sein, folgende Punkte abdecken.

1. *Die Chemie.* Der Verkaufsprozeß beginnt mit Ms. Jones wieder ganz von vorne. Da Bernie gute Arbeit geleistet hat, indem er mit Bob (dem An-

wender-Entscheidungsträger) eine gute Chemie entwickelt hat und Audrey eine Beziehung zu Mary (sie kann den Anwender-Entscheidungsträger beeinflussen) aufgebaut hat, ist er seinen Konkurrenten voraus, wenn er nun den Kreis schließen und auch mit Ms. Jones (der Frau mit dem Geld) eine gute Chemie erzeugen kann. Das ist, als ob man dem Freund eines Freundes vorgestellt wird.

Um sicherzustellen, daß während der Besprechung am Freitag eine gute Chemie entsteht, wird Bernie nach besten Kräften den Ort der Besprechung, das körperliche und seelische Wohlbefinden seiner potentiellen Kunden und die Besprechung selbst kontrollieren.

2. *Der Schmerzpunkt.* Bernie und Audrey kennen die Schmerzpunkte von Bob und Mary. Diese Probleme müssen noch einmal durchgesprochen werden, da Schmerzen die Eigenschaft haben, wieder vorüberzugehen und Ms. Jones sich der Schmerzpunkte eventuell gar nicht bewußt ist.

Auch die Probleme von Ms. Jones müssen bei dieser Besprechung angeschnitten und diagnostiziert werden; ihre Probleme können sich von denen der anderen erheblich unterscheiden. Außerdem muß Bernie eine Diagnose darüber stellen, ob Ms. Jones bereit ist, etwas zu ändern.

3. *Die Voraussetzungen für Zufriedenheit.* Bernie muß aufdecken, was notwendig ist, um Ms. Jones und Bob zufriedenzustellen – und er muß von diesem Punkt ausgehend verhandeln. Dies setzt den Prozeß der Entwicklung einer Beziehung zum Kunden fort, den Bernie bereits gestartet hat. Die Chancen, daß Bernies Konkurrenten nicht nach den Voraussetzungen für die Zufriedenheit des Käufers fragen, sind ausgezeichnet; das macht den gewaltigen Unterschied zwischen ihm und seinen Konkurrenten aus. Selbst wenn sie sich darum kümmern, kann Bernie ans Licht bringen, was die Käufer seinen Konkurrenten erzählten, er kann dies weiterentwickeln und von diesem Punkt aus verhandeln – und er kann ganz geschickt nicht zutreffende Behauptungen einer andereren Firma durchlöchern.

4. *Das Honorar.* Die Honorarfrage muß erneut angesprochen werden; Ms. Jones hat vielleicht ganz andere Vorstellungen als Bob.

5. *Der Entscheidungsfindungsprozeß.* Bernie muß genauestens eruieren, welche Strategie Ms. Jones bei der Entscheidungsfindung anwendet. Er wird dies mit den anderen Personen, die darauf Einfluß haben und an dieser Entscheidung beteiligt sind, besprechen, und er wird versuchen, seine Rivalen auszustechen.

6. *Eine Präsentation, die den Vorstellungen des Käufers entspricht.* Bernie ist mit ähnlichen, erfolgreich gemeisterten Situationen und Referenzquellen bewaffnet. Es könnten sich neue Fragen ergeben, und das ist der Grund

dafür, warum hier eine formlose Präsentation am besten funktionieren wird; es handelt sich nicht um eine genau einstudierte Verkaufspräsentation, bei der der Ablauf im vorhinein feststeht. Um den Auftrag zu bekommen, wird Bernie während der Besprechung herausfinden, welche Informationen die Käufer erhalten wollen, und dementsprechend seine Präsentation ändern.

7. *Der Abschluß*. Bernie wollte seine Präsentation als letzter machen, um sofort mit dem Auftrag in der Tasche nach Hause gehen zu können. Er weiß, daß die Käufer mit großer Wahrscheinlichkeit gewillt sind, den Auswahlprozeß zu beenden, um wieder in Ruhe ihrer Arbeit nachgehen zu können.
Er hat keine Angst davor, sich während dieses Meetings eine Entscheidung zu sichern, weil er genau weiß, was passiert, wenn er dies nicht tut: die Begeisterung der Käufer könnte sich legen, ein Konkurrent könnte sich noch einmal einen Weg zurück in die Firma suchen, die Käufer könnten in eine Notsituation geraten – bereits getroffene Entscheidungen könnten hinfällig oder aufgeschoben werden; qualvolle Honorarverhandlungen könnten sich daraus ergeben.

Das hört sich nach einer Menge Arbeit an? Das ist eine sorgfältige Untersuchung immer. Wenden Sie bei einer Verkaufsuntersuchung immer dieselbe erstklassige und nötige Sorgfalt an wie bei einem Ihrer Projekte, nur so werden Sie erfolgreich sein.

DER ERFOLGREICHE TEAMVERKAUF

Bernie und Audrey werden als Team verkaufen. Es ist in mancher Hinsicht sehr viel wirksamer, als Team als alleine zu verkaufen. Andererseits kann die Situation aber auch sehr viel komplizierter sein, denn wenn die Teammitglieder ihre Rollen nicht perfekt beherrschen, könnte das dazu führen, daß man sich gegenseitig im Weg steht und nur Verwirrung stiftet.

DIE VORTEILE BEIM TEAMVERKAUF

Es gibt mehrere wesentliche Vorteile, im Team zu arbeiten, wenn man beabsichtigt, einen neuen Kunden zu gewinnen oder mit einem bestehenden Kunden zusätzliche Geschäfte zu machen. Folgende Vorteile des Teamverkaufs kann man unterscheiden:

- *Er bringt psychologische Unterstützung*. Lachen Sie nicht – das ist das wichtigste Argument dafür, als Team aufzutreten. Es ist für diejenigen, die kein Risiko eingehen wollen, viel einfacher, zu zweit an die Verkaufssituation heranzugehen als allein. Es lindert die Angst vor dem Unbekannten und vor möglicher Zurückweisung. Die Wahrscheinlichkeit ist geringer, sich während des Verkaufsgesprächs überwältigt und überfordert zu fühlen. In einem Team zu arbeiten heißt auch, die Siegesfreude mit einem Mitstreiter zu teilen und gemeinsam zu erfahren sowie eine Niederlage leichter hinnehmen zu können, indem man sie mit dem Partner verarbeitet.

- *Mehr Wissen steht zur Verfügung.* „Vier Augen sehen mehr als zwei". Nehmen an einem Verkaufsgespräch zwei Personen teil, steigen die Chancen, daß auch wirklich die wichtigen Fragen gestellt werden, die notwendig sind, um dem potentiellen Kunden seine Bedürfnisse zu entlocken.
- *Es ist eine gute Gelegenheit, dabei zu lernen.* Teamverkauf ermöglicht es den Teilnehmern, das Verkaufsgespräch hinterher noch einmal durchzugehen, um herauszufinden, was gut lief und was nicht, um bei künftigen Projekten darauf zurückgreifen zu können.
- *Die Mitspieler werden vorgestellt.* Wenn Sie Schlüsselpersonen mitbringen, die mit dem potentiellen Käufer zusammenarbeiten werden, kann das ein wirkungsvolles Verkaufsinstrument sein. Mag der Kunde die Leute, mit denen er zusammenarbeiten wird, ist der Verkauf schon einen großen Schritt vorangekommen.
- *Mehr Sachkenntnis steht zur Verfügung.* Haben Sie bei einem Verkaufsgespräch das richtige Team zusammengestellt, können Fragen des potentiellen Kunden sofort von Experten richtig beantwortet werden.

DIE GEFAHREN BEIM TEAMVERKAUF

Um den Verlust eines Geschäftes zu vermeiden, muß man sich der Risiken des Teamverkaufs bewußt sein, die die Vorteile überschatten können und eventuell dazu führen, daß man den Auftrag verliert und einen schlechten Eindruck hinterläßt:

- *Verwirrung.* Was wird sich der potentielle Kunde von Beratern denken, die sich gegenseitig ins Wort fallen? Hat Ihnen Ihr Geschäftsteilhaber jemals vor einem Kunden widersprochen? Man muß erkennen, daß die Berater effizient und organisiert sind. Ein verwirrendes Verkaufsgespräch führt immer dazu, daß Gelegenheiten, Geschäfte zu machen, vergeben werden.
- *Der Interessent wird überfordert.* Angenommen, Sie sind ein Käufer freiberuflicher Dienstleistungen. Wie würden Sie sich fühlen, wenn eine Fir-

ma mit neunzehn Leuten zu einem Verkaufsgespräch erschiene? Lachen Sie nicht, das kam wirklich schon vor. Freiberufler glauben oft, das Motto „je mehr, desto besser“ treffe auch auf das Verkaufen zu. Falsch! Tun Sie nichts, was Angst auslösen oder die Käuferseite am Verhandlungstisch überfordern könnte.

ZEHN REGELN FÜR DEN ERFOLGREICHEN VERKAUF IM TEAM

Um erfolgreich zu arbeiten und das gewünschte Resultat zu erreichen, müssen gewisse Richtlinien beim Teamverkauf befolgt werden:

Regel Nr. 1: Wählen Sie die Teammitglieder sorgfältig aus. Überzeugen Sie sich, daß die Chemie zwischen denjenigen, die an dem Verkaufsgespräch teilnehmen, stimmt. Nehmen Sie keine Leute mit, die sich nicht mögen; dieser Mangel an Chemie bleibt unausgesprochen, er wird jedoch vom potentiellen Kunden immer wahrgenommen.

Regel Nr. 2: Es muß einen Dirigenten geben. Eine Person sollte das Gespräch leiten. Diese Person sorgt für Kontrolle und Ordnung während der Besprechung, stellt die Mehrzahl der Fragen und gibt die Fragen des Kunden an die richtige Person weiter, die sie bestmöglich beantworten kann.

Regel Nr. 3: Führen Sie eine Vorbesprechung durch. Vor der Besprechung muß immer ein Informationsaustausch stattfinden, um die Tagesordnungspunkte für die Besprechung durchzugehen und den richtigen Aktionsplan zu erstellen.

Regel Nr. 4: Legen Sie sich Fragen zurecht. Jedes Teammitglied sollte sich drei Fragen zurechtlegen, die es zur Vorbesprechung mitbringt. Dann können die wichtigsten Fragen in die Liste der Tagesordnungspunkte integriert werden.

Regel Nr. 5: Beschränken Sie sich auf das Minimum. Nehmen Sie nur die Mitarbeiter mit, die unbedingt erforderlich sind. Erinnern Sie sich an die „Malthus-Regel beim Teamverkauf“: Erhöht man die Anzahl der Personen bei einem Verkaufsgespräch arithmetisch, erhöht sich das Problempotential geometrisch!

Regel Nr. 6: Beantworten Sie die Fragen kurz und bündig. Nur allzu oft wird ein Verkaufsgespräch im Team zum „Bildungsseminar“, was nicht nur zur Folge hat, daß sich die potentiellen Kunden zu Tode langweilen, sondern auch verhindert, von den Käufern Ihnen wichtige Antworten zu erhalten (Zeitmangel!).

Regel Nr. 7: Seien Sie flexibel in Ihrer Tagesordnung. Sie denken vielleicht, die Besprechung sollte eine ganz bestimmte Richtung haben, der Kunde aber stellt sich eine ganz andere Tagesordnung vor. Seien Sie flexibel genug, daß Sie auf die Probleme des Kunden eingehen, so werden Sie als möglicher Dienstleistungsanbieter Pluspunkte sammeln.

Regel Nr. 8: Die Mitglieder des Teams müssen dieselbe Wellenlänge haben. Vergewissern Sie sich, daß jeder einzelne im Team weiß, daß sie sich nicht gegenseitig widersprechen oder ins Wort fallen dürfen. Ebenso muß für die Kunden noch genügend Freiraum vorhanden sein, ihre Belange zur Sprache zu bringen. Alle, die an der Besprechung teilnehmen, müssen dieselben Ziele verfolgen.

Regel Nr. 9: Verkaufen Sie etwas! Nehmen Sie sich fest vor, daß Sie jedes Mal, wenn Sie im Team arbeiten, zumindest einen Teil des Geschäftes bekommen, auch wenn es sich nur um eine kleine Studie über ein mögliches Problem handelt. Investieren Sie Ihre Zeit und Mühe mit dem Resultat, daß Sie irgendwie Ihren Fuß in die Türe bekommen.

Regel Nr. 10: Führen Sie eine Nachbesprechung durch. Besprechen Sie, was gut und was schlecht lief sowie die geeignete weitere Vorgehensweise durch ausgewählte Teammitglieder.

DIE SCHLUSSPRÄSENTATION

Lassen Sie uns eine verkürzte Version der Verkaufspräsentation mit Bernie und Audrey betrachten. Ihre Präsentationen, die Sie bisher in ähnlichen Fällen gemacht haben, müssen nicht unbedingt dem gleichen, was Sie nachfolgend beobachten werden. Wenn Sie jedoch Ihre Verkaufsuntersuchung richtig durchgeführt haben, werden neun von zehn Verkaufsgesprächen in dieser Situation dem folgenden Beispiel sehr ähnlich sein.

Es ist eine formlose Präsentation im Vergleich zu einer voll ausgereiften und vorher genau durchorganisierten Verkaufspräsentation; diese wird in Kapitel 12 abgehandelt. Zweck dieser Präsentation ist es:

- eine offene und freundliche Umgebung zu schaffen, damit sich die Käufer gut einbringen können;
- herauszufinden, welche Sorgen und Probleme die Geldgeberin hat,
- die Honorarfrage mit ihr zufriedenstellend zu lösen;
- den Entscheidungsfindungsprozeß abzudecken;
- ihnen zu präsentieren, was sie wissen müssen und hören wollen;
- zu einem Geschäftsabschluß zu kommen, und mit dem Auftrag in der Tasche nach Hause zu gehen;
- zu verhindern, daß deren derzeitige Wirtschaftsprüfer oder Ihre anderen Konkurrenten noch einmal eine Chance bekommen.

14.35 Uhr – Bernie und Audrey treffen sich in der Halle. Sie besprechen sich bezüglich des Termins. Sie haben beschlossen, daß Bernie das Gespräch leiten wird, Audrey jedoch eine dynamische Rolle übernehmen muß – ohne daß sie sich gegenseitig ins Wort fallen. Bernie hat ihr sein Vertrauen ausgesprochen und ihr versichert, daß das Ergebnis ganz nach ihren Vorstellungen ausfallen wird.
14.50 Uhr – Bernie und Audrey melden sich bei ihrer Ankunft an der Rezeption an und nehmen im Foyer Platz. Audrey ist nervös; es ist erst ihr drittes derartiges Verkaufsgespräch. Auch Bernie ist nervös; aufgrund seiner Erfahrungen bei der Akquisition weiß er jedoch, daß seine Nervosität absolut normal ist und zu erwarten war. Deshalb akzeptiert er die Angst, anstatt sie zu bekämpfen, und so löst sie sich auf. Da er eine gute Verkaufsuntersuchung durchgeführt hat, weiß er auch, daß seine Abschlußrate in Situationen wie dieser bei zirka neunzig Prozent liegt.
15.04 Uhr – Die Mitarbeiter der Firma Young & Olde verlassen den Konferenzraum, in dem die Präsentationen stattfinden. Es sind fünf Personen, und sie klopfen sich gegenseitig auf die Schulter und beglückwünschen sich dazu, wie gut es gelaufen ist. Bernie hat ein komisches Gefühl im Magen.
Bob (Bernies Coach und der Anwender-Entscheidungsträger) begrüßt sie in der Halle. Sie tauschen Höflichkeiten aus.

Bernie: Sieht so aus, als ob Young & Olde ihre Arbeit ganz gut gemacht haben. Sollen wir unsere Präsentation überhaupt noch machen?

Bob: Sie waren ganz gut. Ich empfehle Ihnen und Audrey aber auf jeden Fall, mit Ms. Jones zu sprechen. Kommen Sie, ich werde Sie vorstellen.

15.12 Uhr – Man begrüßt sich und wird vorgestellt. Bob und Audrey holen ihre Notizblöcke heraus.

Bernie: Danke, daß Sie sich die Zeit für dieses Gespräch nehmen. Was möchten Sie beide in diesem Gespräch erreichen?

Jones: Ich möchte herausfinden, wie Sie mir helfen wollen, mein Unternehmen besser zu führen. Bob hat gut über Sie gesprochen, aber seine Bereiche sind die Finanzen und die Buchhaltung. Dieses Geschäft ist hart und die Konkurrenz groß. Ich brauche geschäftlichen Rat.

Bernie: Gut. Sonst noch etwas?

Jones: Selbstverständlich müssen wir über das Honorar sprechen und über Ihre bisherige Erfahrung in unserer Branche.

Bernie: Bob?

Bob: Ich stimme Ms. Jones zu. Aber ich denke, sie muß auch wissen, wie Sie es anstellen werden, Störungen unserer Arbeit auf ein Minimum zu reduzieren.

Bernie: Sehr gut. Wir haben eine Liste der Tagesordnungspunkte erstellt, die meiner Meinung nach Ihre Belange abdecken. [Bernie verteilt Kopien der Liste.] Ich möchte einen Auftrag immer damit beginnen, herauszufinden, wie meine Kunden zufriedene Kunden bleiben. Wir haben unsere Praxis mit begeisterten Kunden und deren Referenzen aufgebaut, und ich finde, die beste Möglichkeit, das zu erreichen, ist, sofort offen zu fragen, welche Leistungen wir für unseren Kunden erbringen sollen, sobald wir engagiert werden.
Wodurch würden Sie erkennen, daß Sie mit unserer Beauftragung die richtige Entscheidung getroffen haben? Welches Ergebnis müßten Sie in sechs Monaten erzielt haben, um sagen zu können, daß Sie zufrieden sind?

Bob: Wir müssen diese Buchprüfung fertiggestellt und die Bilanzen spätestens acht Wochen nach Ablauf des Geschäftsjahres der Bank übergeben. Und Mary und ich dürfen nicht ständig mit Fragen belästigt werden.

Bernie: Ich weiß, wir haben schon darüber gesprochen, aber welche Erfahrungen haben Sie bislang mit Ihrem jetzigen Wirtschaftsprüfer gemacht?

Bob: Er macht Versprechungen, die er nicht halten kann. Die Buchprüfung wurde in den letzten drei Jahren jedesmal einen Monat zu spät fertiggestellt. Die Bank wird unruhig und schikaniert mich. Zu guter Letzt muß ich meine Zeit damit verbringen, seine Leute zu schulen, daß sie die Buchprüfung richtig durchführen, weil die Leute, die er damit beauftragt, so häufig wechseln und unerfahren sind.

Bernie: Hat Sie das in irgendeiner Weise betroffen, Ms. Jones? Ist nicht Nate Rate von der Frank National Ihr Bankier? Ich habe jahrelang mit Nate zusammengearbeitet.

Jones: Ja, das ist er. Die Banken sind sehr viel vorsichtiger als noch vor ein paar Jahren. Da unser Geschäft kapitalintensiv ist, mußten wir unsere Betriebsausstattung immer finanzieren lassen, um auf dem neuesten Stand der Technik zu bleiben. Je länger die Banken auf die Bilanzen warten müssen, desto mehr reden sie davon, ihre Zinssätze zu erhöhen, und desto mehr Zeit brauchen sie, bis sie unser Darlehen genehmigen. Ich möchte nicht mehr bezahlen als nötig, um mir Geld zu leihen.

Bob war auch nicht in der Lage, so viele meiner speziellen Projekte zu bearbeiten, wie ich es gerne hätte. Sind Sie in der Lage, die Buchprüfung rechtzeitig fertigzustellen?

Bernie: Ich würde nicht hier sitzen, wenn ich nicht überzeugt davon wäre. Wir brauchen sehr zufriedene Kunden wie Sie, die uns ihren Freunden weiterempfehlen, die möglicherweise in einer ähnlichen Situation sind.

Gut. Was für Anforderungen stellen Sie sonst noch an uns, um zufrieden zu sein?

Jones: Ich brauche Leute mit neuen Ideen, wie ich mein Unternehmen besser führen kann. Ich glaube, wenn man so viele Kunden wie eine Wirtschaftsprüfungsgesellschaft hat, stoßen Sie sicher auf genügend Ideen, wie man Geld einsparen kann, um es zur Erlangung besserer Resultate einzusetzen. Wir hätten nichts gegen eine Unterstützung bei der strategischen Planung. Wirtschaftsprüfer scheinen Historiker zu sein – sie sagen erst dann was falsch war, wenn es schon passiert ist, anstatt daß sie helfen, dem vorzubeugen.

Bob: Wir bezahlen jedes Jahr mehr an Steuern und Abgaben, aber keiner kommt mit einer Idee zu mir, wie man das schon im vorhinein einschränken könnte. Außerdem müssen meine Fragen und Anrufe schneller beantwortet werden.

Bernie: Wie ist es im Moment?

Bob: Manchmal dauert es zwei Tage, bis ich eine Reaktion bekomme. Die Person, mit der ich zu tun hatte, hat mir grundsätzlich eine Abfuhr erteilt und mich an jemand anderen verwiesen. Nichts für ungut, Audrey, aber manchmal muß ich auf Geschäftsteilhaber-Ebene verhandeln.

Jones: Unsere Kosten lagen weit über dem Durchschnitt. Wir müssen unsere Ausgaben reduzieren.

Bernie: Das ist der richtige Augenblick, die Honorarfrage anzusprechen. Lassen Sie uns zunächst noch einmal durchgehen, wie Sie sich eine zufriedenstellende Lösung vorstellen: Sie sagten, die Buchprüfung muß durchgeführt werden, und spätestens acht Wochen nach Ende des Geschäftsjahres müssen die Bilanzen bei der Bank sein. Sie möchten, daß wir unsere Versprechen einhalten, so können Sie Ihre Beziehung zur Bank verbessern, was sich wiederum direkt darauf auswirkt, wie Sie Ihr Unternehmen führen.

Bob, Sie und Mary können nicht ständig mit Fragen unerfahrener Mitarbeiter belästigt werden. Bob hätte gerne weniger Personalwechsel.

Ms. Jones, Sie sagten, Sie wären zufrieden, wenn Sie regelmäßig Anregungen von uns bekommen könnten, um Sie dabei zu unterstützen, Ihr Unternehmen besser zu führen. Sie erwähnten außerdem eine strategische Planung, und Bob erwähnte, daß er gerne in bezug auf die Steuern beraten werden möchte, bevor Sie zahlen müssen.

Bob möchte, daß die Rückmeldungen schneller erfolgen, und er möchte eine bessere Kommunikation zwischen ihm und dem für die Arbeit verantwortlichen Mitarbeiter. Ms. Jones möchte die Kosten senken.

Noch eine Frage: Wie oft sollten wir drei oder vier uns außerhalb der Buchprüfung zusammensetzen? Wäre eine Besprechung im Quartal in Ordnung? Wir könnten durchgehen, was sich im vorigen Quartal getan hat und das nächste besprechen.

Jones: Das wäre sehr gut.

Bernie: Habe ich in bezug auf eine für Sie zufriedenstellende Lösung noch etwas vergessen?

Jones: Nein, ich glaube nicht.

Bernie: Gut. Nun ist der richtige Zeitpunkt, um uns über die Honorarfrage einig zu werden. Sind Sie damit einverstanden?

Jones: Ja.

Bernie: Ich weiß, wir haben schon darüber gesprochen, aber manchmal bleiben die Leute trotz allem bei ihrem derzeitigen Dienstleistungsanbieter. Haben Sie schon definitiv entschieden, nicht weiter mit Ihrem momentanen Wirtschaftsprüfer zusammenzuarbeiten, oder besteht die Möglichkeit, daß Sie ihn behalten?

Bob: Das ist möglich; Joe Blow macht seit Jahren unsere Buchprüfung, und er ist einer der drei, die in der engeren Wahl sind.

Bernie: Aha. Es ist also durchaus möglich, daß Sie trotz allem bei Joe bleiben?

Jones: Ich mag ihn wirklich.

Bernie: Sie haben recht mit dem Markt für Dienstleistungen im Bereich Wirtschaftsprüfung. Manche Firmen in dieser Branche bieten einen enormen Kostenanreiz, um neue Kunden zu gewinnen und ihre alten zu behalten. Letztes Jahr haben Sie für Ihren Wirtschaftsprüfer zirka 18.000 Dollar bezahlt. Wurde Ihnen von den anderen Firmen, mit denen Sie verhandeln, ein niedrigerer Preis angeboten?

Bob: Ja. Eine Firma bietet an, die Buchprüfung für 9.500 Dollar durchzuführen.

Bernie: Erstaunlich! Haben Sie sich entschieden, mit der billigsten Firma zu arbeiten?

Jones: Nicht unbedingt.

Bernie: Wie ich mit Bob schon besprochen habe, sind wir gewöhnlich nicht die billigste Firma, und mit großer Wahrscheinlichkeit werden wir nicht billiger sein als Ihre momentane Firma. Wir werden unseren Preis bestimmt nicht zu Lasten der Qualität reduzieren, nur um einen Auftrag zu bekommen. Wir möchten nicht wegen Fahrlässigkeit vor Gericht landen, weil wir einen Auftrag übernommen haben, den wir nicht ordnungsgemäß ausführen konnten. Wir sind auch der Meinung, daß unser Gewinn angemessen sein sollte.

Wenn Sie den billigsten Wirtschaftsprüfer haben wollen, werden Sie wahrscheinlich noch andere finden, die bereit sind, dieses Risiko zu tragen. Audrey, erzählen Sie doch einmal Ms. Jones, was wir letztes Jahr drüben in Bushtown erlebt haben.

Audrey: Natürlich. Ms. Jones, ich glaube, wir tun dem Kunden keinen Gefallen, wenn wir nur halbe Arbeit leisten oder bloße Vermutungen anstellen. Es ist nicht nur unser Job, nachzuprüfen, ob Ihre Bilanzen wirklich den finanziellen Status Ihrer Firma darstellen. Es gibt gewisse Probleme, die in der Regel bei einer Buchprüfung auftauchen – wenn die Leute dahingehend geschult sind, auf solche Dinge zu achten – die dem Kunden vielleicht gar nicht bewußt sind. Wir betrachten eine Buchprüfung als eine Möglichkeit, dem Kunden Ideen zu vermitteln, wie er seine Geschäfte in vielen verschiedenen Bereichen verbessern kann.

Letztes Jahr hatten Bernie und ich einen Fall in einem etwas größeren Unternehmen, das wir als neuen Kunden gewonnen hatten. Das Unternehmen hatte eine Firma engagiert, deren Honorar ungefähr zwei Drittel dessen betrug, was die vorigen Wirtschaftsprüfer verlangten! Für dieses Unternehmen war es eben nur Wirtschaftsprüfung, und ihnen wurde von dem neuen Wirtschaftsprüfer das Blaue vom Himmel versprochen.

Manchmal bekommt man das, wofür man bezahlt. Da das Honorar so gering war, betrauten die Wirtschaftsprüfer sehr unerfahrene Leute, die nur ungenügend geschult waren, mit den Aufgaben, und das Ergebnis davon war, daß die Buchprüfung im Vergleich zu vorher um weitere sechs Wochen verzögert wurde. Bei dieser Wirtschaftslage wurden die Banken nervös, und die Aktionäre und der Vorstand waren auch nicht gerade begeistert.

Da die Wirtschaftsprüfungsgesellschaft unter solchem Druck stand die Arbeit fertigzustellen, waren die Zahlen falsch, und die Bilanzen waren nicht nur zu spät fertig, sondern mußten auch noch für ungültig erklärt und neu erstellt werden. Leider hat die Person, die glaubte, das Beste zu tun, indem sie die billigste Firma beauftragte, alles abbekommen. Der Wirtschaftsprüfungsgesellschaft wurde sofort gekündigt, und wir bekamen einen neuen Kunden.

Offen gesagt, ich kann nicht verstehen, warum Firmen unbedingt einen relativ geringen Betrag unterm Strich einsparen wollen. Auch wenn der Betrag im Moment viel Geld zu sein scheint, ist es dies nicht wert, wenn dabei ihre Geschäfte, die Beziehung zu den Aktionären, den Banken und zum Vorstand gefährdet werden. Ich weiß, daß 8.500 Dollar eine Menge Geld ist. In dem Fall in Bushtown haben sie für 7.000 Dollar beinahe die neue Kreditlinie, die Beziehung zur Bank und einen günstigen Zinssatz, um den sie jahrelang verhandelt hatten, eingebüßt.

Glücklicherweise konnte mein Team das Durcheinander wieder in Ordnung bringen und die Bilanzen im vergangenen Geschäftsjahr rechtzeitig erstellen. Sie baten uns, uns mit der Bank zusammenzusetzen, um die Angaben durchzugehen, was wir auch taten. Die Bank war zufrieden und hat seither einige neue Kunden an uns verwiesen.

Wir werden alles in unserer Macht Stehende tun, Ihre Leute so gut es geht zu entlasten, um Kosten zu sparen und den Fortgang zu beschleunigen.

Ich glaube, Sie werden feststellen, daß unsere Leute besser entlohnt werden als die Mitarbeiter vieler anderer Firmen, weil wir die guten behalten wollen und somit weniger Personalverschiebungen haben, die dem Kunden zu schaffen machen könnten. Wir investieren fast fünf Prozent unserer Bruttoeinnahmen in die Weiterbildung unserer Geschäftsteilhaber und Angestellten, um sie bei den ständigen Neuerungen in dieser Branche auf dem laufenden zu halten, so daß sie viel effizienter arbeiten können.

Wir wollen Ihnen einiges mehr als nur eine traditionelle Buchprüfung bieten. Ich meine, daß die strategische Planung zweifellos das richtige ist, um unsere Zusammenarbeit zu beginnen, so daß wir genauestens herausfinden können, wie es weitergehen kann.

Bernie und ich werden uns vierteljährlich mit Ihnen zusammensetzen, um Ihre Geschäfte durchzugehen, und wir werden, wie von Ihnen erbeten, Empfehlungen aussprechen. Bob, Sie werden mehr Kontakt mit Bernie haben, Sie müssen sich aber klarmachen, daß ich Ihre Projektleiterin sein werde.

Bernie: Audrey ist wirklich eine Expertin auf ihrem Gebiet, ich werde aber trotzdem die Fortschritte ihres Teams überprüfen. Was hat Mary neulich über ihr Gespräch mit Audrey erzählt?

Bob: Oh, Mary mag Audrey und fühlt sich wohl mir ihr.

Audrey: Das ist schön. Sie scheint ziemlich kompetent zu sein, und die Firma liegt ihr wirklich am Herzen.

Bernie: Das ist gut zu wissen. Wir werden die Kooperation all Ihrer Leuten auch brauchen, um die Buchprüfung zu beschleunigen. Ich denke, die Honorarfrage ist besprochen, sollen wir fortfahren?

Jones: Wird uns die strategische Planung und die vierteljährliche Besprechung extra in Rechnung gestellt?

Bernie: Nein. Wir werden Ihnen weder die erste Besprechung für die strategische Planung in Rechnung stellen noch die vierteljährlichen Besprechungen, die wir in der Regel mit dem Kunden während eines Mittagessens führen. Die strategische Planung ist mindestens 3.000 bis 5.000 Dollar wert und die vierteljährlichen Beratungen jeweils 500 bis 1.000 Dollar.

Wenn es sich um eine sehr ausführliche und lange strategische Planung handelt, werden wir über den Zeitaufwand und die Kosten sprechen müssen. Ich denke, daß Bob und seine Mitarbeiter in diesem Fall absolut in der Lage sind, die Details mit unseren Angaben und Anweisungen zu erledigen.

Wir möchten gesunde Kunden haben, die unsere Rechnungen pünktlich bezahlen und uns an ihre Kontaktpersonen und Kollegen in anderen Branchen weiterempfehlen. Die strategische Planung und eine vierteljährliche Überprüfung betrachten wir als eine Investition.

Audrey: Mary wird auch keine zusätzliche Zeit mehr aufwenden müssen, um die Mitarbeiter Ihrer jetzigen Wirtschaftsprüfer einzuarbeiten und zu leiten. Wußten Sie, daß sie weniger Zeit mit ihrer Familie verbringen konnte, weil sie während der Buchprüfung in den letzten drei Jahren sonntags arbeiten mußte, nur um ihre eigene Arbeit fertig zu bekommen, und das, weil das Personal ständig wechselte und sie die Leute immer wieder einarbeiten mußte?

Jones: Nein, das wußte ich nicht.

Audrey: Wie sind die Besprechungen mit den anderen Firmen gelaufen, mit denen Sie vor uns gesprochen haben?

Bob: Die Firma Young & Olde scheint groß genug zu sein, unsere Buchprüfung abzuwickeln – das sind diejenigen, die uns ein Honorar von 9.500 Dollar genannt haben. Und der alte Joe Blow ist natürlich immer noch im Rennen.

Audrey: Was gefiel Ihnen an Young & Olde?

Jones: Es handelt sich um eine der größten Firmen der Stadt, die auf nationaler Ebene tätig ist und uns in vielen verschiedenen Bereichen helfen könnte. Sie sprachen von einer Zusammenarbeit mit einem Netzwerk von Experten in ganz Amerika, das uns jederzeit zur Verfügung stehen würde. Sie scheinen sehr professionell zu sein.

Audrey: Bob?

Bob: Ich bin nicht beeindruckt. Sie haben kaum Fragen gestellt und auch keine Zeit investiert, mit mir oder Mary zu sprechen, um herauszufinden, was wir wirklich brauchen, so wie Sie und Bernie es taten. Außerdem haben sie den Ruf, Aufträge zu kaufen, um dem Kunden dann zusätzliche Dienstleistungen aufdrängen zu können. Deren Geschäftsteilhaber ist sehr beeindruckend, aber ich glaube nicht, daß er sehr viel Zeit in uns investieren wird.

Audrey: Wie stehen Sie zu Joe Blow?

Jones: Joe weiß, daß er bisher einige Probleme mit der Personalbesetzung für unsere Buchprüfung hatte. Er war schon immer unser Wirtschaftsprüfer. Er hat natürlich versprochen, jegliche Probleme zu beseitigen.

Bob: Das sagt er jedes Jahr.

Audrey: Ist Joe in der Lage, strategische Planung, EDV-Beratung, Finanzmanagement, Beratung in der betrieblichen Vorsorge und sonstige kundenorientierte Hilfe anzubieten?

Jones: Das weiß ich nicht.

Bob: Er hat mit unseren Konten genügend zu tun.

Jones: Was schlagen Sie vor, Bob?

Bob: Wir sind für Joe zu groß geworden. Ich bin der Meinung, wir müssen etwas ändern.

Jones: Können wir ihn nicht noch irgendwie weiterbeschäftigen?

Bob: Ich wüßte nicht wie.

Jones: Bernie, könnten wir Joe weiterhin miteinbeziehen?

Bernie: Ich respektiere Ihre Gefühle. Auch wir scheuen keine Mühe, diese Art Loyalität, die Sie Joe gegenüber haben, zu unseren Kunden zu entwickeln. Manchmal sind die Unternehmen für ihre momentanen Wirtschaftsprüfer aber einfach zu groß geworden.

Es tut mir leid, aber wir arbeiten nicht mit anderen Wirtschaftsprüfern zusammen, wenn es nicht absolut notwendig ist. Wir haben zum Beispiel schon in einer Stadt, in der wir bisher noch keinen Auftrag hatten, mit einer anderen Firma zusammengearbeitet. Es war sinnvoll, mit dieser Firma bei der Warenbestandsaufnahme zusammenzuarbeiten. Das Problem ist, daß ich für die Qualität von Joes Arbeit keine Verantwortung übernehmen kann.

Audrey: Haben Sie noch weitere Fragen?

Jones: Haben Sie noch andere Kunden aus unserer Branche?

Bernie: Ja, wir betreuen Kunden in diesem Industriezweig seit mehr als fünfzehn Jahren. Eigentlich ist unsere Firma mit Kunden wie Ihnen gewachsen. Die Kunden haben klein angefangen und sind große Nummern in der Branche geworden, in der Regel in der zweiten Generation des Unternehmens.

Da die Bedürfnisse unserer Kunden gewachsen sind, mußten wir unser Serviceangebot auf Gebiete ausdehnen, die mit Buchprüfung nichts zu tun haben, wie zum Beispiel die Auswahl und Installation von Computern, Beratung bei der betrieblichen Vorsorge, die Verwaltung der Lagerbestandskontrolle. Sie haben Ihr Geschäft ganz schön vergrößert. Es wurde von Ihrem Vater gegründet, nicht wahr?

Jones: Ja, mein Vater setzte sich vor acht Jahren zur Ruhe. Unser Umsatz hat sich seitdem verdreifacht.

Aber wie ist es, wenn Sie für unsere Konkurrenten arbeiten? Ich möchte nicht, daß sie wissen, was hier abläuft. Wir sind Joes einziger Kunde aus dieser Branche.

Audrey: Sie müssen wissen, daß wir uns an strenge berufliche Richtlinien halten müssen, und wir haben Vertraulichkeitsvereinbarungen mit unseren Kunden. Wir können und wollen unsere Beziehungen nicht in irgendeiner Weise in Gefahr bringen, indem wir dem einen Kunden berichten, was sich bei dem anderen tut. Genausowenig werden diese Kunden Zugang zu Ihren Unterlagen haben.

Da wir noch andere Kunden aus Ihrer Branche haben, haben wir uns so viel Sachkenntnis angeeignet, daß wir uns mit Ihren Tätigkeiten und Systemen sehr viel schneller vertraut machen können als irgendein anderer.

Bernie: Haben Sie noch andere Fragen?

Jones: Nein.

Bob: Nein.

Bernie: Können wir einen Termin für die erste Besprechung zur strategischen Planung festlegen?

Der Termin für eine erste Besprechung bezüglich der strategischen Planung ist vereinbart. Audrey wird einige Unterlagen mitnehmen, um sie am Wochenende durchzusehen und sie am Montag wieder zurückbringen. Sie

wird sich am Montag mit Ms. Jones treffen, um die Verpflichtungserklärung unterschreiben zu lassen. Für Audreys Leute werden Termine vereinbart, damit sie sofort mit einigen Vorarbeiten beginnen können.
Bernie vereinbart einen Termin zum Mittagessen mit Ms. Jones, um mehr über ihre persönlichen Ziele und ihr Unternehmen zu erfahren. Bernie und Audrey vereinbaren einen Termin mit Bob und Mary, um einen genaueren Überblick über ihre Systeme und Unterlagen zu bekommen.
Die Besprechung geht weiter:

Bernie: Was glauben Sie, wird Joe dazu sagen, wenn er erfährt, daß Sie uns engagiert haben? Wann wollen Sie es ihm sagen?

Jones: Er wird einen Anfall bekommen. Wir sind sein größter Kunde. Ich muß es ihm sofort sagen.

Bernie: Was glauben Sie, wird er tun?

Bob: Oh, er wird betteln, Versprechungen machen und möglicherweise sogar weinen. Wir versuchten schon vor sechs Jahren, die Wirtschaftsprüfer zu wechseln, und er hat es letztendlich geschafft, den Auftrag doch zu behalten.

Bernie: Ms. Jones, was glauben Sie, was passieren wird?

Jones: Bob hat recht.

Bernie: Glauben Sie, Sie werden Joe wieder behalten?

Bob: Ich wüßte nicht wie. Es schadet mir, meinen Leuten und unserem Geschäft.

Jones: So schmerzhaft es sein wird, wir müssen das durchziehen.

Bernie: Wie kann ich Ihnen helfen?

Jones: Ich weiß nicht recht.

Bernie: Wir können den Übergang so leicht wie möglich machen. Gelegentlich kommen wir zu Aufträgen, die für uns einfach zu klein sind. Wir überprüfen die Unterlagen von Joe, und wenn uns das, was wir zu sehen bekommen, gefällt, könnten wir uns mit ihm treffen und ihm einige kleine Aufträge vermitteln, wenn nötig.

Jones: Das wäre schön.

Anmerkung: Einige Anbieter freiberuflicher Dienstleistungen haben immer eine Blanko-Verpflichtungserklärung dabei, die nur noch ausgefüllt und unterschrieben werden muß. Das Wochenende rückt bedrohlich nahe, und Ms. Jones kann ihre Meinung ändern – die Situation nach dem Verkaufsgespräch (Vermeidung eines Rückziehers) werden wir etwas genauer in Kapitel 13 besprechen.

17.02 Uhr – Bernie und Audrey haben einen neuen Kunden. Sie gehen schnell zu ihrem Wagen und besprechen, was gut und was schlecht gelaufen ist. Insgesamt sind sie sehr zufrieden mit dem Ergebnis. Sie beschließen, sich keine Sorgen zu machen, daß Ms. Jones ihre Meinung über das Wochenende möglicherweise ändern könnte.

SIE KÖNNEN KEIN HÖHERES HONORAR VERLANGEN, BEVOR SIE NICHT SICHER SIND, DASS SIE UND IHRE FIRMA DAS GELD WERT SIND

Ich weiß, wie gespannt die Wirtschaftslage in vielen Teilen des Landes ist. Bitte denken Sie daran: Die Top-Geschäftsleute jeglicher Berufsgruppe verkaufen ihre Arbeit nach wie vor zu einem guten Preis. Bei meiner Beratertätigkeit hatte ich das Glück, mit vielen von ihnen regelmäßig zu tun zu haben. Ich habe dieses Buch geschrieben, um Ihnen zu zeigen, wie Sie Ihr Honorar nicht reduzieren und trotzdem den Auftrag bekommen, den Sie wollen. Kommt es öfter vor, daß sich die Leute ausschließlich an den Preisen orientieren? Sicher, aber Sie müssen entscheiden, ob Sie solche Kunden haben wollen. Können Sie diese Leute richtig betreuen? Stellen Sie sich nicht selbst ein Bein, wenn Sie heute das Geschäft verschenken, in der Hoffnung, das Honorar später zu erhöhen? Was wird Ihrer Meinung nach passieren, wenn Sie später versuchen, Ihr Honorar bei einem Kunden zu erhöhen, der sich nur für den billigsten Anbieter interessiert? Gehen diese Leute auch zum billigsten Zahnarzt der Stadt?

Andererseits sollten Sie bei der Honorarverhandlung auch die Möglichkeit und die Bereitschaft des Kunden berücksichtigen, Sie aktiv weiterzuempfehlen. Das ist ein Grund, den Auftrag zu einem geringeren Honorar anzunehmen. Manchmal ist es auch klug, sich einen Markt zu kaufen; das heißt, Sie verkaufen Ihre Dienste zu einem geringeren Preis als sonst, um einen neuen Markt zu erschließen, einige Marktanteile an sich zu reißen und dann den glücklichen Kunden als Referenzgeber zu benützen, der Dritten gegenüber für die Qualität Ihrer Arbeit bürgt.

Bernie entschloß sich, sein Honorar nicht zu reduzieren, um den Auftrag zu kaufen, er beschloß statt dessen Mehrleistungen einzuschließen – strategische Planung und vierteljährliche Prüfungen –, um sein Preisgefüge beizubehalten. Es war seine Entscheidung; er hatte die Kontrolle. Er ist auch klug genug zu wissen, daß, je mehr er mit einem zufriedenen Kunden kommuniziert, es um so wahrscheinlicher ist, daß er wertvolle Empfehlungen und mehr Aufträge von diesem Kunden erhält. Bernie betrachtet dies als Marketing für seine derzeitigen Kunden.

DIE ZWEI-PHASEN-VERKAUFSPRÄSENTATION MIT ZUSATZGESPRÄCH

Okay, Sie haben versucht, als letzter präsentieren zu dürfen, und mußten feststellen, daß dies nicht möglich ist. Lassen Sie uns ein Stück zurückgehen zu Bernies Unterhaltung mit Bob vor der Präsentation.

Bernie: Da sich aus ihren Besprechungen mit Ihnen und Ms. Jones noch neue Punkte ergeben könnten, bitte ich Sie, daß Sie ihre Termine zuerst ansetzen. Ich würde es sehr begrüßen, wenn wir die letzten sein könnten. Wann soll ich auf Sie zukommen, um zu erfahren, für wann ihre Termine vereinbart wurden?

Bob: Joe Blow hat bereits um den letzten Termin gebeten. Wir fühlen uns verpflichtet, ihn als letzten zu treffen, weil er schon so lange mit uns zusammenarbeitet.

Jetzt wäre Bernie in Schwierigkeiten. Joe Blow wird flehen, weinen und darum betteln, seinen besten Klienten nicht zu verlieren – und manchmal funktioniert es! Bernie muß seine Arbeit während der Präsentation verdammt gut machen, um sicherzustellen, daß Blow seinen Kunden nicht behält.

Bernie: Was sagt Ms. Jones dazu?

Bob: Ich weiß es nicht. Aber sie mag Joe ganz gern.

Sehen Sie sich vor. Doch Bernie ist vorbereitet. Er muß nur nochmals um die letzte Position kämpfen, wenn es an die Präsentation geht. Wir kommen wieder zurück zu Bernies und Audreys Besprechung mit Bob und Ms. Jones.

Bernie: Haben Sie sonst noch Fragen?

Jones: Nein.

Bob: Nein.

Bernie: Können wir einen Termin für die erste Besprechung zur strategischen Planung festlegen?

Jones: Ich habe versprochen, mich mit Joe zu treffen, bevor wir eine endgültige Entscheidung treffen. Das schulde ich ihm.

Audrey: Können wir dann einige vorläufige Termine festlegen? Dann hätte ich die Termine im Kalender stehen, für den Fall, daß Sie sich entscheiden, weiterzumachen.

Jones: Ja, das ist sinnvoll.

Bernie: Was glauben Sie, wird Joe dazu sagen, wenn er erfährt, daß Sie vorhaben, mit uns zu arbeiten? Wann haben Sie vor, sich mit ihm zu treffen?

Jones: Er wird einen Anfall bekommen. Wir sind sein größter Kunde. Ich muß es ihm sofort sagen.

Bernie: Was glauben Sie, wird er tun?

Bob: Oh, er wird betteln, Versprechungen machen und möglicherweise sogar weinen. Wir versuchten schon vor sechs Jahren, die Wirtschaftsprüfer zu wechseln, und er hat es letztendlich geschafft, den Auftrag doch zu behalten.

Bernie: Ms. Jones, was glauben Sie, was passieren wird?

Jones: Bob hat recht.

Bernie: Glauben Sie, Sie werden Joe wieder behalten?

Bob: Ich wüßte nicht wie. Es schadet mir, meinen Leuten und unserem Geschäft.

Jones: So schmerzhaft es sein wird, wir müssen das durchziehen.

Bernie: Wie kann ich Ihnen helfen?

Jones: Ich weiß nicht recht.

Bernie: Wir können den Übergang so leicht wie möglich machen. Gelegentlich kommen wir zu Aufträgen, die für uns einfach zu klein sind. Wir überprüfen die Unterlagen von Joe und wenn uns das, was wir zu sehen bekommen, gefällt, könnten wir uns mit ihm treffen und ihm einige kleine Aufträge vermitteln, wenn nötig.

Jones: Das wäre schön.

Bernie: Ich habe Erfahrung mit ähnlichen Situationen. Jetzt im Moment besteht für Sie die Notwendigkeit, zu einer größeren Firma überzuwechseln, die Ihnen einen besseren Allroundservice bietet. Joe wird das unter keinen Umständen zulassen. Es ist sehr schwer, lange bestehende Beziehungen abzubrechen.

Bevor Sie nein sagen, schlage ich vor, den nächsten Termin mit Joe in eine Besprechung zur Übergabe umzuwandeln. Ich werde Montag morgen auf dem Weg zur Arbeit kurz vorbeikommen und eine Verpflichtungserklärung mitbringen. Ich hoffe, ich bin nicht zu voreilig, aber das ist eine emotionale Sache, die man direkt angehen muß. Wenn Sie uns schon engagiert haben, kann Joe nicht mehr viel tun.

Jones: Ich weiß nicht ...

Bob: Aber ich. Wir müssen etwas ändern. Wir brauchen Bernies und Audreys Firma, oder wir verzögern unsere Geschäfte und schaden unseren Angestellten, wie zum Beispiel Mary und mir.

Jones: Okay.

Es ist immer noch nicht sicher, daß Sie den Kunden haben, aber Sie sind in einer viel besseren Position, als wenn Sie die Verpflichtungserklärung nicht unterschreiben ließen. Wenn sie wirklich etwas ändern wollen, werden sie es tun. Gehen Sie noch einmal zurück zum Ein-Phasen-Verkauf mit Zusatzgespräch in Kapitel 10, damit Sie sehen, wie Sie mit dieser Situation umgehen müssen.

WAS SIE BEIM 6. UND 7. SCHRITT ERREICHT HABEN

Sie haben die Punkte für die Überprüfung der Angebots- und Präsentationsphase berücksichtigt:

1. Sie haben die erforderliche (und keine zusätzliche) Arbeit getan, um den Auftrag zu bekommen.
2. Sie haben die rationalen Bedürfnisse des Käufers befriedigt.
3. Sie haben den Käufern Gelegenheit gegeben, Ihnen Fragen zu stellen.
4. Sie haben es vermieden, Zeit und Mühe zu vergeuden und Ihre Ideen umsonst weiterzugeben.
5. Sie haben eine maßgeschneiderte Präsentation oder ein Angebot (falls erforderlich) erstellt, welche die Vorstellungen der Käufer berücksichtigen.
6. Sie haben sich nicht selbst wieder aus dem Verkauf geredet.

WIE SIE BEIM ZWEI-PHASEN-VERKAUF NACH DER PRÄSENTATION WEITER VORGEHEN

Beim 6. Schritt prüften Sie, ob eine Präsentation und/oder ein Angebot erforderlich sind, und Sie fanden heraus, wie ein Angebot aussehen müßte. Beim 7. Schritt machten Sie eine Präsentation und/oder erstellten ein Angebot, welche die Vorstellungen des Käufers berücksichtigten. Nun müssen Sie sofort zum 8. Schritt und zur Formalisierung der Vereinbarung übergehen: der Kaufabschluß.

DIAGNOSE UND BEHANDLUNG: ERSTELLEN SIE NUR PRÄSENTATIONEN ODER ANGEBOTE, DIE DEM VERKAUF ZUTRÄGLICH SIND, UND: SOBALD SIE EINEM NEUEN PATIENTEN GEGENÜBERSTEHEN, SOLLTEN SIE IHN SORGFÄLTIG UNTERSUCHEN

➤ Sie werden den Angebots- und Präsentationsprozeß sorgfältig durchführen wollen, um den Verkauf zu vereinfachen. Solch sorgfältige Planung wird es Ihnen ermöglichen, so wenig wie möglich zu arbeiten und das Geschäft trotzdem zu bekommen; die rationalen Bedürfnisse des Käufers werden befriedigt; Sie geben dem Käufer die Möglichkeit, Ihnen Fragen zu stellen; Sie vermeiden es, Zeit und Mühe zu verschwenden sowie kostenlos Ideen preiszugeben; Sie erstellen auf die Kunden zugeschnittene Präsentationen oder Angebote (wenn nötig), die den Wünschen der Kunden entsprechen; und Sie unterlassen es, sich selbst wieder aus dem Verkauf zu reden.

➤ Sollten Sie während der Verkaufsuntersuchung auf einen neuen Patienten treffen (Entscheidungsträger), müssen Sie bei diesem eine komplette Untersuchung durchführen. Diese Untersuchung muß genauso die Chemie, den Schmerzpunkt, die Voraussetzungen für Zufriedenheit, die Honorarfrage, den Entscheidungsfindungsprozeß, eine Präsentation (falls erforderlich) und den Kaufabschluß beinhalten.

➤ Der Verkauf im Team hat mehrere Vorteile, einschließlich der folgenden:

1. Er bietet psychologische Unterstützung. Es ist einfacher, zu zweit an die Verkaufssituation heranzugehen als allein.
2. Mehr Wissen steht zur Verfügung. „Vier Augen sehen mehr als zwei".
3. Er dient als Gelegenheit, dabei zu lernen. Sie können das Verkaufsgespräch hinterher noch einmal durchgehen, um für künftige Projekte herauszufinden, was funktionierte, und was nicht.
4. Die Mitspieler werden vorgestellt. Beim Teamverkauf kann der Interessent die Schlüsselpersonen kennenlernen, die den Auftrag später bearbeiten werden.
5. Mehr Fachwissen steht zur Verfügung. Haben Sie bei einem Verkaufsgespräch das richtige Team zusammengestellt, können Fragen des potentiellen Kunden sofort von Experten beantwortet werden.

➤ Diese Vorteile sind nur möglich, wenn Sie den Teamverkauf sorgfältig koordinieren. Ist das nicht der Fall, können sich folgende Risiken ergeben:

1. Verwirrung. Das kommt vor, wenn mehrere Verkäufer gleichzeitig sprechen oder sich gegenseitig widersprechen. Das ist sehr schlecht für den Verkauf.
2. Der Interessent wird überfordert. Bringen Sie nicht Ihr ganzes Büro zum Verkaufsgespräch mit. Tun Sie nichts, was Angst auslösen oder die Käuferseite am Verhandlungstisch überfordern könnte.

➤ Nachfolgend zehn Regeln für erfolgreichen Teamverkauf:

1. Wählen Sie die Teammitglieder sorgfältig aus.
2. Bestimmen Sie eine Person, die den Verkauf leitet und führt.
3. Treffen Sie sich vorher, um die Tagesordnung für den Verkauf festzulegen.
4. Jedes Teammitglied sollte sich Fragen für die Vorbesprechung zurechtlegen. Auf diese Weise können die wichtigsten Fragen in die Liste der Tagesordnungspunkte integriert werden.
5. Reduzieren Sie die Anzahl Ihrer Teammitglieder auf ein Minimum.
6. Beantworten Sie die Fragen kurz und bündig.
7. Seien Sie mit der Tagesordnung flexibel.
8. Vergewissern Sie sich, daß alle Teammitglieder dieselbe Wellenlänge haben.
9. Nehmen Sie sich fest vor, etwas zu verkaufen!
10. Treffen Sie sich nach dem Verkaufsgespräch, um zu besprechen, was funktionierte, und was nicht.

KAPITEL 12

DER SCHWARZE KOFFER MIT PRÄSENTATIONSWERKZEUGEN FÜR DEN FREIBERUFLER

Dieses Kapitel informiert in einfachen Worten über die formelle Präsentation und die Angebotslegung. Diese formellen Prozesse – es handelt sich um voll ausgereifte und vorher genau durchorganisierte Verkaufspräsentationen – trifft man in der Regel nur bei größeren Firmen für vermögende Kunden an, wie zum Beispiel öffentliche oder große privat getragene Verwaltungen beziehungsweise große, gemeinnützige Organisationen.
Selbst in dieser Phase der Präsentation oder des Angebots denken Sie bitte daran – und vielleicht ist es hier sogar am wichtigsten –, daß *Menschen andere Menschen kaufen*. In diesem Kapitel werden Sie auch lernen, wie man auf Aufforderungen zur Einreichung von Angeboten reagiert.
In den Kapiteln 10 und 11 sprachen wir über formlose Präsentationen. In diesem Kapitel werden Bedingungen berücksichtigt, wo es zwischen Ihnen (dem Verkäufer) und den Käufern eine formale Blockade gibt. In diesem Fall sind die Käufer oft zu Komitees zusammengeschlossen.
Hierbei gibt es gute und schlechte Nachrichten. Die schlechte Nachricht ist, daß es sich hierbei um einen langwierigen und erschöpfenden Prozeß handeln kann; die gute Nachricht ist, daß nur sehr wenige Anbieter von freiberuflichen Dienstleistungen wirklich klar erfassen, was nötig ist, um in diesem Bereich erfolgreich zu verkaufen. Sie können Ihre Chancen deutlich verbessern, wenn Sie lernen, was einige der allerbesten Geschäftsleute in den freien Berufen tun, um mehr Aufträge an Land zu ziehen – trotz dieses Prozesses.

EINE KURZE ÜBERSICHT

Die Phase der formellen Präsentation und der Angebotslegung testen Sie, um folgendes zu erreichen:

1. Sie investieren Ihre Zeit effizient und bekommen das Geschäft.
2. Sie befriedigen die rationalen Bedürfnisse des Käufers.
3. Sie geben den Käufern die Möglichkeit, Fragen zu stellen.
4. Sie vermeiden es, Zeit und Mühe zu verschwenden und Ihre Ideen umsonst preiszugeben.
5. Sie erstellen eine auf den Kunden zugeschnittene Präsentation und/oder ein Angebot (wenn nötig), welche die Vorstellungen der Käufer berücksichtigen.
6. Sie vermeiden es, sich selbst wieder aus dem Verkauf zu reden.

Für diese besondere Phase werden wir noch einen Punkt hinzufügen:

7. Sie heben sich total von Ihrer Konkurrenz ab.

DAS VERKAUFEN AN KOMITEES

Es gibt viele zusätzliche Risiken, wenn Sie an Komitees verkaufen:

- Es ist sehr viel schwieriger, von einem Komitee eine Entscheidung zu bekommen, weil mehrere Personen daran beteiligt sind.
- Alle Mitglieder eines Komitees haben unterschiedliche Motive, und jeder hat sein eigenes Ego, das er schützen will.
- Sie müssen mehr auf Draht und flexibler sein als in jeder anderen Verkaufssituation.
- Die Entscheidungsfindung eines Komitees nimmt einen sehr viel längeren Zeitraum in Anspruch, als es mit nur einem Entscheidungsträger der Fall wäre.
- Oft haben sich die Komiteemitglieder schon für eine bevorzugte Person oder Firma entschieden. Sie lassen andere Firmen zu, um den Schein einer objektiven Entscheidung zu wahren, um sich selbst zu schützen oder aufgrund der Firmenpolitik, daß Gegenangebote eingeholt werden müssen.
- Manchmal sind Komitees nur darauf aus, anderen ihre Ideen abzujagen, und wollen eigentlich nichts kaufen. Solche Komitees sind keine Käufer, sondern Diebe. Sie stehlen Ihnen Ihre Zeit und Ihre guten Ideen. Wenden Sie die Verkaufsuntersuchung an, um herauszufinden, ob sie es ernst damit meinen, Geschäfte zu machen (Prüfung der Bereitschaft zu handeln).

Diese zusätzlichen Risiken können für Sie bestimmte negative Auswirkungen haben:

- Wenn Sie an ein Komitee verkaufen wollen, ohne eine Erfolgschance zu haben, verschwenden Sie Zeit, die Sie eigentlich verrechnen könnten.
- Sie könnten von Komitees benützt werden, die nichts kaufen, sondern einfach nur etwas lernen wollen (kostenlos). Und/oder sie könnten Sie benützen, um mit anderen Kostenvoranschlägen und Angeboten Druck auf ihren derzeitigen Dienstleistungsanbieter auszuüben, um den Preis zu drücken.
- Sie steigern sich vielleicht in die falsche Situation hinein, was zu Gefühlen von Mißerfolg und Zurückweisung führen kann. Damit erhöhen Sie die negative Komponente, und Sie verringern Ihre Chance, weiter Ihre Dienstleistungen zu verkaufen.
- Wenn Sie nicht wissen, wie man an Einzelpersonen in einem Komitee verkauft, oder die Bedeutung und die Auswirkungen des Entscheidungsfindungsprozesses eines Komitees nicht kennen, werden potentielle Kunden wahrscheinlich Ihre Konkurrenz auswählen, und Sie werden mehr Geschäfte verlieren als Sie sollten.
- Potentielle Kunden werden weiterhin Firmen beauftragen, die ungeeignete Dienstleistungen verkaufen, weil Sie ihre Entscheidungsstrategien nicht kannten oder nicht gewillt waren, ein Risiko auf sich zu nehmen.
- Sie sichern sich vielleicht keine anderen potentiellen Kunden, die kaufen würden, weil Sie Ihre Zeit, Aufträge an Land zu ziehen, mit jenen verschwenden, die nicht kaufen können oder wollen.
- In den Augen des Komitees sehen Sie so aus, handeln und klingen Sie wie Ihre Konkurrenz. Dadurch reduziert sich die Entscheidung auf die Honorarfrage.
- Sie verlieren die Beauftragung, weil Sie teurer sind, als vom potentiellen Kunden erwartet.

WENN SIE HERAUSFORDERUNGEN LIEBEN, IST DAS VERKAUFEN AN KOMITEES DAS RICHTIGE FÜR SIE!

Das Verkaufen an Komitees gehört mit zu den schwierigsten Aufgaben beim Verkaufen. Der Hauptgrund, warum es so schwer ist, an Komitees zu verkaufen, ist der, daß Sie auf mehrere Individuen treffen, und jedes von ihnen hat unterschiedliche Kaufmotive und sein eigenes Ego, das es schützen will. Um an eine Gruppe zu verkaufen, müssen Sie die Motivation jedes Mitglieds kennen und ein Paket präsentieren, das so gut wie möglich auf diese unterschiedlichen Interessen eingeht. Es gibt nur wenige Leute, die das gerne tun.

Bei Komitees können Ihnen drei bis dreißig Leute gegenüberstehen (Gott sei Dank sind es nicht sehr oft dreißig), die alle unterschiedliche Positionen innerhalb der Organisation, die sie vertreten, innehaben. Sie alle bringen unterschiedliche Interessen in die Entscheidungsfindung ein. Und, was am wichtigsten ist, sie setzen alle ihre eigenen persönlichen Prioritäten. Sicher, sie werden Ihnen erzählen, daß ihr Hauptinteresse das Beste für die Firma sei. Aber das Komiteemitglied, das in der Buchhaltung arbeitet, hat eine andere Vorstellung davon, was gut für das Unternehmen ist, als der Vertreter der Marketingabteilung.

Ein weiterer Grund, warum einem das Verkaufen an eine Gruppe Kopfschmerzen bereiten kann, ist, daß Komitees Sie praktisch dazu zwingen, sich an das Kaufsystem des potentiellen Kunden zu halten, und nicht an Ihr Verkaufssystem. Mit anderen Worten, sie werden versuchen, Sie zu zwingen, nach ihren Regeln zu spielen. Sie werden versuchen, Ihnen Anforderungen aufzudrängen, die ihren eigenen Bedürfnissen entsprechen, ohne auf irgendwelche Ihrer Bedürfnisse als Fachmann, der seine Arbeit sorgfältig erledigen möchte, einzugehen.

Zum Beispiel bekommen Sie vielleicht von einem Komitee die Anweisung, daß die Berichte Spezifikationen beinhalten sollen. Wenn Sie jedoch um mehr Informationen bitten, reden Sie gegen eine Wand. Oft bauen sich Spannungen auf, wenn Sie sich damit abquälen zu entscheiden, wessen System in dieser Situation Vorrang hat, aber lassen Sie sich von niemandem einschüchtern oder manipulieren.

Da Sie es mit so vielen Einzelpersonen zu tun haben, ist es schwieriger, mit diesen Leuten eine reife Beziehung zwischen erwachsenen Menschen aufzubauen. Wenn Sie hoffen, einer Gruppe erfolgreich etwas zu verkaufen, dann sollte dies jedoch Ihr vorrangiges Ziel sein, wenn Sie sich mit ihr treffen.

EIN POTENTIELLER KUNDE MIT VIELEN NAMEN

Die effizienteste Strategie für den Verkauf an ein Komitee ist zu vergessen, daß Sie an eines verkaufen. Denken Sie an die Mitglieder des Komitees als individuelle Interessenten. Sie können nicht an eine Gruppe als Ganzes verkaufen. Sie können sich jedoch einen Kundenkreis aufbauen, indem Sie an jedes Mitglied als eine individuelle Person verkaufen.

Die ideale Situation für Sie ist, die Mitglieder des Komitees einzeln zu befragen. Betonen Sie, daß Besprechungen mit den einzelnen Mitgliedern für Sie eine Voraussetzung sind, um professionelle und effiziente Arbeit zu leisten. Um wichtige Informationen zu erhalten, müssen Sie mit jedem Mitglied sprechen.

Erklären Sie, daß die Leute in einer Gruppe oft gehemmt sind. Wenn Sie versuchen, nur die Gruppe als Ganzes zu befragen, werden Ihnen wichtige Informationen, persönliche Probleme und Schmerzen entgehen, weil jemand zögert, vor den anderen Mitgliedern eine bestimmte Angelegenheit anzusprechen. Oder die Mitglieder sind vielleicht abgelenkt und achten nicht so sehr auf die Fragen, wenn Sie Ihre Befragung innerhalb der Gruppe durchführen. Deshalb werden die Antworten, die Sie erhalten, nicht so aussagekräftig sein, wie Sie es gerne hätten.

Sie müssen Ihre Befragungskünste anwenden, um herauszufinden, welche Schmerzpunkte jedes Mitglied des Komitees hat. Wenn Sie sie dann als Gruppe vor sich haben, werden Sie sich wohl fühlen, und Sie sind sowohl mit jedem einzelnen als auch mit ihnen als Gruppe vertraut. Sie werden in einer viel besseren Position sein, um sie als Komitee zu beeinflussen. Um diese Stufe der Kommunikation mit ihnen zu erreichen, müssen Sie mit jedem einzelnen Mitglied persönlich gesprochen haben. Wenn Sie erst einmal die Unterstützung der einzelnen Personen gewonnen haben, können Sie ihnen als Gruppe etwas verkaufen.

Abgesehen davon, daß diese Strategie Ihnen die nötigen Informationen und die emotionalen Gründe gibt, um den Verkauf innerhalb der Grenzen Ihres Verkaufssystems zu tätigen, ist sie eine exzellente Methode, sich selbst noch mehr von Ihrer Konkurrenz abzuheben.

Ich verspreche Ihnen, die meisten Anbieter von freiberuflichen Dienstleistungen sprechen nicht mit den einzelnen Mitgliedern von Komitees, die die Kaufentscheidung treffen. Die meisten Leute halten dies nicht für die richtige Methode. Sie möchten sicher nicht, daß man denkt, sie seien aufdringlich. Sie orientieren sich an der üblichen Methode, nämlich der Gruppe als Ganzes etwas zu verkaufen. Sie handeln, als ob das Komitee eine Person sei, ein Interessent mit einer Priorität, einer Motivation, einem Ego. Sie werden versuchen, an die Gruppe als eine Einheit zu verkaufen.

Denken Sie daran, ein Schlüssel zum Erfolg ist, nicht so auszusehen, zu handeln oder zu klingen wie ein typischer Anbieter von freiberuflichen Dienstleistungen. Wenn Sie an jedes Mitglied des Komitees mit Fragen und Bitten herantreten, wird es Ihnen helfen, sich von der Masse zu distanzieren. Es wird zeigen, daß Sie effizient, sorgfältig, fürsorglich, vorbereitet und an ihrem Geschäft interessiert sind. Ist es nicht großartig, wenn ein Dienstleistungsanbieter diese Eigenschaften hat?

Und machen Sie sich nichts vor: Egal, wer Sie sind, es wird Konkurrenten geben, die genauso gut sind wie Sie (oder es hat zumindest den Anschein). Wenn also die Dienstleistungen ähnlich sind und es für den potentiellen Kunden schwierig ist, einen Unterschied zwischen ihnen zu erkennen, müssen Sie anders sein. Nehmen Sie diese Gelegenheit wahr, anders zu sein.

Die meisten Komiteemitglieder werden anerkennen, daß Sie sich sehr bemühen, mit ihnen zu sprechen oder sich mit jedem von ihnen zu treffen. Sie werden Ihr Engagement spüren, Ihre Präsentation sorgfältig durchzuführen. Dadurch läßt sich erkennen, daß Sie Wert auf ausgezeichnete Arbeit legen. Der einzige Nachteil dieses Plans ist, daß er manchmal schwer durchführbar ist. Und Sie möchten vielleicht Ihre Zeit nicht vorrangig darin investieren, diesen Prozeß effizient durchzuziehen.

Manchmal mögen es die Mitglieder eines Komitees nicht, wenn man jedem für sich etwas verkaufen will. Sie werden Sie vielleicht fragen: „Wofür ist ein Komitee gut, wenn man sich an die einzelnen Mitglieder wenden muß?" Wenn außenstehende Berater an diesem Auswahlprozeß beteiligt sind (die verkappte Konkurrenten sind), werden sie normalerweise versuchen, Sie daran zu hindern, sich mit den einzelnen Mitgliedern des Komitees zu treffen. Sie versuchen, Sie in einem Zustand größtmöglicher Unterwürfigkeit zu halten, damit Sie sich unwürdig fühlen, die einzelnen Mitglieder anzusprechen.

Genau zu diesem Zeitpunkt müssen Sie Ihre Bereitschaft zeigen, der Situation den Rücken zu kehren, für den Fall, daß man versucht, Sie zu manipulieren.

Denken Sie an die folgenden Tatsachen, wenn Sie ernsthaften Widerstand spüren:

- *Wenn Sie auf Widerstand treffen, müssen Sie begreifen, daß das gesamte Geld, das in dieser Situation ausgegeben wird, nicht das Geld des potentiellen Kunden ist.* Eigentlich müssen die Komiteemitglieder nur dann Geld ausgeben, wenn sie etwas finden, das ihren Vorstellungen entspricht. Denken Sie daran: Ihre Kosten für die Verkaufsvorbereitungen sind hoch genug, um es zu rechtfertigen, daß die Mitglieder des Komitees sich einzeln damit befassen. Sie dürfen sich nicht einfach Ihrem Schicksal ergeben. Ihre Ressourcen und Ihre Zeit sind zu kostbar, um das Ergebnis ganz dem Zufall zu überlassen.
- *Als Dienstleistungsanbieter verdienen Sie Ihren Lebensunterhalt damit, freiberufliche Dienstleistungen anzubieten.* Sie müssen die emotionalen Ziele jedes Komiteemitglieds kennen, um die beste Diagnose stellen und die professionellste Arbeit liefern zu können. Es ist wichtig, daß man von Ihnen nicht erwartet, daß Sie sich an den Zielen des Interessenten zum Nachteil Ihrer eigenen Ziele orientieren. Diese Ziele sind, dem

potentiellen Kunden auf die bestmögliche Art und Weise zu helfen und den Auftrag für die Firma zu bekommen. Wenn Sie weniger tun würden, käme das einem Kunstfehler im Verkaufen gleich.

WENN EINE UNWIDERSTEHLICHE KRAFT AUF EIN UNBEWEGLICHES OBJEKT TRIFFT

Es wird vorkommen, daß Sie auf eine unerschütterliche Kraft treffen, die Sie daran hindert, an die einzelnen Mitglieder des Komitees heranzukommen. Was sollten Sie dann tun? Ziehen Sie die folgenden Alternativen in Betracht:

1. *Sie haben das Recht, sich die Gelegenheit entgehen zu lassen.* Wenn es sehr schwierig ist, an die einzelnen Mitglieder heranzukommen, sind die Chancen, dieser Gruppe etwas zu verkaufen, sehr viel geringer als die Möglichkeit, Kopfschmerzen zu bekommen. *Brauchen* Sie das Geschäft? Sie werden morgen nicht am Hungertuch nagen, wenn Sie es nicht bekommen, oder? So mag es logisch erscheinen, sich erfolgsversprechenderen Projekten zuzuwenden.

Ich bin seit langem dafür, gefährlichen Situationen aus dem Weg zu gehen. Zu mir kommen oft Kunden mit Problemen, die diesen mit dem unerreichbaren Komitee, die hier beschrieben wurden, ähnlich sind. Ich gebe ihnen fast immer den Ratschlag, ihre Angebote zurückzuziehen, ihre kreative Energie zu sparen und den Verkauf zu vergessen. In 99 von 100 Fällen waren diejenigen, die nicht auf mich gehört haben, mit großen Schwierigkeiten konfrontiert.

Wenn Sie die emotionalen Ziele der einzelnen Mitglieder eines Komitees nicht kennen, haben Sie einen riesigen Nachteil. Das Komitee hat die Kontrolle über den Verkauf, und Sie setzen sich somit der Gefahr ernsthafter Manipulationen aus. Wenn Sie das Geschäft durch etwas Glück abschließen können oder einfach deshalb, weil Ihre Konkurrenten deren Ziele auch nicht verstanden haben, setzen Sie sich dem Risiko aus, eine Geschäftsbeziehung aufzubauen, die auf Mißkommunikation, Mißverständnissen und Manipulationen basiert. Geben Sie acht!

2. *Sie können an die Person verkaufen, die an das Komitee verkauft.* Okay, wenn Sie sich mühsam vorkämpfen wollen, müssen Sie zumindest mit einigen Ratschlägen auf diesem riskanten Gebiet ausgestattet sein. Nehmen wir an, Sie entscheiden, der potentielle Kunde ist den Ärger wert. Die am meisten wünschenswerte Alternative ist, an denjenigen zu verkaufen, der wiederum an das Komitee verkauft, und zwar so, als ob er die Befugnis hätte, die Entscheidung alleine zu treffen.

Normalerweise hat ein Komitee, wenn es nicht zu erreichen ist, einen einzigen Vertreter, der zwischen dem Komitee und den einzelnen Dienstleistungsanbietern vermittelt. Bauen Sie zu diesem Vertreter eine Beziehung auf. Treffen Sie sich mit ihm, stellen Sie ihm Fragen, und finden Sie heraus, welches seiner Meinung nach die Kaufmotive des Komitees sind. Verkaufen Sie an diese Leute genau so, wie Sie an eine Einzelperson verkaufen würden.

Präsentieren Sie dem Vermittler Ihre Vorschläge so, als ob dieser die Entscheidungsbefugnis besäße. Im wesentlichen trifft dies auch zu. Die Meinung dieses Vermittlers über den potentiellen Kandidaten wird notwendigerweise auch die Entscheidung des Komitees beeinflussen. Seine Präferenzen spiegeln sich in der Art und Weise, wie er die Vorschläge dem Komitee präsentiert, wider.

Wenn Sie dann Ihre Präsentation beendet haben, sichern Sie sich, anstatt den Verkauf abzuschließen, eine Zusage des Vermittlers, daß dieser Ihr Angebot dem Komitee nicht nur *zeigt*, sondern *verkauft*. Nach Ihrer persönlichen Anwesenheit ist dies die zweitbeste Alternative. Der Vermittler ist Ihre Verbindung zum Verkauf an das Komitee. Geben Sie diesem Vermittler nicht nur Informationen, die er an die Mitglieder der Gruppe weitergibt, sondern verkaufen Sie an ihn.

3. *Sie können darum bitten, anwesend sein zu dürfen, wenn das Komitee seine Entscheidung trifft.* Wenn Sie dabei sein können, wenn das Komitee seine Entscheidung trifft, werden Sie der einzige Dienstleistungsanbieter sein, der anwesend ist. Und an wen glauben Sie, werden sie den Auftrag übergeben, wenn nur einer der fünf Konkurrenten auftaucht, um Fragen zu beantworten, während sie ihre Entscheidung treffen?

Sie könnten auf Probleme und Sorgen stoßen, wenn sie die Angebote prüfen und die entscheidenden Punkte in Betracht ziehen. Sie können der Berater sein, der handelt. Sie können helfen, die Angebote zu sondieren. Diese Strategie demonstriert Ihre Bereitschaft, etwas zu leisten, und Ihren Wunsch, das Unternehmen als Kunden zu haben. Da Sie der einzige Fachmann sein werden, der dieses Angebot macht, haben Sie sich wiederum auf positive Art und Weise von Ihrer Konkurrenz abgehoben.

Alle meine Studien von Käufern freiberuflicher Dienstleistungen weisen darauf hin, daß Aggressivität auf seiten des Dienstleistungsanbieters ein höchst wünschenswerter Zug ist. Sie wollen aggressive Fachmänner, die die Konzepte für ihre Geschäfte aktiv umsetzen.

Sogar wenn Sie den Kunden dieses Mal nicht überzeugen können, haben Sie sich selbst als Fachmann präsentiert, der nach Perfektion strebt. Der

Eindruck, den Sie vermittelt haben, wird Ihnen die Tür für künftige Geschäfte öffnen. Behalten Sie das immer im Auge. Ein Verkauf bedeutet nicht das Ende einer Beziehung zu einem potentiellen Kunden, ungeachtet dessen, ob Sie das Geschäft beim ersten Mal bekommen, oder nicht.

4. *Sie können der letzte sein, der seine Präsentation vorträgt.* Der letzte zu sein, hat mehrere Vorteile. Wenn Sie mit Ihrer Präsentation beginnen, können Sie herausfinden, was die Komiteemitglieder an den Konkurrenten, die vor Ihnen dran waren, gut fanden, und was nicht. Dies ist wichtig, wenn Sie noch nicht die Gelegenheit hatten, mit den einzelnen Komiteemitgliedern zu sprechen. Sie können von den Fehlern der vorangegangenen Dienstleistungsanbieter profitieren. Haben Sie dabei kein schlechtes Gefühl; sie würden das gleiche tun, wenn sie die Gelegenheit hätten. Das sind die Spielregeln!

Wenn Sie mit Ihrer Präsentation beginnen, könnten Sie fragen, ob sie irgendwelche Bedürfnisse haben, auf die in den anderen Präsentationen nicht eingegangen wurde. Diese Frage funktioniert immer, wenn Sie nicht der erste sind, der eine Präsentation vorträgt. Dann passen Sie Ihre Präsentation so an, daß diese Lücken gefüllt werden und bieten eventuell noch einige Punkte an, an die noch keiner gedacht hat.

Diese Strategie funktioniert, sogar wenn Sie noch nicht in der Lage waren, die Komiteemitglieder einzeln zu treffen. Es schadet nie, wenn man der letzte ist, der eine Präsentation vorträgt, da Sie dann noch in frischer Erinnerung sind. Es erhöht Ihre Chancen, den Auftrag zu bekommen.

5. *Sie können anbieten, der erste, der letzte und der allerletzte zu sein.* Dies ist eine wirkungsvolle Strategie für den Verkauf an Komitees. Bitten Sie einfach darum, Ihre Präsentation als erster machen zu können. Wenn Sie die Präsentation erfolgreich beendet haben, fragen Sie das Komitee, ob es noch offene Fragen oder Dinge gibt, die in Ihrem Angebot angepaßt werden sollten. Sichern Sie sich eine Zusage des Komitees für eine weitere Besprechung, nachdem alle anderen Präsentationen stattgefunden haben.

Wenn Sie sich ein letztes Mal mit dem Komitee treffen, präsentieren Sie noch einmal Ihr Angebot inklusive der Anregungen, die Sie während Ihrer ersten Präsentation erhalten haben. Während Ihrer Endbesprechung – die hoffentlich dann stattfindet, wenn die Entscheidung getroffen wird – bieten Sie dann an, bei der Auswertung der Angebote behilflich zu sein.

Wiederum geht dies über das normale Maß hinaus, was durchschnittliche Dienstleistungsanbieter bereit sind zu tun. Sie heben sich selbst hervor, und Sie verschaffen sich selbst einen starken Einfluß auf die Entscheidung des Komitees. Welch ausgezeichneter Ausgangspunkt, um etwas zu verkaufen! Ich schlage diese Strategie vor, ungeachtet dessen, ob Sie mit den einzelnen Mitgliedern gesprochen haben, oder nicht.

VORBEREITUNG AUF FORMELLE PRÄSENTATIONEN

Hier ist eine Checkliste, die von den Top-Geschäftsleuten in den freien Berufen erstellt wurde, um Ihnen zu helfen, sich besser auf formelle Präsentationen vorzubereiten und Ihre Abschlußrate zu verbessern:

- Befragen Sie so viele Personen wie möglich. Zusätzlich zu den wirklichen Entscheidungsträgern ist jeder, der mit dem künftigen Dienstleistungsanbieter zu tun haben wird (der Anwender-Entscheidungsträger und Einflußhabende), eine gute Informationsquelle, um herauszufinden, welche Probleme die Organisation tatsächlich hat. Wenn Sie erst einmal herausgefunden haben, was wirklich los ist, sind Sie in einer besseren Position, zu bestimmen, ob es sich um einen ernsthaften Käufer handelt und ob Sie am besten dazu geeignet sind, deren Situation in den Griff zu bekommen.
- Suchen Sie sich einen Coach, und finden Sie genau heraus, wie Ihre Präsentation aussehen muß, um den Auftrag zu bekommen.
- Stellen Sie ein dynamisches Team zusammen, das das Geschäft wirklich haben will. Wenn ein Mitglied Ihres Präsentationsteams nicht so überaus begeistert ist wie Sie, sich den neuen Klienten zu sichern, ersetzen Sie es durch jemanden, der diese Begeisterung zeigt. Dies ist einer der häufigsten Fehler, die Freiberufler in der Phase der formellen Präsentation machen: Die Leute für ihr Team werden danach ausgesucht, wo sie arbeiten, nach ihrem Fachwissen oder ob sie verfügbar sind, ohne einen Gedanken daran zu verschwenden, was für ein Gefühl sie dabei haben, wenn sie den Job bekommen. Leute, die überarbeitet sind und nicht wollen, daß man noch mehr ihrer Zeit beansprucht, übertragen diese Botschaft bewußt und unbewußt auf den potentiellen Kunden.
- Setzen Sie eine Sitzung zum Brainstorming an. Setzen Sie sich mit Ihrem Team zusammen, nachdem Gespräche geführt worden sind. Stellen Sie eine Liste aller Probleme des Klienten zusammen. Mit Hilfe Ihres Coach können Sie dann am besten entscheiden, welche Punkte in Ihrer Präsentation abgedeckt werden sollen.
- Wählen Sie einen Gesprächsleiter aus. Jemand wird den Vorbereitungsprozeß für die Präsentation und die Durchführung der Präsenta-

tion kontrollieren müssen. Das Motto „Jeder so, wie er will" beeindruckt künftige Kunden nicht.

- Weisen Sie zu stellende Fragen und zu spielende Rollen zu. Jedes Mitglied des Präsentationsteams sollte wissen, welche Rolle jeder bei der Präsentation spielt. Teilen Sie den Mitgliedern Fragen zu, die sie den Käufern stellen sollen, um sowohl ihre Bedeutung innerhalb des Präsentationsteams als auch ihr Interesse an dem Kunden zu zeigen.
- Fassen Sie, basierend auf Ihrem Honorar, ein Paket von Produkten zusammen. Ein Schlüssel dafür, ein immaterielles Produkt zu verkaufen, ist, es en bloc anzubieten und es so verständlicher zu machen. Sagen Sie den Käufern *genau*, was sie im Falle einer Beauftragung bekommen werden, aber gehen Sie nicht zu sehr in langweilige Details. Erklären Sie die Grundzüge des Produkts, und erläutern Sie, wie es ihnen helfen wird, ihre Ziele besser zu erreichen.
- Bereiten Sie ein Profil der Entscheidungsträger vor. Jeder in Ihrem Präsentationsteam sollte wissen, mit wem er spricht, und darauf vorbereitet sein, wer im Komitee welche Rolle verkörpert und mit welchen Problemen zu rechnen ist.
- Bringen Sie dem potentiellen Kunden etwas Neues. Welches sind die brandaktuellen Themen in ihrem Industriezweig? Finden Sie dies in Ihren Gesprächen, aus Publikationen und von Verbänden heraus, die mit diesem Industriezweig zu tun haben. Dann liefern Sie den Entscheidungsträgern eine Idee, an die sie noch nicht gedacht haben, um ihnen zu helfen, ihre Organisation besser zu führen (ohne preiszugeben, wie Sie dies erreichen können).
- Bereiten Sie für die Präsentation Arbeitsunterlagen vor. Klären Sie, was in diesen Unterlagen stehen soll. Die Kunden sollten aussagekräftige Materialien zur Hand haben, auf die sie sich beziehen können, durch die sie aber nicht von Ihrer Präsentation abgelenkt werden.
- Üben Sie mindestens einmal vor objektiven Dritten. Sie werden erstaunt sein, wieviel Ihres Unbehagens verschwindet, nachdem Sie eine Generalprobe mit Dritten, die die Rolle der Käufer spielen, bestanden haben.

Hier sind einige Regeln zur Durchführung von formellen Präsentationen:

- Seien Sie früh dort, und reden Sie einfach mit den Leuten. Je mehr persönlichen Kontakt Sie haben, desto wahrscheinlicher ist es, daß Sie das Geschäft machen werden.

- Bleiben Sie anschließend noch da, und reden Sie mit den Leuten. Menschen kaufen andere Menschen. Finden Sie heraus, was ihnen gefallen hat. Wie reagierten Sie auf Ihr Präsentationsteam? Wo könnte eine Änderung erforderlich sein? Möchten sie mehr Anregungen?
- Setzen Sie sich vor dem Termin mit Ihrem Team zusammen. Führen Sie vorher eine Lagebesprechung durch, um sicherzustellen, daß alle am gleichen Strang ziehen. Muntern Sie Ihre Teammitglieder auf. Sprechen Sie mit ihnen über ihre Ängste und Sorgen wegen der Präsentation, und sie werden sich wohler fühlen und somit einen besseren Eindruck hinterlassen.
- Verkaufen Sie nicht. Handeln Sie wie ein Arzt, der berät, und geben Sie der Präsentation den Charakter einer Arbeitssitzung. Es soll nicht wie eine lockere Unterhaltung wirken. Das ist richtig! Die Käufer sollen arbeiten! Finden Sie in einer Gruppensitzung die Hauptsorgen der potentiellen Auftraggeber heraus; sprechen Sie mit ihnen über die Voraussetzungen für ihre Zufriedenheit. Erzeugen Sie eine Wechselwirkung, und bringen Sie sie dazu, sich emotional zu engagieren. Ihre Konkurrenten werden dort hineingehen und ihnen über ihre zweitausend Büros in aller Welt erzählen ... bla, bla, bla. Zeigen Sie ihnen, wie Sie mit Ihren Kunden arbeiten, um deren Geschäfte zu verbessern. Stellen Sie ihnen Fragen. Bringen Sie ein Gespräch in Gang. Sprechen Sie über ihre Schmerzpunkte, und gehen Sie darauf ein. Geben Sie der Präsentation Würze, machen Sie sie aufregend und lebhaft.
- Bringen Sie Ihre Mitarbeiter vorteilhaft zur Geltung. Demonstrieren Sie das Fachwissen Ihrer Teamkollegen. Jeder von ihnen sollte an der Präsentation aktiv teilnehmen. Lassen Sie sie über ähnlich gelagerte Fälle erzählen, ohne daß sie zu sehr in langweilige Details gehen oder Ihre kostbaren Geheimnisse und Methoden preisgeben.
- Führen Sie eine Entscheidung herbei. Finden Sie heraus, wo Sie in dem Verkaufsprozeß stehen. Wenn Sie Ihre Hausaufgaben gemacht haben, wenn Sie wirklichen Käufern gegenüberstehen und Sie es richtig angestellt haben, sie in eine Arbeitssitzung einzubinden, warum sollten sie jemand anderen engagieren? Finden Sie heraus, wie es lief, und zwar jetzt sofort. Seien Sie darauf vorbereitet, länger als geplant zu bleiben.

Nach der Präsentation:

- Informieren Sie sich umgehend über die Eindrücke Ihrer Teammitglieder. Finden Sie sofort heraus, was funktionierte, und was nicht.

Bringen Sie die Eindrücke jedes Teammitglieds zu Papier. Was sollte getan werden, um den Auftrag durchzuziehen? Wer wird was tun? Worauf sollten Sie beim nächsten Mal achten? Gratulieren Sie ihnen zu ihrer herausragenden Leistung. Machen Sie ihnen keine Vorwürfe, sonst werden sie beim nächsten Mal nicht mehr mitmachen.

- Vereinbaren Sie eine Anschlußbesprechung mit Ihrem Team, um durch Brainstorming weitere neue Ideen für den Kunden zu kreieren. Je mehr persönlichen Kontakt Sie zu dem potentiellen Kunden pflegen, desto wahrscheinlicher ist es, daß Sie gewinnen. Neue Ideen sind ein großartiger Vorwand, um wieder mit dem Kunden in Kontakt zu treten und zusätzlich einen hervorragenden Eindruck zu hinterlassen.
- Ändern Sie nächstes Mal die personelle Zusammensetzung Ihres Teams. Während Ihre persönlichen Eindrücke noch frisch sind, nehmen Sie sich vor, beim nächsten Mal ein besseres Team zusammenzustellen, wenn es gerechtfertigt ist.
- Versenden Sie an jedes Komiteemitglied einen kurzen individuellen Brief, und pflegen Sie persönlichen Kontakt. Die Leute lieben persönliche Briefe; dies ist eine weitere Methode, sich total von allen anderen abzuheben.
- Lassen Sie nicht locker, und liefern Sie Informationsmaterial, das Sie versprochen haben. Bringen Sie es persönlich vorbei.
- Wenden Sie sich sofort an Ihren Coach, und bitten Sie ihn um Anregungen. Wo stehen Sie im Vergleich zu den anderen? Was muß noch getan werden, um den Verkauf abzuschließen? Haben Ihre Rivalen es geschafft, einen Fuß in die Tür zu bekommen?
- Gehen Sie einer Entscheidung nach. Man sollte ihnen gesagt haben, wann die endgültige Entscheidung getroffen wird (wenn sie nicht gleich dann und dort getroffen wird). Warten Sie nicht, bis Sie angerufen werden; es ist Ihr Job, herauszufinden, welche Entscheidung getroffen wurde. Was, wenn man auf Ihren Anruf nicht antwortet? Das ist in der Regel kein gutes Zeichen, aber es kann irgend etwas dazwischengekommen sein. Rufen Sie nach ein paar Tagen nochmals an.

ICH HASSE ANGEBOTE UND AUFFORDERUNGEN ZUR EINREICHUNG VON ANGEBOTEN

Ich vermeide es, Angebote zu erstellen. Meine Erfahrungen und die vieler anderer Anbieter von freiberuflichen Dienstleistungen haben mir gezeigt, daß der Vorschlag, ein Angebot für einen potentiellen Kunden (oder für einen bestehenden Kunden bezüglich zusätzlicher Arbeit) zu erstellen, ei-

ne todsichere Methode sein kann, um einen begeisterten potentiellen Kunden wieder auf den Boden der Tatsachen zurückzubringen, ihn möglicherweise mit Details zu verwirren oder gar zu Tode zu langweilen.
Glauben Sie, daß potentielle Kunden Angebote tatsächlich lesen und durcharbeiten? Manche (sehr, sehr wenige – in der Regel Buchhalter oder Techniker) tun es. Die meisten tun es nicht. Beim Verkaufen von immateriellen Dienstleistungen kaufen Menschen andere Menschen, kein Stück Papier. Oft kaufen die Leute trotz eines Angebots, und nicht aufgrund des Angebots. Deshalb müssen wir viel Zeit mit den potentiellen Kunden verbringen, sie kennenlernen und herausfinden, was sie brauchen und wollen, anstatt die Zeit damit zu verbringen, Angebote zu schreiben.
Seien Sie auch nicht zu aufgeregt, wenn Sie eine Aufforderung zur Einreichung von Angeboten erhalten. Sie müssen sehr vorsichtig zu Werke gehen, wenn eine Firma Sie einlädt, an einer Ausschreibung teilzunehmen – das lehrt uns die Erfahrung. Es gibt viele zusätzliche Risiken, wenn Sie ein Angebot erstellen:

- Anbieter von freiberuflichen Dienstleistungen betrachten Angebote oft als Verkaufswerkzeug und erwarten, daß das Angebot den potentiellen Kunden beeindruckt und überzeugt und daß dadurch der Auftrag gewonnen wird.
- Freiberufler sind der Meinung, daß der potentielle Kunde ein Angebot sehen muß, um eine Entscheidung zu treffen.
- Angebote werden oft als kostenlose Studie oder Werkzeug zum Feilschen mit bestehenden Dienstleistungsfirmen verwendet.
- Oft soll nur eine bestimmte Firma bevorzugt werden, und durch Einholung von Angeboten anderer Firmen wird die Beauftragung dieser Firma gerechtfertigt.
- Schriftliche Angebote spielen oft nur eine kleine Rolle bei der Entscheidung, Dienstleistungen zu kaufen.
- Angebote sind oft in einer Sprache geschrieben, die der Kunde nicht versteht.
- Wenn ein potentieller Kunde Sie bittet, ein Angebot zu erstellen, ist dies oft nur eine nette Art, den Dienstleistungsanbieter abzulehnen.
- Blinde Aufforderungen zur Einreichung von Angeboten sind üblicherweise reine Zeit- und Geldverschwendung.

Durch diese zusätzlichen Risiken könnten sich bestimmte negative Folgen für Sie ergeben:

- Sie können viele Möglichkeiten verpassen, neue Geschäfte zu machen, weil der potentielle Kunde sein Interesse verloren hat, während Sie Ihre Zeit damit verbrachten, ein unnötiges Angebot zu schreiben.
- Wenn Sie ein Angebot schreiben, aus dem sich kein Geschäft ergibt, vergeuden Sie enorm viel Zeit, die Sie hätten verrechnen können.
- Sie steigern sich vielleicht in die falsche Situation hinein, was zu Gefühlen von Mißerfolg und Zurückweisung führen kann und sich auf Ihre Chancen, weiter Ihre Dienstleistungen zu verkaufen, negativ auswirken kann.
- Sie verschenken vielleicht Ihr Fachwissen an die Konkurrenz und an Leute, die von Anfang an nicht die Absicht haben, Sie zu engagieren.
- Es gelingt Ihnen vielleicht nicht, für bestehende Kunden Dienstleistungen zu erbringen und den Kontakt zu ihnen zu pflegen, weil Sie damit beschäftigt sind, unnötige Angebote zu erstellen.
- Sie sichern sich vielleicht keine potentiellen Kunden, die kaufen würden, weil Sie die Zeit, die Ihnen zur Hereinbringung von neuen Geschäften zur Verfügung steht, damit verschwenden, Angebote zu schreiben.
- Sie machen vielleicht das Angebot und die Verfasser des Angebots dafür verantwortlich, daß Sie den Auftrag nicht bekommen haben, anstatt aus Ihren Fehlern zu lernen.
- Es kann sein, daß Sie zuviel Gewicht auf das Angebot legen, um das Geschäft zu machen, und die Entwicklung der persönlichen Beziehung vernachlässigen, aber gerade dadurch wird die Arbeit wirklich verkauft.
- Es kann sein, daß Sie potentielle Kunden verstimmen, wenn Sie Ihr Angebot in einem Stil schreiben, den sie nicht verstehen.

WIE SIE DEN ANGEBOTSPROZESS ANGEHEN

Wenn Sie erfolgreicher Angebote schreiben wollen, müssen Sie aufhören, wie ein Anbieter von freiberuflichen Dienstleistungen zu denken. Orientieren Sie sich stattdessen an Ihren unternehmerisch denkenden Kunden. Wie treffen sie Entscheidungen? Sitzen sie übermäßig lange über Akten? Verbringen sie Stunden in der Bibliothek, um für ein Thema zu recherchieren? Dauert es Wochen, bis sie eine Entscheidung treffen? Bei den meisten wird dies wahrscheinlich nicht der Fall sein (wenn sie nicht gerade Anwälte sind). Aufgrund der Erfahrungen der Top-Geschäftsleute in den freien Berufen, aufgrund meiner Erfahrung und der meiner Kunden kann ich Ihnen versichern, daß Kaufentscheidungen auf der menschlichen und emotionalen Ebene getroffen werden, und nicht auf dem Papier.

Art, einer der besten Geschäftsleute und seit mehr als 20 Jahren für eine große Beratungsfirma tätig, hat es am besten formuliert:

> Ich erstelle keine Angebote, außer der potentielle Kunde will irgend etwas sehen, um die Vereinbarung zu formalisieren. Dann mache ich das Angebot zu einer Verpflichtungserklärung, indem ich nur kurz zusammenfasse, was wir für sie tun werden.
>
> Ich möchte nie etwas mit der Erstellung von Angeboten zu tun haben. In einem Zeitraum von 20 Jahren, während dem ich Millionen Dollar an Honoraren für die Firma verdient habe, habe ich festgestellt, daß Menschen andere Menschen kaufen. Die potentiellen Kunden entscheiden während der ersten Besprechung, wem sie ihrem Gefühl nach den Auftrag geben wollen. Mein Job ist es, mich und mein Team während des ersten Gespräches an sie zu verkaufen. Wenn ich nicht das Gefühl habe, daß die Besprechung gut verlief, die potentiellen Kunden mir nicht genau sagen, wo ich im Vergleich zu meinen Konkurrenten stehe und ich nicht der Spitzenreiter bin, lehne ich es ab, ein Angebot zu erstellen. Wir haben einfach zu viel zu tun, um uns damit zu beschäftigen. Ich habe bis jetzt noch nie eine Arbeit verkauft, wo ich nicht während und nach der Besprechung dieses Gefühl von Zustimmung empfand, ganz egal wie großartig unser Angebot war.
>
> Außerdem biete ich nie und nimmer an, ein Angebot zu erstellen. Am Anfang meiner Karriere dachte ich, es sei professionell, wenn man dem potentiellen Kunden nach einem Verkaufsgespräch etwas Schriftliches anbietet. In Wirklichkeit gab ich meiner eigenen Angst nach, den Kunden um eine Entscheidung zu bitten, um mit dem Projekt weitermachen zu können. Ich fürchtete mich davor, das Wort „nein" zu hören, so verschob ich den Schmerz eines möglichen Mißerfolges, indem ich die Entscheidung hinauszögerte.
>
> Das Ergebnis war, daß ich Tausende Dollar in den Wind schreiben mußte, weil ich wegen meiner eigenen Angst Geschäfte, die eigentlich gemacht werden sollten, nicht gemacht habe. Oft war ich bei potentiellen Kunden, und ihr Interesse war geweckt, sie wollten vorankommen und uns engagieren. Wenn sie dann unsere Angebote erhalten hatten, waren sie schon wieder mit ihrem eigenen Leben beschäftigt und hatten mich vergessen! Ich mußte feststellen, daß ich nicht mehr bis zu ihnen vordringen konnte, um mit ihnen zu reden. Sie riefen mich nicht zurück. Ich war sehr verwirrt; ich hatte gedacht, daß man Geschäfte genau auf diese Art und Weise machen sollte.

Ich bemerkte auch noch folgendes: wenn die Interessenten nach Durchsicht unseres Angebots immer noch Interesse daran hatten, mit uns zusammenzuarbeiten, waren sie uns gegenüber deutlich distanzierter als während unseres ersten Gespräches – und unser Honorar war nun ein Thema. Ich habe festgestellt, wenn die Leute erst einmal eine Zeitlang Abstand zu ihren Problemen haben, sind sie weniger bereit, dafür zu bezahlen, ihre Situation wieder in Ordnung zu bringen, und am Ende reduzieren wir unser Honorar, um den Auftrag trotzdem zu bekommen. Das war sehr entmutigend. Ich fühlte mich wie irgendein Hausierer, wenn ich mit potentiellen und bestehenden Kunden Preispoker spielen mußte.
Glücklicherweise traf ich bei einem Mittagessen der Handelskammer zufällig einen meiner Interessenten, der vormals begeistert von mir gewesen war. Ich fragte ihn direkt, warum er meine Anrufe nicht beantwortet hatte. Er sagte, er habe gedacht, ich sei unprofessionell, weil ich ihm die Arbeit, die er erledigt haben wollte, nicht sofort angeboten hatte. Er wolle niemanden engagieren, der nicht imstande ist, mit jemandem das Geschäft abzuschließen, der dazu bereit und willens ist. Das Honorar sei in der ersten Besprechung kein Thema gewesen, aber jetzt sei er wirklich an überhaupt keinem Preis mehr interessiert.
Diese Erfahrung lehrte mich eine sehr wertvolle Lektion: Sie müssen sich die Kunden schnappen, solange sie noch von Ihren Ideen begeistert sind. Wenn Sie spüren, daß die Kunden es ernst damit meinen, ihre Probleme zu lösen oder ihre Wünsche zu erfüllen, legen Sie Termine fest, um sofort an Ort und Stelle anzufangen. Bieten Sie niemals an, ein Angebot zu erstellen.

Wie läßt sich Arts Ratschlag auf Sie anwenden? Betrachten Sie diese Vorschläge:

1. Betrachten Sie die Erstellung eines Angebots nicht als Selbstverständlichkeit. Drücken Sie sich nie davor, eine Entscheidung zu suchen, weil Sie Angst haben.
2. Spielen Sie das Angebotsspiel nicht mit, wenn Sie nicht der Meinung sind, Sie hätten eine wirklich gute Chance, die Arbeit zu bekommen. Picken Sie sich jene Gelegenheiten für eine Angebots-Erstellung heraus, die Ihnen interessant und erfolgsversprechend erscheinen.
3. Seien Sie sich darüber im klaren, daß der potentielle Kunde Menschen kauft, und nicht Papier. Die Entscheidung, eine bestimmte Fir-

ma gegenüber einer anderen zu bevorzugen, wird oft während der ersten Besprechung getroffen und hat sehr wenig damit zu tun, wie großzügig und brillant ein Dokument ist.

4. Die Honorarfrage gewinnt immer mehr an Bedeutung, je länger das erste Gespräch zurückliegt, da der potentielle Kunde in der Zwischenzeit wieder auf Distanz zu Ihnen geht. Klären Sie die Honorarfrage während der ersten Besprechung, wenn der Kunde noch von Ihren Ideen begeistert ist.

WIE MAN GEWINNENDE ANGEBOTE SCHREIBT

Sie haben entschieden, daß es in Ordnung ist, ein Angebot zu schreiben. Sie haben die Verkaufsuntersuchung bestmöglich durchgeführt. Sie kennen die Probleme, Schmerzpunkte, Erfordernisse, Bedürfnisse, Wünsche und absoluten Notwendigkeiten der Firma, ihre Erwartungen an das Honorar, den Entscheidungsfindungsprozeß und Ihre Möglichkeit, diesen zu beeinflussen. Zwischen Ihnen und den Entscheidungsträgern bzw. jenen, die die Entscheidung beeinflussen, stimmt die Chemie. Die Chancen stehen wirklich gut, das Geschäft zu bekommen. Sie haben einen internen Mentor gewonnen.

Welches Angebot glauben Sie, werden die potentiellen Kunden kaufen? Ihres? Oder ihr eigenes? Das Angebot, das am leichtesten zu verkaufen ist, ist jenes, das der Kunde selbst geschrieben hat. Er wird bestrebt sein, genau dieses durchzusetzen. Finden Sie mit Hilfe Ihres Coachs genau heraus, wie das Angebot aussehen muß. Seine Angaben beruhen auf seinem Erfahrungsschatz und seinen Kenntnissen über den Entscheidungsfindungsprozeß der Entscheidungsträger. Entwerfen Sie das Angebot gemeinsam. Bitten Sie ihn, es durchzusehen, bevor Sie es formell unterbreiten.

Erstellen Sie Ihr Angebot, und faxen Sie es ihm mit der Bitte um seine Kommentare und Ideen. Bitten Sie um Korrekturen und Kritik. Er soll Ihnen dann das Angebot zurückfaxen. Wessen Angebot ist es jetzt? Welches wird intern durchgesetzt und dann gekauft werden? Wenn die Chemie zwischen Ihnen stimmt, wird er es tun. Wenn die Chemie nicht stimmt, die potentiellen Kunden einfach nur nach neuen Ideen suchen oder Sie als Bauernopfer verwenden, um ihr derzeitiges Honorar zu kürzen, geben Sie acht! Es kann sein, daß Sie Ihre Zeit total verschwenden.

ETWAS GANZ ANDERES: AUFFORDERUNGEN ZUR EINREICHUNG VON ANGEBOTEN

Es gibt mehrere Gründe, Bedenken bei der Aufforderung zur Einreichung von Angeboten zu haben:

- Die Erfahrung zeigt, daß eine Firma, die unverlangte Aufforderungen zur Einreichung von Angeboten erhält, eine Chance von weniger als 5 Prozent hat, das Geschäft zu bekommen. Aufforderungen zur Einreichung von Angeboten stehen ungefähr zwei Stufen über dem ungebetenen Besuch eines Vertreters, was Ihre Chancen, sich den Kunden umgehend zu sichern, anbelangt.
- Das Antworten auf eine Aufforderung zur Einreichung von Angeboten ist teuer. Üblicherweise belaufen sich die Kosten, darauf zu reagieren, zwischen 5 und 20 Prozent der Angebotssumme. Mit anderen Worten, wenn Sie ein Angebot über 100.000 Dollar erstellen, wird es Sie und Ihre Firma zwischen 5.000 und 20.000 Dollar kosten, das Angebot zu erstellen. Sie müssen die Herstellungszeit berücksichtigen, die Zeit, die zur Vorbereitung der Dokumente notwendig ist und die Zeit der Mitarbeiter, die das Angebot erarbeiten müssen. Zusätzlich zu den internen Ausgaben müssen Sie möglicherweise noch einen Anwalt hinzuziehen, der die geforderten Zusagen überprüft.

Wenn Sie als Dienstleistungsanbieter auf eine solche Aufforderung antworten, können Sie keine anderen Aufträge an Land ziehen. Wenn Sie an einem Angebot für ein Unternehmen arbeiten, werden Sie wahrscheinlich auf andere Gelegenheiten, neue Geschäfte zu machen, verzichten müssen. Ihr Aufwand an Zeit und Energie ist sehr hoch.

- Offensichtlich waren Sie kein Teil des Prozesses oder der Entscheidung, von verschiedenen Unternehmen Angebote zu erbitten. Die Gruppen, die an dieser Entscheidung beteiligt waren, achten auf ihre eigenen Interessen, nicht auf die Ihren. Sie werden gebeten, ein Angebot zu erstellen, ohne daß Sie vorher mit dem Interessenten gesprochen haben oder sondieren konnten, welche Bedürfnisse das Unternehmen hat. Aus diesem Grund ist es oft schwierig für Sie, die Motivation des Interessenten zu definieren.

Gehen Sie an Aufforderungen zur Einreichung von Angeboten mit großer Vorsicht heran!

AUF WAS SIE ACHTEN MÜSSEN, WENN SIE MIT EINER AUFFORDERUNG ZUR EINREICHUNG VON ANGEBOTEN KONFRONTIERT SIND:

Warum versenden Unternehmen Aufforderungen zur Einreichung von Angeboten? Es gibt viele Gründe:

1. *Es besteht eine reelle Chance auf ein Geschäft.* Nehmen wir an, die Leitung eines Unternehmens erkennt, daß sie mit ihrem derzeitigen Dienstleistungsanbieter ein Problem hat. Sie glaubt, es genauestens definiert zu ha-

ben und sucht nun nach jemandem, der ihr eine Lösung anbietet. Deshalb erstellt sie ein Anforderungsprofil, worin die Probleme beschrieben werden sowie eine Richtschnur für Lösungsvorschläge. Sie verschickt dann eine Aufforderung zur Einreichung von Angeboten an verschiedene Firmen, von denen sie sich Lösungsvorschläge erwartet. Ihr Ziel ist es, die bestmögliche Lösung zum vernünftigsten Preis zu finden.

Manche Unternehmen sind gezwungen, größere Kaufentscheidungen über diesen Prozeß zu treffen. Bei größeren Projekten und Aufträgen der Regierung sind Aufforderungen zur Einreichung von Angeboten und Ausschreibungen unbedingt erforderlich.

Am wenigsten gefährlich ist es, auf Ausschreibungen, die in diese Kategorie passen, zu antworten. Wenn jeder nach den gleichen Regeln spielt, haben Sie zumindest eine reelle Chance, das Geschäft zu bekommen. Aber seien Sie vorsichtig: Was wie ein ebenes Spielfeld aussieht, ist vielleicht keines. Diskutieren Sie zuerst mit anderen darüber (internen oder externen Coaches), die vielleicht Erfahrung oder Anregungen für den potentiellen Kunden haben oder sich in einer ähnlichen Situation befinden.

2. *Die Unternehmen suchen nach Informationen, von denen sie glauben, daß Sie sie liefern können.* Es ist eine übliche Masche von Entscheidungsträgern oder Beratern, die mit Entscheidungsträgern zusammenarbeiten, daß sie Aufforderungen zur Einreichung von Angeboten verwenden, um Informationen zu sammeln. Vielleicht arbeiten sie selbst an einem Angebot, das sie einem Vorstand vorlegen möchten. Durch die Versendung von Aufforderungen zur Einreichung von Angeboten versuchen sie, Ihre Untersuchungen und Ihr Fachwissen umsonst zu bekommen. Außerdem können sie sehen, wie weit ihre Konkurrenz ist.

Und dann gibt es noch Unternehmen, die solche Aufforderungen verschicken, aber keine Absicht haben, ihren derzeitigen Dienstleistungsanbieter zu wechseln oder irgend etwas zu ändern. Sie wollen einfach nur den Markt erforschen und mit ihrer derzeitigen Firma um das Honorar feilschen.

3. *Andere Berater können ihre Positionen rechtfertigen, wenn sie mehrere Unternehmen an einem Wettbewerb um einen Vertrag beteiligen.* Nehmen wir an, eine große Krankenanstalt sucht nach einem Computersystem für die Verwaltung des Krankenhauses sowie für alle Patienteninformationen. Sie haben einen Berater engagiert, der ihnen helfen soll, sich danach umzusehen und die endgültige Entscheidung zu treffen. Dieser Berater steht unter dem Druck, dem Krankenhaus Angebote mehrerer Firmen vorzulegen. Sie werden Aufforderungen zur Einreichung von Angeboten versenden, weil sie erwarten, eine Flut von Angeboten zu erhalten.

Die Gefahr ist, daß sich in vielen Fällen die Berater bereits mit einer Firma zusammengetan haben, bevor die Aufforderungen zur Einreichung von Angeboten verschickt werden. Zum Beispiel hat ein Unternehmen, das für EDV-Beratung bekannt ist, hauptsächlich mit der EDV-Abteilung der Firma ABC zu tun. Es liegt im Interesse des Unternehmens, die Systeme von ABC an das Krankenhaus zu verkaufen. Das Unternehmen hat schon vorher entschieden, daß ABC den Auftrag bekommen wird, muß aber den Anschein von Objektivität wahren, indem es mehrere Angebote überprüft. Dieser Prozeß trägt auch dazu bei, die Existenz des Unternehmens als Experten zu rechtfertigen, einen Irrgarten von Details zu sondieren sowie um zusätzliche Beratungskosten verrechnen zu können.

Wenn Sie zufällig eine Spitzenposition innehaben und eines der besten Unternehmen Ihrer Branche sind, braucht die Firma Ihr Angebot für ihre eigene Glaubwürdigkeit. In diesem Fall haben Sie vielleicht etwas Einfluß. Passen Sie auf bei Aufforderungen zur Einreichung von Angeboten, die von einem Berater erstellt wurden. Gewöhnlich können Sie von einer solchen Startposition aus das Rennen nicht gewinnen. Sie müssen wissen, daß üblicherweise ein Beraterteam zusammengestellt wird, damit der außenstehende Berater fühlt, daß er kein vollwertiger Teilnehmer an dem Verkaufsprozeß ist und er den Beratern nicht ebenbürtig ist. Wenn der Entscheidungsträger einen Berater zu Hilfe nimmt, ist es meistens unmöglich, an ihn direkt heranzukommen.

WIE MAN BEI AUFFORDERUNGEN ZUR EINREICHUNG VON ANGEBOTEN VERKAUFT

Jede Aufforderung zur Einreichung von Angeboten, die auf Ihrem Schreibtisch landet, sollten Sie nicht automatisch in den nächsten Papierkorb werfen. Berücksichtigen Sie zwei Regeln, wenn Sie darauf antworten. So können Sie sich Schwierigkeiten vom Leib halten:

Regel 1: *Überprüfen Sie die Aufforderung und das Unternehmen, das an der Konzeption beteiligt war.* Befragen und beurteilen Sie jeden, der mit dieser Ausschreibung und der endgültigen Entscheidung zu tun hat. Treffen Sie sich mit der Person, die die Angebote erhält und die endgültige Entscheidung trifft. Sprechen Sie mit allen beteiligten Beratern. Prüfen Sie, ob das Unternehmen jemals Ihre Firma im Zuge eines solchen Prozesses gewählt hat. Versuchen Sie herauszufinden, wen die potentiellen Auftraggeber in der Vergangenheit für ähnliche Projekte ausgewählt haben, und warum.

Fahren Sie nicht fort, bevor Sie ohne jeglichen Zweifel wissen, daß Sie ein ebenes Spielfeld und eine faire Chance haben, das Geschäft zu machen. Wenn Sie nicht alle notwendigen Informationen bekommen können oder jemand sich weigert, sich mit Ihnen zu treffen oder mit Ihnen zu sprechen, sollten Sie wirklich überlegen, ob Sie bereit sind, die Ressourcen zu investieren, die für die Erstellung eines Angebotes notwendig sind. Wenn Sie nicht glauben, daß Sie gewinnen können, warum sollten Sie sich die Mühe machen?

Regel 2: *Unterbreiten Sie ein unverlangtes Antwortschreiben.* Mit anderen Worten, halten Sie sich nicht an die Bestimmungen und Richtlinien der Aufforderung. Gehen Sie stattdessen das Angebot wie jeden anderen Verkauf an. Stellen Sie sicher, daß Sie die wirklichen Bedürfnisse des Unternehmens kennen, schlagen Sie dann eine Lösung der Probleme vor. Ignorieren Sie die Zwänge, die Ihnen durch die Aufforderung zur Einreichung von Angeboten auferlegt werden. Dieser Lösungsansatz kann funktionieren, wenn Sie sicher sind, daß Sie den Auftrag bekommen könnten.

Aufforderungen zur Einreichung von Angeboten sind Teil des Geschäftslebens. Es ist unvermeidlich, daß Sie gelegentlich damit konfrontiert werden. Bevor Sie darauf reagieren, stellen Sie sicher, daß es eine Chance gibt, zu gewinnen. Finden Sie dann für sich selbst heraus, was erforderlich ist, um das Geschäft zu bekommen. Verlassen Sie sich nicht unbedingt auf die in dem Anschreiben enthaltenen Informationen. Außerdem sollten Sie ein Angebot nie per Post schicken. Ein Angebot muß persönlich übergeben werden, und Sie müssen es mit den Parteien, die es angefordert haben, gemeinsam durchsehen.

FALLSTUDIE: WIE MAN AUF AUFFORDERUNGEN ZUR EINREICHUNG VON ANGEBOTEN NICHT ANTWORTET

Bonnie war Leiterin der EDV-Beratung eines großen Unternehmens. Eines Tages erhielt sie eine Aufforderung zur Einreichung eines Angebots von einer gemeinnützigen Schwesterorganisation eines größeren Klienten der Stadt. Ihre Firma hatte bei der örtlichen gemeinnützigen Organisation zwei Jahre zuvor erfolgreich ein neues Computersystem installiert.

Ohne nur einmal den Telefonhörer in die Hand zu nehmen, machten sich Bonnie und ihr Team an die Arbeit. Sechs Wochen und zweitausend unbezahlte Überstunden und verschwendete Wochenenden der Mitarbeiter später hatte ihr Team ein 327-Seiten-Angebot erstellt, das sie dann in die andere Stadt schickten. Ein wirkliches Kunstwerk!

Monate vergingen, ohne daß sie etwas hörten. Wann würden sie mit der Arbeit anfangen können? Schließlich schrieb Bonnie auf Veranlassung ihres Vorgesetzten einen Brief an die Organisation. Zwei Wochen später erhielt sie eine Antwort: ihre Firma war nicht einmal in die engere Auswahl gekommen! Sie hatten ihr Angebot nicht einmal gelesen. Sie hatten einfach die letzte Seite des Angebots aufgeschlagen und ihre geschätzten Projektkosten gesehen: lockere 1,5 Millionen Dollar. Alle anderen Angebote lagen bei ungefähr 250.000 Dollar.

Nettoergebnis: Bonnies Mitarbeiter waren total demoralisiert, ihr Chef äußerst sauer, und sie verließ die Firma kurze Zeit später.

FALLSTUDIE: EINE GEWINNENDE ANTWORT AUF EINE AUFFORDERUNG ZUR EINREICHUNG VON ANGEBOTEN

Die Firma XYZ hatte 15 Jahre lang die juristischen Arbeiten für die Stadt Springfield erledigt. Alle drei Jahre hatte die Stadtverwaltung Aufforderungen zur Einreichung von Angeboten für die Rechtsangelegenheiten verschickt, und alle drei Jahre hat die Firma XYZ die Arbeit behalten. Allen Anzeichen nach war die Stadt damit zufrieden, daß die Firma XYZ fachlich kompetente Arbeit erledigte. Man war der Meinung, daß der Geschäftsteilhaber, der für den Klienten verantwortlich war, ein Experte im Bereich des staatlichen Rechts und in städtischem Verwaltungsrecht war.

Der geschäftsführende Teilhaber der Firma QRS, Clyde, lernte schließlich seine Lektion. Drei Jahre zuvor, nachdem er ein weiteres Mal verloren hatte, gab er sich selbst das Versprechen, jeden in der Stadtverwaltung kennenzulernen, der an der Entscheidung, welche Firma beauftragt wurde, beteiligt war. Dies war nicht so schwierig, weil er bereits in den wichtigen Organisationen der Stadt aktiv war. Er mußte nur an die wirklichen Entscheidungsträger herankommen.

Clyde begann, sich Komitees anzuschließen, von denen er wußte, daß sie ihn persönlich den Kommissionsmitgliedern vorstellen würden. Er übernahm aktive Führungsrollen, die seine Vitalität und seinen gesunden Menschenverstand in bezug auf geschäftliche Dinge hervorhoben. Er zeigte, daß er weit mehr war als ein simpler Anwalt, indem er aktiv und aggressiv an die Probleme heranging und Lösungsvorschläge anbot.

Drei Jahre später konnte er die goldenen Früchte seiner Investitionen ernten. Da er den meisten Mitgliedern der Stadtverwaltung gut bekannt war, konnte er seinen Marketingverantwortlichen bestens instruieren und in die Lage versetzen, ein perfektes schriftliches Angebot aufzusetzen. Sein Präsentationsteam war über die für die Stadtverwaltung wichtigen Punkte gut informiert, ebenso darüber, wie sie als ihre Anwälte helfen konnten. Obwohl die Stadtverwaltung mit ihren derzeitigen Anwälten nicht unzufrieden war, wurden Clydes Firma die Rechtsangelegenheiten übergeben, weil sie jemanden wie Clyde in ihrem Team haben wollten.

WAS SIE IN DEN SCHRITTEN 6 UND 7 ERREICHT HABEN: DIE FORMELLE PRÄSENTATION UND DAS ANGEBOT

Sie haben die einzelnen Schritte der Prüfung des Angebots- und Präsentationsprozesses zufriedenstellend erledigt:

1. Sie haben die nötige Arbeit erledigt, um das Geschäft zu bekommen (und nicht mehr).
2. Sie haben die rationalen Bedürfnisse des Käufers befriedigt.
3. Sie haben den Käufern die Möglichkeit gegeben, Ihnen Fragen zu stellen.
4. Sie haben es vermieden, Zeit und Mühe zu verschwenden und Ihre Ideen umsonst weiterzugeben.
5. Sie haben eine auf den Kunden zugeschnittene Präsentation und/oder ein Angebot erstellt (wenn nötig), welche die Wünsche der Käufer berücksichtigten.
6. Sie haben es vermieden, sich selbst wieder aus dem Verkauf zu reden.
7. Sie haben sich total von Ihrer Konkurrenz abgehoben.

WIE SIE IM VERKAUFSGESPRÄCH NACH DER FORMELLEN PRÄSENTATION WEITER VORGEHEN

Beim 6. Schritt prüften Sie, ob eine Präsentation und/oder ein Angebot erforderlich sind, und Sie fanden heraus, wie ein Angebot aussehen müßte. Beim 7. Schritt machten Sie eine Präsentation und/oder erstellten ein Angebot, welche die Bedürfnisse des Käufers berücksichtigten. Nun müssen Sie sofort zum 8. Schritt und zur Formalisierung der Vereinbarung übergehen: Der Kaufabschluß.

DIAGNOSE UND BEHANDLUNG: NEHMEN SIE DIE SACHE IN DIE HAND, UM EINEN GESUNDEN VERKAUF ABZUSCHLIESSEN UND UM ZU WISSEN, WANN SIE DIE SCHLINGE ZUZIEHEN MÜSSEN

***Präsentationen*:**

- ➤ Es gibt viele zusätzliche Risiken, wenn Sie an Komitees verkaufen:
  - Es ist sehr viel schwieriger, von einem Komitee eine Entscheidung zu bekommen, weil mehrere Personen daran beteiligt sind.

- Alle Mitglieder eines Komitees haben unterschiedliche Motive, und jeder hat sein eigenes Ego, das er schützen will.
- Sie müssen mehr auf Draht und flexibler sein als in jeder anderen Verkaufssituation.
- Die Entscheidungsfindung eines Komitees nimmt einen sehr viel längeren Zeitraum in Anspruch, als es mit nur einem Entscheidungsträger der Fall wäre.
- Oft haben sich die Komiteemitglieder schon für eine bevorzugte Person oder Firma entschieden.
- Manchmal sind Komitees nur darauf aus, Ihnen Informationen abzujagen, und man kann ihnen eigentlich nichts verkaufen.

➤ Diese zusätzlichen Risiken können für Sie bestimmte negative Auswirkungen haben:

- Wenn Sie an ein Komitee verkaufen und keine Erfolgschance haben, verschwenden Sie Zeit, die Sie eigentlich verrechnen könnten.
- Sie könnten von Komitees benützt werden, die nichts kaufen wollen (sie suchen nur nach einer Möglichkeit, kostenlos etwas zu lernen, oder sie wollen Preise vergleichen).
- Sie steigern sich vielleicht in die falsche Situation hinein.
- Wenn Sie nicht wissen, wie man an die einzelnen Mitglieder eines Komitees verkauft, werden Sie das Geschäft wahrscheinlich verlieren.
- Potentielle Kunden werden weiterhin Firmen beauftragen, die ungeeignete Dienstleistungen verkaufen, weil Sie ihre Entscheidungsstrategien nicht kannten oder kein Risiko auf sich nehmen wollten.
- Sie sichern sich vielleicht keine anderen potentiellen Kunden, die kaufen würden, weil Sie die Zeit, die Ihnen zur Hereinbringung von Aufträgen zur Verfügung steht, mit jenen verschwenden, die nicht kaufen können oder wollen.
- In den Augen des Komitees sehen Sie so aus, handeln und klingen wie Ihre Konkurrenz. Dadurch reduziert sich die Entscheidung auf die Honorarfrage.
- Sie verlieren die Beauftragung, weil Sie teurer sind, als es ihr potentieller Kunde erwartet.

➤ Die effizienteste Strategie für den Verkauf an ein Komitee ist, zu vergessen, daß Sie an eines verkaufen. Denken Sie an die Mitglieder des Komitees als individuelle Interessenten, und verkaufen Sie entsprechend an jeden einzeln.

➤ Denken Sie an folgendes, wenn Sie ernsthaften Widerstand spüren:

- Das gesamte Geld, das in dieser Situation ausgegeben wird, ist nicht das Geld des potentiellen Kunden. Zu diesem Zeitpunkt haben Sie wahrscheinlich schon viel in diesen Verkaufsprozeß investiert. Das Team des Kunden muß Geld nur ausgeben, wenn sie etwas finden, das ihren Vorstellungen entspricht. Um Ihre Investitionen zu sichern, müssen Sie die Kontrolle haben.
- Als Dienstleistungsanbieter verdienen Sie Ihren Lebensunterhalt damit, daß Sie freiberufliche Dienstleistungen anbieten. Sie müssen die emotionalen Ziele jedes Komiteemitglieds kennen, um die beste Diagnose zu stellen und die professionellste Arbeit zu liefern.

➤ Wenn Sie auf eine unerschütterliche Kraft treffen, die Sie daran hindert, an die einzelnen Mitglieder des Komitees heranzukommen, haben Sie die folgenden Alternativen:

1. Sie haben das Recht, sich die Gelegenheit entgehen zu lassen.
2. Sie können an die Person verkaufen, die an das Komitee verkauft. Wenn Sie an dem Vermittler nicht vorbeikommen, um mit jedem einzelnen Kommiteemitglied zu sprechen, verkaufen Sie an diesen, wie Sie es bei jedem anderen Verkauf tun würden. Werden Sie derjenige, dem der Vermittler vertraut, und lassen Sie diesen dann für Sie verkaufen.
3. Sie können darum bitten, anwesend sein zu dürfen, wenn das Komitee seine Entscheidung trifft.
4. Sie können derjenige sein, der als letzter sein Angebot unterbreitet und seine Präsentation macht.
5. Sie können anbieten, der erste, der letzte und der allerletzte zu sein. Bitten Sic darum, der erste zu sein, dann, nach ihrer Präsentation, bitten Sie darum, noch einmal zurückkommen zu dürfen (als letzter), um eventuelle Fragen zu beantworten. Dann bitten Sie darum, anwesend sein zu dürfen, wenn das Komitee seine Entscheidung trifft.

➤ Um eine formelle Präsentation zu erstellen:

- Befragen Sie so viele Personen wie möglich, einschließlich Entscheidungsträger und jeden, der mit dem künftigen Dienstleistungsanbieter zu tun haben wird.
- Suchen Sie sich einen Coach, und finden Sie genau heraus, wie Ihre Präsentation aussehen muß, um den Auftrag zu bekommen.

- Stellen Sie ein dynamisches Team zusammen, das das Geschäft wirklich haben will.
- Setzen Sie eine Sitzung zum Brainstorming an, um die Schmerzpunkte herauszufinden.
- Wählen Sie einen Gesprächsleiter aus, der den Prozeß und die eigentliche Präsentation kontrolliert.
- Weisen Sie zu stellende Fragen und zu spielende Rollen zu.
- Fassen Sie, basierend auf Ihrem Honorar, ein Paket von Produkten zusammen.
- Bereiten Sie ein Profil der Entscheidungsträger vor.
- Bringen Sie den Interessenten etwas Neues. Suchen Sie nach wichtigen Punkten in ihrem Industriezweig, und bringen Sie neue Ideen ein, um ihnen zu helfen, ihre Organisation besser zu führen (ohne preiszugeben, wie Sie dies genau tun werden).
- Bereiten Sie für die Präsentation Arbeitsunterlagen vor.
- Üben Sie mindestens einmal vor objektiven Dritten.

➤ Regeln zur Durchführung von formellen Präsentationen:

1. Seien Sie früh dort, und reden Sie einfach mit den Leuten. Je mehr persönlichen Kontakt Sie haben, desto wahrscheinlicher ist es, daß Sie das Geschäft machen werden.
2. Bleiben Sie anschließend noch da, und reden Sie mit den Leuten.
3. Setzen Sie sich vor dem Termin mit Ihrem Team zusammen. Halten Sie vorher eine Lagebesprechung ab, um sicherzustellen, daß alle am gleichen Strang ziehen.
4. Verkaufen Sie nicht. Handeln Sie wie ein Arzt, der berät, und geben Sie der Präsentation den Charakter einer Arbeitssitzung, nicht den einer Unterhaltung.
5. Bringen Sie das Fachwissen Ihrer Mitarbeiter vorteilhaft zur Geltung.
6. Führen Sie eine Entscheidung herbei.

➤ Nach der Präsentation:

- Informieren Sie sich umgehend über die Eindrücke Ihrer Teammitglieder.
- Vereinbaren Sie eine Anschlußbesprechung mit Ihrem Team, um durch Brainstorming weitere neue Ideen für den Kunden zu kreieren.
- Falls die Präsentation nicht gut verlief, nehmen Sie sich vor, beim nächsten Mal die personelle Zusammensetzung Ihres Teams zu ändern.

- Versenden Sie an jedes Komiteemitglied einen kurzen individuellen Brief, und pflegen Sie persönlichen Kontakt.
- Lassen Sie nicht locker, und liefern Sie Informationsmaterial, das Sie versprochen haben. Bringen Sie es persönlich vorbei.
- Nehmen Sie sofort Kontakt zu Ihrem Coach auf, und bitten Sie ihn um Feedback.
- Lassen Sie nicht locker, suchen Sie die Entscheidung.

Angebote:

➤ Beim Erstellen von Angeboten gibt es viele zusätzliche Risiken:

- Anbieter von freiberuflichen Dienstleistungen betrachten Angebote oft als Verkaufswerkzeug und erwarten, daß durch das Angebot der potentielle Kunde gewonnen wird.
- Freiberufler sind der Meinung, daß der potentielle Kunde ein Angebot sehen muß, um eine Entscheidung zu treffen.
- Angebote werden oft als kostenlose Studie oder Werkzeug zum Feilschen mit bestehenden Dienstleistungsfirmen verwendet.
- Oft soll nur eine bestimmte Firma bevorzugt werden, und durch Einholung von Angeboten anderer Firmen wird die Beauftragung dieser Firma gerechtfertigt.
- Schriftliche Angebote spielen oft nur eine kleine Rolle bei der Entscheidung, Dienstleistungen zu kaufen.
- Angebote sind oft in einem Stil geschrieben, den der Kunde nicht versteht.
- Wenn ein potentieller Kunde Sie bittet, ein Angebot zu erstellen, ist dies oft eine nette Art, Sie als Dienstleistungsanbieter abzulehnen.
- Blinde Aufforderungen zur Einreichung von Angeboten sind üblicherweise reine Zeit- und Geldverschwendung.

➤ Durch diese zusätzlichen Risiken werden sich bestimmte negative Folgen für Sie ergeben. Es kann sein, daß Sie:

- Viele Möglichkeiten verpassen, neue Geschäfte zu machen, weil der potentielle Kunde sein Interesse an einem Geschäft mit Ihnen verloren hat, während Sie ein unnötiges Angebot geschrieben haben.
- Enorm viel kostbare Zeit vergeuden, wenn Sie ein Angebot schreiben, aus dem sich kein Geschäft ergibt.
- Sich vielleicht in die falsche Situation hineinsteigern. Sie verstärken dadurch eine gewisse pessimistische Grundeinstellung und verringern Ihre Chance, weiter Ihre Dienstleistungen zu verkaufen.

- Vielleicht Ihr Fachwissen an die Konkurrenz verschenken und an Leute, die von Anfang an nicht die Absicht haben, Sie zu engagieren.
- Bestehende Kunden vernachlässigen, weil Sie damit beschäftigt sind, unnötige Angebote zu schreiben.
- Sich vielleicht keine potentiellen Kunden sichern, die kaufen würden, weil Sie die Zeit, die Ihnen zur Hereinbringung von neuen Geschäften zur Verfügung steht, damit verschwenden, Angebote zu schreiben.
- Vielleicht das Angebot und die Angebotsschreiber dafür verantwortlich machen, daß Sie den Auftrag nicht bekommen haben, anstatt aus Ihren Fehlern zu lernen.
- Zuviel Gewicht auf das Angebot legen, um das Geschäft zu machen.
- Potentielle Kunden verstimmen, indem Sie Ihr Angebot in einem Stil schreiben, den sie nicht verstehen.

➤ Da Angebote viele negative Folgen haben können, bieten Sie nicht automatisch an, ein Angebot zu erstellen, und beschäftigen Sie sich nicht mit dem Angebotsprozeß, wenn Sie nicht spüren, daß Sie wirklich gute Chancen haben, das Geschäft zu bekommen. Denken Sie auf jeden Fall daran, daß der Interessent eine Person kauft, nicht ein Stück Papier, und daran, daß die Honorarfrage sehr viel wichtiger wird, wenn der Entscheidungsprozeß zu lange dauert und der Kunde sein Interesse verliert, mit Ihnen das Geschäft zu machen.

➤ Wenn Sie ein Angebot schreiben, stellen Sie sicher, daß es eines ist, das den Wünschen des Käufers entspricht. Arbeiten Sie eng mit den Entscheidungsträgern zusammen, und lassen Sie sich genau sagen, wie das Angebot strukturiert sein soll.

➤ Es gibt mehrere Gründe, warum man an Aufforderungen zur Einreichung von Angeboten mit Vorsicht herangehen sollte: Die Firmen, die unverlangte Aufforderungen erhalten, haben im allgemeinen eine sehr kleine Chance, den Auftrag zu bekommen. Auf eine solche Aufforderung zu antworten ist teuer, und Sie waren in den Ausschreibungsprozeß nicht involviert, deshalb ist es oft schwierig, die echte Motivation der Interessenten zu bestimmen.

➤ Unternehmen versenden Aufforderungen zur Einreichung von Angeboten, weil:

1. Eine legitime Chance besteht, ein Geschäft zu machen.
2. Sie Informationen suchen, die Sie ihrer Meinung nach liefern könnten.

3. Andere Berater ihre Positionen rechtfertigen können, wenn mehrere Unternehmen an einem Wettbewerb um einen Vertrag beteiligt sind.

➤ Bevor Sie eine Aufforderung zur Einreichung von Angeboten wegwerfen, überprüfen Sie das Unternehmen, von dem sie erstellt wurde. Tun Sie Ihr Möglichstes, die Kontrolle über diesen Prozeß zu bekommen, und antworten Sie nicht darauf, wenn Sie nicht sicher sein können, eine faire Chance zu haben, das Geschäft zu machen. Sie können auch ein unverlangtes Antwortschreiben unterbreiten, das heißt: halten Sie sich nicht an die Bestimmungen. Gehen Sie stattdessen das Angebot wie jeden anderen Verkauf an.

KAPITEL 13

REZEPT FÜR TODSICHERE ABSCHLÜSSE – GENAU DAS, WAS DER FREIBERUFLER BESTELLT

In diesem Kapitel werden Sie lernen, wie man das Geschäft abschließt und die Verkaufsprüfung vervollständigt. Die Ziele von Schritt 8 – Endgültiger Abschluß der Vereinbarung – sind:

1. Formalisierung und Fertigstellung der Vereinbarung. Was haben Sie eigentlich in der Hand, bevor Ihnen eine unterzeichnete Verpflichtungserklärung übergeben wird? In diesem Schritt werden Sie Ihren Patienten so weit bringen, daß er das Geschäft schmerzlos abschließt und alles aus dem Weg räumen, was Sie davon abhalten könnte, fortzufahren.
2. Umgehen Sie negative emotionale Schwankungen, und stellen Sie sicher, daß Sie sich die Kunden schnappen, so lange sie noch von Ihren Ideen begeistert sind. Wenn Sie jemals potentielle Kunden hatten, die auf den Verpflichtungserklärungen saßen, ohne sie zu unterschreiben, wissen Sie, was ich meine.
3. Vermeiden Sie es, beim Verkaufen Ressentiments aufkommen zu lassen. Es gibt wenige Dinge beim Verkaufen, die schlimmer sind, als ein Geschäft zu verlieren, von dem Sie glaubten, Sie hätten es in der Tasche. In diesem Schritt sichern Sie sich die Zusage, fortzufahren und einen Abschluß zu tätigen.
4. Umgehen Sie die Gewissensbisse des Käufers und weichen Sie Leuten aus, die Rückzieher machen oder ihre Meinung ständig ändern.
5. Sichern Sie sich eine Empfehlung. Der Abschluß eines Geschäftes ist oft der beste Zeitpunkt, eine Empfehlung zu bekommen, da sich der

neue Kunde erleichtert fühlt und eine positive Einstellung hat, weil er die Entscheidung getroffen hat, seine Probleme zu beseitigen.

WAS IST EIN ABSCHLUSS?

Der Abschluß ist die logische Weiterentwicklung eines effizienten Prozesses. Während der Verkaufsuntersuchung haben Sie Ihren Patienten geprüft und entweder weitergemacht oder aufgehört. Wenn der Patient bestimmte Eigenschaften aufwies, wie zum Beispiel emotionale Gründe, etwas zu tun, die Bereitschaft, geheilt zu werden, und Zahlungsbereitschaft, sind Sie zum nächsten Schritt übergegangen.

Wie ein Arzt sind Sie nun an dem Punkt angekommen, wo es nur noch Sinn macht, den Termin für die Operation festzulegen und die Arbeit zu machen. Es wäre unlogisch, den Patienten warten zu lassen, daß er geheilt wird, obwohl natürlich die Möglichkeit besteht, daß er kalte Füße bekommt und seine Meinung ändert. Deshalb ist der Kaufabschluß die perfekte rationale Schlußfolgerung aus der Verkaufsuntersuchung.

In der Tat haben Sie schon während des Verkaufs einen Abschluß getätigt – vielleicht, ohne es zu bemerken. Entgegen allen Mißverständnissen ist der Abschluß kein großer Schritt mehr für Sie oder den Käufer. Vom ersten Moment an, als Sie sich bemühten, eine Chemie zwischen Ihnen und dem Käufer aufzubauen und die Probleme des Käufers entdeckten, haben Sie mit ihm einen Verkauf abgeschlossen. Als er Ihnen erlaubte, die Unterhaltung zu leiten, als er Ihnen bereitwillig erzählte, welches seine Probleme sind, hat er das Geschäft selbst dahingehend abgeschlossen, daß er mit Ihnen, als sein Geschäftsarzt, weitermachen möchte.

WIE MAN DEN VERKAUF VOLLENDET: ANWENDUNGSMETHODEN, UM DIE VEREINBARUNG ENDGÜLTIG ABZUSCHLIESSEN UND DEN KAUFABSCHLUSS ZU SICHERN

Sie möchten die Vereinbarung so schmerzlos wie möglich vollenden. Jegliche Ähnlichkeit mit der Verhaltensweise eines typischen Verkäufers könnte den Käufer abschrecken. Versuchen Sie nicht, den Kauf mit Phrasen, wie den folgenden abzuschließen: „Welcher Termin würde Ihnen besser passen: Dienstag um 9.00 Uhr oder Donnerstag um 14.00 Uhr?“ oder „Wenn Sie sich zum Kauf entscheiden würden, was würden Sie vorziehen: die drei Zillionen Megabyte oder die vier?“ Uuh!

Ihre Kunden erleben solche Abschlüsse jeden Tag. Vermeiden Sie dieses Verhalten, das jene ineffizienten Verkäufer an den Tag legen, so werden

Sie nicht Ihren Ruf ruinieren oder Kunden abschrecken. Der Verkaufsabschluß sollte unsichtbar, natürlich und logisch vor sich gehen. Hier sind zwei Möglichkeiten, das Geschäft schmerzlos abzuschließen:

1. *Nützen Sie Stille.* Dies ist die von mir bevorzugte Art, einen Verkauf abzuschließen. Die Verkaufsuntersuchung erscheint den Käufern so vernünftig, daß viele, nachdem Sie die Tests abgeschlossen haben, irgend etwas sagen werden, wie: „Gut, ich denke wir sollten weitermachen..." Großartig. Gegen ihre eigenen Ideen haben die Leute nichts einzuwenden.
2. *Legen Sie Termine fest.* Mein zweitliebster Lösungsansatz. Wenn die Kunden innerhalb von ein oder zwei Minuten, nachdem ich die Präsentation beendet habe, den Kauf nicht von sich aus abschließen, bitte ich darum, Termine festzulegen.

Sie müssen folgendes bedenken: Sie sind ein Anbieter von freiberuflichen Dienstleistungen. Sie verkaufen Zeit – Ihre und die anderer. Sie haben genügend andere Verpflichtungen. Es macht Sinn, jetzt Termine zu vereinbaren, um ständiges Hin- und Hertelefonieren sowie jene unvorhersehbaren Ereignisse, die ständig aufzutreten scheinen, zu vermeiden. Sie müssen zum richtigen Zeitpunkt etwas sagen, wie: „Ted, können wir fortfahren und ein paar Termine festlegen? Mein Terminplan wird immer voller."
Vereinbaren Sie jetzt sofort einen Termin, um den Kunden die Verpflichtungserklärung vorbeizubringen, sie mit ihnen durchzusehen und sie unterzeichnen zu lassen. Verschicken Sie Verpflichtungserklärungen nicht per Post – Sie haben zu viel Mühe investiert, um sich der Möglichkeit auszusetzen, das Geschäft wieder zu verlieren. Wenn das Unternehmen in einer anderen Stadt angesiedelt ist, erwägen Sie, ihnen die Verpflichtungserklärung per Fax zu schicken oder per Boten. Haken Sie nach, und besprechen Sie es mit den Kunden sofort per Telefon.
Was, wenn Sie keine festen Termine vereinbaren können? Vereinbaren Sie stattdessen vorläufige Termine, so wie in Bernies Gespräch mit Ms. Jones:

Bernie: Können wir einen Termin für die erste Besprechung zur strategischen Planung festlegen?

Jones: Ich habe versprochen, mich mit Joe zu treffen, bevor wir eine endgültige Entscheidung treffen. Das schulde ich ihm.

Audrey: Können wir dann einige vorläufige Termine festlegen? Dann hätte ich die Termine im Kalender stehen, für den Fall, daß Sie sich entscheiden, weiterzumachen.

Jones: Ja, das ist sinnvoll.

Wenn Sie nicht einmal vorläufige Termine vereinbaren können, befinden Sie sich in großen Schwierigkeiten. Sie können sich immer wieder die vorhergehenden Untersuchungsschritte durchsehen, um herauszufinden, was falsch lief.
Stimmt die Chemie? Waren die Probleme der Kunden groß genug? Sind sie bereit zu handeln? Haben Sie die Honorarfrage geklärt? Sind diese Leute in der Lage, eine Entscheidung zu treffen? War in der Präsentation etwas nicht abgedeckt, was enthalten sein sollte? Wenn Sie keine vorläufigen Termine vereinbaren können, dann müssen Sie sich nochmals darum bemühen, letzter zu sein (siehe Kapitel 9).
Hier sind ein paar Punkte, an die Sie bezüglich des Abschlusses noch denken sollten:

- *Die Entscheidung, keine Entscheidung zu treffen ... ist eine Entscheidung*! Wenn jene paar Leute Ihnen am Ende des Verkaufsprozesses mitteilen, daß sie mehr Zeit brauchen, um eine Entscheidung zu treffen, dann raten Sie mal: Sie haben gerade eine Entscheidung getroffen (nämlich nichts zu tun). In welche Richtung werden sie schwenken, wenn sie gerade eine positive Einstellung haben? Deshalb ist es so wichtig, dem Käufer die logische Möglichkeit zu geben, Termine zu genau diesem Zeitpunkt festzulegen.
- *Nein ist das zweitbeste Wort, das Sie hören können*. Es ist erlaubt, beim Verkaufen einen Mißerfolg zu erleiden. Manchmal müssen Sie Fehlschläge erleiden, um mehr Erfolg zu haben (niemand erreicht in diesem Spiel immer die höchste Punktzahl). Falls Sie sich wundern: Das beste Wort, das Sie hören können, ist ja. Aber das wußten Sie ja, Sie haben das Buch fast durchgelesen!
- Lassen Sie nicht zu, daß man mit Ihnen spielt. Manche Leute haben einfach nicht den Mut, nein zu Ihnen zu sagen. Deshalb halten sie Sie Ewigkeiten hin, in der Hoffnung, Sie geben auf oder Sie übernehmen einen anderen Auftrag. Haben Sie dieses Spiel jemals gespielt? Es hört sich ungefähr so an:

Käuferin: Terry, warum rufen Sie mich nicht in ein paar Wochen an?

Sie warten zwei Wochen, rufen sechsmal wieder an, kommen endlich durch, und wenn sie sich an Sie erinnert:

Käuferin: Wissen Sie, jetzt ist nicht der richtige Zeitpunkt. Mein Mann muß für ein paar Monate nach Jugoslawien. Rufen Sie mich um den 1. April wieder an.

Wir haben den 1. April:
Käuferin: Terry? Wer? Oh, ja, wir warten immer noch darauf, daß unser Budget genehmigt wird. Rufen Sie mich Anfang Juni wieder an.

1. Juni:
Käuferin: Es tut mir leid. Die Kinder sind gerade von der Schule gekommen, und wir fahren weg.

1. September:
Käuferin: Tut mir leid, aber die Kinder müssen zurück in die Schule, und die Katze ist gestorben...

Nun wissen Sie, was ich meine. Nichts ist schlimmer beim Verkaufen, als hingehalten zu werden. Was sollen Sie tun? Während Sie im Büro der Kunden sind, bevor diese wieder vergessen, welche Probleme sie haben und wer Sie sind, wenden Sie Schritt 8 an.

● *Bieten Sie niemals an, ein Angebot zu erstellen.* Ich habe das schon vorher gesagt, aber nur zur Verstärkung, mit erhobenem Zeigefinger, bieten Sie niemals an, ein Angebot zu erstellen, wenn die Leute bereit für einen Abschluß sind.

Die meisten Geschäftsleute gehören nicht zu den Buchhalter- oder Techniker-Typen. Im allgemeinen sind Geschäftsleute nicht risikoscheu; sie treffen täglich Entscheidungen. Sie sind nun in einer ähnlichen Lage wie ein Zahnarzt, der herausgefunden hat, wo der Patient Schmerzen hat, Sie haben über das Honorar gesprochen, und Sie wissen, wie der Patient seine Entscheidung trifft. Seien Sie darauf vorbereitet, den Zahn jetzt zu ziehen. Können Sie sich vorstellen, daß ein Zahnarzt sagt: „Tut mir leid, ich kann den Zahn jetzt nicht ziehen, ich würde lieber zuerst ein Angebot erstellen." Anbieter von freiberuflichen Dienstleistungen tun dies jeden Tag und verlieren Geschäfte, die Sie hätten gewinnen können, weil sie nicht wissen, daß sie dem Kunden eigentlich schon etwas verkauft haben. Sie trauen sich nicht, das Geschäft abzuschließen.
Wenn Sie das Geschäft nicht unter Dach und Fach bringen, könnte folgendes passieren:

1. Die Schmerzen könnten vorübergehen. Kommt Ihnen das bekannt vor? Vielleicht waren Sie sogar schon beim Zahnarzt oder haben einen Termin vereinbart, aber die Schmerzen vergingen wieder. So unlogisch es auch klingen mag, manche Leute sagen den Termin dann wieder ab und lassen sich ihre Zähne nicht wieder in Ordnung bringen.
2. Der Kunde fühlt sich verschaukelt und ärgert sich über Sie. Schmerzen haben zur Folge, daß der Patient von sich aus den Vertrag abschließt. Die Leute motivieren sich selbst, wenn sie sich nicht wohl fühlen; sie möchten sich darum kümmern, was ihnen weh tut. Dies ist ein Grund, warum es so wichtig ist, herauszufinden, ob die Käufer überhaupt Schmerzen haben. Sollte dies nicht der Fall sein, werden sie nicht handeln. Wenn Sie nicht den ersten Schritt tun, ihre Leiden zu lindern, werden sie vielleicht wütend über Sie, und sie werden zu jemand anderem gehen!
3. Die Bereitschaft, das Honorar zu bezahlen, sinkt dramatisch. Je länger Sie nach dem ersten Gespräch zuwarten, desto weniger wird Ihre Lösung dem Kunden wert sein.

WIE MAN MIT AUSFLÜCHTEN ODER EINWENDUNGEN UMGEHT

Ich hasse Ausflüchte und Einwendungen. Verkäufern wird beigebracht, daß sie Ausflüchte und Einwendungen begrüßen sollten, weil dies Signale des Käufers sind. Ha! Ich frage mich, welcher Verrückte sich dies wohl ausgedacht hat!

Die Verkaufsuntersuchung wurde absichtlich geschaffen, um Gründe dafür zu erhalten, sich nicht schon im Anfangsstadium zu verausgaben und um Zeitverschwendung, unnötige Arbeit und Ihr schlechtes Gefühl dabei zu vermeiden. Erwarten Sie nicht, Ausflüchte und Einwendungen zu hören, nachdem Sie die Untersuchung abgeschlossen haben. In 90 Prozent der Fälle werden Sie Termine festlegen und weitermachen können.

In der Verkaufsuntersuchung haben Sie das Honorar offen angesprochen. Sie haben den Entscheidungsfindungsprozeß offen angesprochen. Sie haben die Bereitschaft, die emotionalen Bedürfnisse, Erfordernisse, Wünsche und absoluten Notwendigkeiten offen angesprochen. Diejenigen, die zu diesem Zeitpunkt nicht fortfahren wollen, sind entweder tot, verrückt oder Meister darin, die Leute hinzuhalten. Oder es fehlt immer noch etwas, weswegen sie ein ungutes Gefühl haben könnten (rechnen Sie nicht damit, aber Sie müssen wissen, wie Sie in diesem Fall damit umgehen).

Ein systematischer Lösungsansatz, wie man Ausflüchte und Einwendungen besiegt:

1. Gehen Sie auf Details ein. Identifizieren Sie genau, was die Leute davon abhält, weiterzumachen.
2. Fragen Sie: „Warum ist das wichtig?“ Finden Sie heraus, warum dieser Grund für den Käufer eine so große Bedeutung hat. Sie können damit nur umgehen, wenn Sie den Grund genau herausfinden und seine Bedeutung bestimmen. Leute, die nicht bereit sind, Ihnen dies mitzuteilen, sind keine ernsthaften Käufer – Sie sollten sich lieber einem anderen, wirklich interessierten, Käufer zuwenden.
3. Finden Sie weitere Einwände heraus, die sie haben könnten. Identifizieren Sie sie, und listen Sie sie auf.
4. Fragen Sie: „Was wäre wenn?“ Fragen Sie die Käufer: „Wenn ich diese Punkte erledigen kann, bekomme ich dann den Auftrag?“ Wenn sie nein sagen, verschwenden Sie Ihre Zeit. Wenn sie ja sagen, sichern Sie sich deren Zusage, geben Sie Antworten auf ihre Sorgen, legen Sie Termine fest, und schließen Sie das Geschäft jetzt ab.

VERMEIDEN SIE RÜCKZIEHER UND LEUTE, DIE IHRE MEINUNG STÄNDIG ÄNDERN

Ist es Ihnen jemals passiert, daß ein potentieller Kunde seine Meinung geändert hat, nachdem Sie Ihre Energie, Ihre Zeit, Ihr Herz und Ihre Seele in diesen Prozeß investiert haben? Es gibt wenig, was enttäuschender ist, als ein Geschäft zu verlieren, von dem man glaubte, man habe es in der Tasche. Oft ist es Ihr eigener Fehler, daß Sie das Geschäft wieder verloren haben. Es passiert, wenn wir uns nicht mit den unvermeidlichen Gewissensbissen des Käufers auseinandergesetzt haben, nachdem er etwas gekauft hat.

Sie wissen, worüber ich spreche! Sie fahren mit einem nagelneuen Wagen zu 28.000 Dollar aus einem Autosalon heraus, und Sie fragen sich: „Oh, mein Gott! Was habe ich getan? War es wirklich nötig, das ganze Geld für ein Auto auszugeben?“

Das gleiche passiert auch Ihren Käufern. Wenn Sie die Verkaufsuntersuchung korrekt durchgeführt haben, sollte es immer seltener vorkommen, aber – nur für den Fall – befassen Sie sich jetzt damit, während Sie noch mit dem Käufer zusammensitzen, nachdem der Abschluß getätigt ist. Wenn Sie sich jetzt damit auseinandersetzen, daß die Kunden ihre Meinung ändern könnten, ist dies keine Garantie dafür, daß sie sich nicht ihrer Verpflichtung entziehen, es verringert nur die Chancen, daß es vorkommt.

Bernie hat ausgezeichnete Arbeit dabei geleistet, wie er mit der Möglichkeit eines Rückziehers in dem Gespräch mit Ms. Jones und Bob umgegangen ist:

Bernie: Was glauben Sie, wird Joe dazu sagen, wenn er erfährt, daß Sie vorhaben, mit uns zu arbeiten? Wann haben Sie vor, sich mit ihm zu treffen?

Jones: Er wird einen Anfall bekommen. Wir sind sein größter Kunde. Ich muß es ihm sofort sagen.

Bernie: Was glauben Sie, wird er tun?

Bob: Oh, er wird betteln, Versprechungen machen und möglicherweise sogar weinen. Wir versuchten schon vor sechs Jahren, die Wirtschaftsprüfer zu wechseln, und er hat es letztendlich geschafft, den Auftrag doch zu behalten.

Bernie: Ms. Jones, was glauben Sie, was passieren wird?

Jones: Bob hat recht.

Bernie: Glauben Sie, Sie werden Joe wieder behalten?

Bob: Ich wüßte nicht wie. Es schadet mir, meinen Leuten und unserem Geschäft.

Jones: So schmerzhaft es sein wird, wir müssen das durchziehen.

Bernie: Wie kann ich Ihnen helfen?

Jones: Ich weiß nicht recht.

Bernie: Wir können den Übergang so leicht wie möglich machen. Gelegentlich kommen wir zu Aufträgen, die für uns einfach zu klein sind. Wir überprüfen die Unterlagen von Joe, und wenn uns das, was wir zu sehen bekommen, gefällt, könnten wir uns mit ihm treffen und ihm einige kleine Aufträge vermitteln, wenn nötig.

Jones: Das wäre schön.

Bernie: Ich habe Erfahrung mit ähnlichen Situationen. Jetzt im Moment besteht für Sie die Notwendigkeit, zu einer größeren Firma zu wechseln, die Ihnen einen besseren Allroundservice bietet. Joe wird das unter keinen Umständen zulassen. Es ist sehr schwer, lange bestehende Beziehungen abzubrechen.

Bevor Sie nein sagen, schlage ich vor, den nächsten Termin mit Joe in eine Besprechung zur Übergabe umzuwandeln. Ich werde Montag morgen auf dem Weg zur Arbeit kurz vorbeikommen und eine Verpflichtungserklärung mitbringen. Ich hoffe, ich bin nicht zu voreilig, aber das ist eine emotionale Sache, die man direkt angehen muß. Wenn Sie uns schon engagiert haben, kann Joe nicht mehr viel tun.

Jones: Ich weiß nicht ...

Bob: Aber ich. Wir müssen etwas ändern. Wir brauchen Bernies und Audreys Firma, oder wir verzögern unsere Geschäfte und schaden unseren Angestellten, wie zum Beispiel Mary und mir.

Jones: Okay.

In diesem Beispiel zog Bernie alle seine Register. Was wäre geschehen, wenn er es nicht getan hätte? Eine gute Frage, die Sie nach dem Abschluß stellen können, ist: „Gibt es irgend etwas, was uns davon abhalten könnte, weiterzumachen?"

WIE SIE BEIM ABSCHLUSS EMPFEHLUNGEN BEKOMMEN

Nachdem das Geschäft abgeschlossen ist, ist ein guter Zeitpunkt, den Käufer darum zu bitten, Sie weiterzuempfehlen. Die Leute fühlen sich gut, wenn sie die Entscheidung getroffen haben, etwas gegen ihre Schmerzen zu tun. Das Treffen einer Entscheidung ist etwas, das die Selbstachtung in die Höhe treibt. An diesem heiklen Punkt haben sie Vertrauen in sich selbst und in Ihre Fähigkeit, ihnen zu helfen.

Oft erzählen die Leute anderen ganz spontan, wenn sie etwas in die Hand genommen haben: „Jim, ich habe mir gerade ein neues Auto gekauft." „Jane, ich habe einen wunderbaren neuen Arzt gefunden." Dies gibt ihnen das Gefühl, klug gehandelt zu haben, und sie versuchen, ihre Entscheidung anderen gegenüber zu rechtfertigen (sogar damit zu prahlen).

Nein, Sie haben bis jetzt noch keine Arbeit für sie getan. Denken Sie daran, Ihre Kunden denken vielleicht anders als Sie. Sie sind wahrscheinlich nicht in der Lage, Fachwissen bei ihrer Entscheidung zu erkennen. Sie kaufen andere Menschen, und sie haben Sie gekauft.

Die besten Geschäftsleute haben Ihre Firmen aufgebaut, indem sie Empfehlungen von neuen Kunden, bestehenden Kunden und Kontaktpersonen erhalten haben. Sie wissen, wenn man darauf wartet, Empfehlungen zu bekommen, ist dies eine sichere Methode, daß das Geschäft stagniert. Sie bitten gleich am Anfang und sehr oft darum, daß man sie weiterempfiehlt.

Ist es nicht erniedrigend, darum zu bitten, weiterempfohlen zu werden? Wer sagt das? Wir leben in den 90er Jahren, nicht in den 50ern. Derjenige, der sich darum bemüht, bekommt das Geschäft. Außerdem, wie haben Ihre Kunden ihr Geschäft aufgebaut? Durch Mundpropaganda, Werbung und Empfehlungen! Geschäftsleute wissen, wie wichtig Empfehlungen sind, und sie werden Ihnen helfen, wenn sie Sie mögen und Sie respektieren.

Versuchen Sie dies:

Dienstleistungsanbieter: Ms. Rockefeller, kennen Sie jemanden, der vielleicht in einer ähnlichen Situation ist, dem wir möglicherweise helfen können?

Es gibt drei verschiedene Reaktionen darauf: Sie wird entweder mit ja oder nein antworten, oder sie sagt: „Ich bin nicht sicher". Wenn Sie ja sagt, finden Sie heraus, um wen es sich handelt, und bitten Sie sie, daß sie Sie vorstellt. Wenn sie sagt: „Ich bin nicht sicher....", bitten Sie sie darum, mit Ihnen darüber zu sprechen, nachdem sie eine Möglichkeit hatte, darüber nachzudenken.

DIAGNOSE UND BEHANDLUNG: VERGESSEN SIE NICHT, DIE GANZE UNTERSUCHUNG ABZUSCHLIESSEN

- Schritt 8 heißt: Endgültiger Abschluß der Vereinbarung. Vergessen Sie nicht, diesen Schritt zu vollenden, um folgendes zu erreichen:
  1. Formalisierung und Fertigstellung der Vereinbarung.
  2. Sie umgehen mögliche Stimmungsschwankungen – schnappen Sie sie sich, solange sie noch von Ihren Ideen begeistert sind.
  3. Sie vermeiden es, beim Verkaufen Ressentiments aufkommen zu lassen.
  4. Sie umgehen die Gewissensbisse des Käufers und schalten Rückzieher aus.
  5. Sie sichern sich Empfehlungen.

- Der Abschluß ist die logische Weiterentwicklung eines effizienten Prozesses. Während der gesamten Verkaufsuntersuchung haben Sie den Interessenten an diesen Punkt herangeführt. Der Abschluß ist einfach der nächste logische Schritt.
- Der Verkaufsabschluß sollte unmerklich und natürlich vor sich gehen. Hier sind zwei Möglichkeiten, das Geschäft schmerzlos abzuschließen:
  1. Nützen Sie die Stille – lassen Sie den Käufer den nächsten Schritt vorschlagen.
  2. Legen Sie Termine fest: Vereinbaren Sie feste oder zumindest vorläufige Termine, um mit der Arbeit zu beginnen.

- Hier sind ein paar Dinge, die Sie bezüglich des Abschlusses beachten sollten:

- Die Entscheidung, keine Entscheidung zu treffen ... ist eine Entscheidung.
- Nein ist das zweitbeste Wort, das Sie hören können.
- Lassen Sie nicht zu, daß man mit Ihnen spielt. Das endet damit, daß Sie dem Interessenten ständig hinterherjagen, um eine Entscheidung zu erhalten.
- Bieten Sie niemals an, ein Angebot zu erstellen.

➤ Wenn Sie das Geschäft nicht zum richtigen Zeitpunkt abschließen, könnten drei Dinge passieren:
  1. Die Schmerzen könnten vorübergehen.
  2. Der Patient fühlt sich verschaukelt und ärgert sich über Sie.
  3. Die Bereitschaft, das Honorar zu bezahlen, sinkt dramatisch.

➤ Ausflüchte und Einwendungen sind Gründe, die der Interessent Ihnen gibt, um das Geschäft nicht zu machen. Die Verkaufsuntersuchung wurde geschaffen, um diese Störungen zu beseitigen.

➤ Wenn Sie Ausflüchte oder Einwendungen hören, verwenden Sie folgenden Lösungsansatz, um diese zu besiegen:
  1. Gehen Sie auf Details ein. Identifizieren Sie genau, was die Leute davon abhält, weiterzumachen.
  2. Fragen Sie: „Warum ist das wichtig?"
  3. Finden Sie weitere Einwände heraus, die die Käufer haben könnten.
  4. Fragen Sie: „Wenn ich diese Punkte erledigen kann, bekomme ich dann das Geschäft?"

➤ Nachdem das Geschäft abgeschlossen ist, ist ein guter Zeitpunkt, den Kunden darum zu bitten, Sie weiterzuempfehlen. Die Leute fühlen sich gut, wenn sie eine Entscheidung getroffen haben und werden sich wahrscheinlich freuen, Sie zu diesem Zeitpunkt weiterempfehlen zu können.

➤ Wenn Sie darum bitten, weiterempfohlen zu werden, sagen Sie etwas Ähnliches, wie:

Dienstleistungsanbieter: Ms. Rockefeller, kennen Sie jemanden, der vielleicht in einer ähnlichen Situation ist, dem wir möglicherweise helfen können?

➤ Wenn Sie diese Schritte befolgen, um Schritt 8 abzuschließen, haben Sie folgendes erreicht:

1. Sie haben die Vereinbarung formalisiert und den Verkauf abgeschlossen.
2. Sie haben negative emotionale Schwankungen vermieden, und Sie haben sich die Kunden geschnappt, so lange sie noch von Ihren Ideen begeistert waren.
3. Sie haben es vermieden, beim Verkaufen Ressentiments aufkommen zu lassen.
4. Sie umgingen die Gewissensbisse des Käufers und sind den Leuten, die Rückzieher machen und ständig ihre Meinung ändern, geschickt ausgewichen.
5. Sie haben darum gebeten, weiterempfohlen zu werden, und vielleicht haben Sie diese Empfehlungen auch bekommen.

Glückwunsch! Sie haben die Verkaufsuntersuchung jetzt abgeschlossen!

TEIL 3

WIE SIE MEHR VERKÄUFE TÄTIGEN KÖNNEN

KAPITEL 14

ERFOLGREICHES VERKAUFEN AM TELEFON: STRECKEN SIE DIE HAND AUS, UND STELLEN SIE NEUE GESCHÄFTSKONTAKTE HER

Dieses kleine Gerät auf Ihrem Schreibtisch kann ein sehr wirkungsvolles Werkzeug sein, um Geschäfte anzubahnen. In diesem Kapitel werden Sie lernen, wie Sie das Telefon effizienter einsetzen können, sowie die Vorzüge und die Schattenseiten des Verkaufens am Telefon kennenlernen, und was man sich davon erwarten kann im Vergleich zum persönlichen Gespräch.

Wenn sich der Kunde in der näheren Umgebung befindet, spielt das Telefon nur eine kleine Rolle, nämlich zur Vereinbarung von Terminen, die der Käufer wahrscheinlich einhalten wird. Ja, Sie können über das Telefon Kunden werben und zusätzliche Arbeit verkaufen, aber im Gegensatz zu persönlichen Gesprächen empfehle ich es nicht. Sie verkaufen immaterielle Dienstleistungen, Sie verkaufen nur sich selbst. Die Leute sind es nicht gewohnt, so etwas per Telefon zu bestellen.

Wenn man es richtig verwendet, unterstützt Sie das Telefon jedoch sehr bei Ihren Verkaufsbemühungen:

- *Das Telefongespräch hat etwas mit einer Beichte gemeinsam.* Die Leute werden sich Ihnen anvertrauen, als ob sie in einem Beichtstuhl säßen. Es ist erstaunlich! Es gibt eine physische Barriere zwischen Ihnen und dem Gesprächspartner, daher fühlt er sich sicherer, wenn er mit Ihnen redet.
- *Sie haben die ungeteilte Aufmerksamkeit der Kunden.* Wenn sie nicht gerade einen Termin haben, müssen Sie sich keine Sorgen darüber machen,

daß Ihr Gespräch durch ein anderes Telefongespräch unterbrochen wird! Es gibt weniger Ablenkungen, und Sie werden die volle Aufmerksamkeit des Gesprächspartners bekommen, wenn Sie das Gespräch richtig angehen (mehr darüber später).

- *Es geht schneller.* Das Verkaufen am Telefon nimmt ungefähr ein Drittel der Zeit eines persönlichen Gespräches in Anspruch. Am Telefon kommen die Leute schneller zum Kern der Sache.
- *Weniger kann schiefgehen.* Wenn Sie mit anderen kommunizieren, sind die Worte, die Sie sagen, weniger wichtig als der Ton, in dem Sie sprechen, und wie Sie aussehen und agieren. Was, wenn Sie immer noch Anzüge aus Polyester aus den 70er Jahren tragen? Wenn Sie einen neuen Haarschnitt nötig haben? Wenn Sie Kaffee über Ihre Krawatte geschüttet haben? Wenn Sie mit Jeans zur Arbeit gehen? Wen interessiert das? Die potentiellen Kunden können Sie nicht sehen! Am Telefon ist es einfacher, einen guten Eindruck zu hinterlassen, weil weniger schiefgehen kann.
- *Sie können sich einfacher und schneller von Ihrer Konkurrenz abheben und den persönlichen Ton für künftige Verhandlungen festlegen.* Wenn es richtig angegangen wird, stellt ein Telefongespräch zur Vereinbarung eines Termins sicher, daß man Sie, wenn Sie dann zum Verkaufsgespräch erscheinen, wie einen geladenen Gast oder einen guten Bekannten begrüßt. Die Chancen stehen außerdem gut, daß Ihre Konkurrenten keine Ahnung haben, wie man am Telefon Kunden wirbt. Manche von ihnen wurden vielleicht von Verkäufern darin geschult, wie man am Telefon verkauft. Dieser Umstand wird sich wahrscheinlich nicht zu ihren Gunsten auswirken.

Leider hat das Telefon auch negative Komponenten:

- Sie haben ungefähr acht Sekunden Zeit, um die Aufmerksamkeit des Gesprächspartners zu gewinnen.
- Voice Mail-Systeme und Sekretärinnen (auch als Wachhunde bekannt) können den Kontakt verhindern, wenn man nicht genau weiß, wie man an ihnen vorbeikommt bzw. sie zu seinen Gunsten beeinflussen kann.

WANN MAN DAS TELEFON VERWENDEN SOLLTE

Es gibt viele gute Gelegenheiten, das Telefon zu verwenden. Die folgenden sind besonders geeignet:

1. *Vereinbaren Sie Termine mit superwichtigen Leuten.* Das Telefon wird meistens dazu verwendet, einen Termin mit superwichtigen Leuten, wie zum

Beispiel einem Dritten, dem Sie empfohlen wurden, zu vereinbaren. Manche Dienstleistungsanbieter haben solche Angst davor, das Telefon zu verwenden, oder Ihre Prioritäten so hoch angesetzt, daß sie nicht einmal bei Personen, denen sie von Kunden und anderen Quellen weiterempfohlen wurden, nachhaken.

Aber Sie konzentrieren sich darauf, Ihr Geschäft aufzubauen! Verwenden Sie das Telefon, um einen Termin festzulegen, der von beiden Seiten eingehalten wird, bei dem Sie über die Probleme des potentiellen Kunden, das Honorar usw. sprechen können.

Wenn Ihr Gesprächspartner nicht da ist, übernehmen Sie es, nochmals anzurufen. So brauchen Sie sich keine Gedanken darüber zu machen, ob er zurückrufen wird, oder nicht.

2. *Pflegen und verbessern Sie den Kontakt zu den Kunden.* Ein weiterer guter Grund, das Telefon zu verwenden, ist einfach der, den Kontakt zu Ihren Kunden aufrechtzuerhalten. Wenn Sie persönlich es vielleicht nicht mögen, wenn Sie in Ihrer Arbeit durch Telefongespräche unterbrochen werden, können Sie doch beinahe alle Beziehungen zu Ihren Kunden verbessern, indem Sie ganz einfach die Hand ausstrecken und eine Nummer wählen (dadurch bekommen Sie von ihnen zusätzliche Aufträge, höheres Honorar, und Sie werden öfters weiterempfohlen).

Das Telefon effizient zu nützen, um meine Firma aufzubauen, war eine schwierige Lektion, die ich lernen mußte, weil ich es hasse, belästigt zu werden, wenn ich gerade an einem Projekt arbeite. Aber ich habe es von den Besten gelernt, wandte es an, und meine Kunden sagen, sie hätten es gern, wenn man sie regelmäßig anruft. Sie haben für mich am Telefon immer Zeit und mögen es, wenn ich nur kurz nachfrage, wie es ihnen geht.

Die Top-Geschäftsleute in den freien Berufen rufen systematisch mindestens einen Kunden und/oder einen Referenzgeber pro Tag an, egal wie beschäftigt sie sind. Viele sagen, es lenke sie vom Streß der täglichen Arbeit ab, dadurch könnten sie eine Pause von der täglichen Schinderei machen, und die Motivation bliebe erhalten.

3. *Frischen Sie Beziehungen auf, und verbessern Sie die Verbindungen zu Referenzgebern.* Nehmen Sie Ihr persönliches Adreßbuch zur Hand, und machen Sie zehn Anrufe pro Monat: Sprechen Sie mit alten Freunden, Klassenkameraden und anderen, zu denen Sie schon eine Zeitlang keinen Kontakt hatten. Treffen Sie sich zum Frühstück oder Mittagessen mit ihnen. Denken Sie daran, wenn Sie aus den Augen und aus dem Sinn sind, ist es sehr schwierig für sie, Sie weiterzuempfehlen oder Geschäfte mit Ihnen zu machen. Sie sind nur dann ausgezeichnete Referenzquellen, wenn sie Sie re-

gelmäßig sehen oder von Ihnen hören. Erinnern Sie sich an Mary, Ihre Studienkollegin? Sie spielt jetzt vielleicht eine wichtige Rolle bei einem bedeutenden Unternehmen. Rufen Sie sie an. Und was ist mit Tony? Er kämpfte sich zusammen mit Ihnen viele Jahre lang bei „Frick und Frack" durch, vielleicht mag er keine Buchprüfungen mehr als Einzelunternehmer machen. Rufen Sie ihn an.

Nehmen Sie sich vor, 120 Telefonate pro Jahr mit Leuten zu führen, die in der Lage sein könnten, Ihnen zu helfen, und Ihr Unternehmen wird dramatisch wachsen. Aller Wahrscheinlichkeit nach führen Sie genau 120 Telefonate mehr als Ihre Konkurrenz.

4. *Vereinbaren Sie Termine mit wichtigen Leuten*. Verwenden Sie das Telefon, um Termine mit Leuten zu vereinbaren, die noch keine Kunden oder Referenzgeber sind, die es aber sein sollten. Dafür sind Mittagessen am besten geeignet. Diese Leute sind wichtig, weil Sie sie kennen und etwas über sie wissen. Nein, Sie werden auch hier nicht die höchste Trefferquote erzielen.

Nehmen wir jedoch an, Sie hatten in den letzten drei Jahren bei der „Gesellschaft der Gehirntoten" mit Helen zu tun. Sie wissen, daß sie nun eine eigene Firma gegründet hat, aber Sie sind nicht sicher, wie das Verhältnis zwischen ihr und ihrem Dienstleistungsanbieter ist beziehungsweise welche Probleme Sie möglicherweise haben könnte. Es ist Zeit, den Hörer in die Hand zu nehmen, sie zum Essen einzuladen und herauszufinden, mit welchen anderen Organisationen sie zu tun hat, und eine Diagnose zu erstellen, ob sich etwas ergeben könnte.

Berater: Helen? Hallo! Hier spricht Jack Johnson von der „Gesellschaft der Gehirntoten". Wie geht es Ihnen?

Helen: Jack? Hallo! Wie geht es Ihnen?

Berater: Ganz gut. Ich rufe an, weil ich Sie fragen wollte, ob Sie nächste Woche Zeit für ein Mittagessen hätten. Ich habe es mir zur Gewohnheit gemacht, so viele Leute der Gesellschaft wie möglich kennenzulernen. Sich mit anderen kurzzuschließen ist in der heutigen Zeit so wichtig. Wie sieht es in ihrem Terminplan aus?

Das ist der Kern: „Wie sieht es in Ihrem Terminplan aus?" Das ist sehr geschickt und zugleich direkt, und es hat sich als phänomenal erfolgreich erwiesen – auf diese Art und Weise vereinbare ich beinahe 100 Prozent solcher Termine. Ich verwende und empfehle auch nicht Fragen, wie „Wann haben Sie Zeit?" – es scheint, daß so viele Verkäufer dies verwenden. Vermeiden Sie um jeden Preis Alternativen, wie „Würde Ihnen Dienstag, 10.00 Uhr, oder eher Donnerstag um 15.00 Uhr passen?" Mir wird schon schlecht, wenn ich diese Worte nur schreibe. Wenden Sie nie veraltete und alltägliche Floskeln an, die ängstliche Verkäufer verwenden – wenn Sie es doch tun, provozieren Sie geradezu einen Mißerfolg.

Und bedenken Sie: Warum sollte Helen sich nicht mit Ihnen zum Mittagessen treffen? Sie wäre dumm, wenn sie es nicht täte. Jeder, der im Geschäftsleben steht, weiß, daß Anbieter von freiberuflichen Dienstleistungen auch für sie eine großartige Referenzquelle sind. Sie können eine Unterhaltung führen, von der beide profitieren, indem Sie sie freundlich aushorchen und zuhören, welche Probleme sie mit ihrem derzeitigen Dienstleistungsanbieter hat (lesen Sie nochmals Kapitel 7). Finden Sie mehr über sie heraus, so daß Sie bei Ihren Kontakten bei Bedarf für sie Werbung machen können.

Nein, Sie werden sie wahrscheinlich während des Mittagessens nächste Woche nicht als neue Kundin gewinnen, aber Sie können mit dem Qualifikationsprozeß beginnen, um herauszufinden, ob Sie sie in nächster Zukunft zu Ihrem Kundenkreis zählen möchten. Denken Sie daran, Menschen kaufen andere Menschen – sie wechseln ihre Dienstleistungsanbieter aus emotionalen, und nicht aus fachlichen Gründen. Geben Sie ihr und anderen die Gelegenheit, Sie als Mensch kennenzulernen, und zwar abseits von den Ablenkungen bei organisierten Meetings. Verkaufen ist eine Untersuchung. Sie können sie nicht ein- oder aussortieren, wenn Sie sie nicht vorher testen.

5. *Verkaufen Sie.* Ja, Sie können Ihre Dienste über das Telefon verkaufen. Während der letzten Jahre mußte ich das tun, weil meine Kunden in der ganzen Welt verstreut sind. Die Leute werden Sie engagieren, ohne Sie persönlich getroffen zu haben. Alle Verkaufsmethoden aus diesem Buch können so umgeändert werden, daß man sie am Telefon verwenden kann. Vorsicht! Ziehen Sie nicht in Erwägung, das Telefon zum Verkaufen zu nützen, wenn Sie sich selbst nicht als erfahrenen und erfolgreichen Verkäufer im persönlichen Gespräch mit Kunden betrachten. Außerdem dürfen Sie nicht faul sein. Sie müssen potentielle Kunden immer persönlich aufsuchen, wenn es aufgrund der geographischen Lage möglich ist. Persönliche Besprechungen sind immer dem Abschluß per Telefon vorzuziehen.

MACHEN SIE IHR EIGENES TELEFONMARKETING

Vielleicht fangen Sie mit Ihrem Geschäft ganz von vorne an, sind in eine neue Stadt gezogen oder möchten nur Ihre Firma ausbauen. Erst nachdem Sie alle möglichen wichtigen Personen, Referenzen, Freunde, Verwandte, Pokerfreunde und Leute aus den Studentenschaften erschöpft haben, sollten Sie in Betracht ziehen, Telefongespräche mit absolut Fremden zu führen.

Werbung am Telefon reizt manche Freiberufler (natürlich wenn sie von anderen durchgeführt wird), da es ein einfacher und schmerzloser Weg ist, ihre Firma aufzubauen. Professionelle telefonische Kundenakquirierung ist sehr teuer und endet im allgemeinen damit, daß der Freiberufler einem nichtqualifizierten Interessenten gegenübersitzt, und so seine Zeit und Energie vergeudet.

Wenn Sie jedoch alle anderen Ideen, wie Sie Ihre Firma am wirkungsvollsten vermarkten, ausgeschöpft haben, und wenn Sie zu bestimmten Zeiten im Jahr ein paar Stunden am Tag Zeit haben, möchten Sie es vielleicht selbst mit Telefonmarketing versuchen.

Wie immer gibt es Vorteile und Nachteile, wenn Sie Ihr eigenes Telefonmarketing betreiben. Die Vorteile liegen darin, daß Sie die totale Kontrolle über den Prozeß haben. Die Leute werden lieber mit Ihnen persönlich sprechen als mit irgendwelchen Dritten. Indem Sie ihre Arbeit am Telefon selbst erledigen, haben Sie die Möglichkeit, einen potentiellen Kunden durch eine gut vorbereitete Unterhaltung über sein Geschäft zu gewinnen. Sie werden vielleicht ein paar Schmerzen, Sorgen, Bedürfnisse, Erfordernisse, Wünsche und absolute Notwendigkeiten entdecken, die er vielleicht noch nicht erkannt hat oder um die er sich bisher nicht gekümmert hat, bis er die Gelegenheit hatte, darüber mit Ihnen zu sprechen. Wenn Sie Ihr eigenes Telefonmarketing betreiben, geben Sie dem Käufer die Gelegenheit, seine Sympathie für Sie zu entdecken. Die Kunden treffen und engagieren Leute, die sie kennen, mögen und denen sie vertrauen.

Wenn Sie Ihr eigenes Telefonmarketing betreiben, werden Sie die Zeit sparen, andere einzuschulen und bei den Telefongesprächen mitzuhören. Und Sie werden einfach besser am Telefon sein als jemand, der kein persönliches Interesse an Ihrer Firma hat.

Auf der anderen Seite sind die Nachteile offensichtlich. Wenn Ihnen Zurückweisungen widerfahren, wenn Sie Mißerfolge erleiden oder jemand einfach den Hörer wieder aufgelegt, dann werden Sie sich persönlich mit dem Schmerz auseinandersetzen müssen. Sie könnten vielleicht glauben, es sei unprofessionell für jemanden, der so hart gearbeitet hat wie Sie, um Freiberufler zu werden, einfach auf Werbegespräche am Telefon zurückzugreifen. Was werden die Leute denken?

Wenn Sie nicht selbst anrufen wollen, schlage ich vor, das folgende Skript zu verwenden, das Sie entsprechend Ihren eigenen Bedürfnissen ändern. Der direkte Lösungsansatz funktioniert am besten. Bringen Sie die Leute zum Reden – so, wie Sie es bei jedem Verkaufsgespräch tun würden und so, wie Sie es in diesem Buch gelernt haben –, indem Sie zuerst informationsbezogene Fragen stellen und dann eruieren, wo die Schmerzpunkte liegen. Nachfolgend sehen Sie ein kurzes Skript, daß ich für einen meiner Kunden zusammengestellt habe, der sein eigenes Cold Calling durchführen wollte:

Sekretärin: Firma XYZ
Sie: Hallo. John Smith, bitte. [oder] Hallo! Ist John da?
Sekretärin: Wen kann ich melden?
Sie: Hier spricht Gus James.
Sekretärin: Darf ich fragen, worum es sich handelt?
Sie: Das würde ich lieber mit John persönlich besprechen. Danke.
Smith: Hallo, hier spricht John Smith.
Sie: John? Hallo! Hier spricht Gus James. Wie geht es Ihnen?
Smith: Gut. Wer spricht denn?
Sie: Gus James. Der Zweck meines Anrufes ist, herauszufinden, ob wir uns persönlich treffen sollten, um über Ihr Geschäft zu sprechen. Ich bin ein [*bitte einsetzen*] hier am Ort, und einer der Wege, mit Leuten in Verbindung zu treten, die ich nicht kenne, ist, sie anzurufen und etwas über sie und ihre Firmen herauszufinden. Haben Sie bereits einen [*bitte einsetzen*]? Sind Sie mit dem Niveau seiner Dienstleistungen zufrieden? Oder könnte er mehr Informationen schneller und besser liefern?
Oft spreche ich mit Leuten, die nicht die Art von Dienstleistungen erhalten, die sie von ihren [*bitte einsetzen*] erwarten, oder sie glauben, daß diese Dienstleistungen einfach nicht dem Honorar entsprechen. Haben Sie in Betracht gezogen zu wechseln, oder würden Sie in Betracht ziehen, eine zweite Meinung darüber zu hören, welche Dienstleistungen Ihr derzeitiger [*bitte einsetzen*] Ihnen nicht bietet?
Smith: Eigentlich ja.
Sie: Gut! Lassen Sie uns einen Termin vereinbaren, damit wir über Ihre Situation sprechen können. Wann haben Sie Zeit?
Smith: Mittwoch vormittag würde passen.

NEUN WEGE, UM EINE TELEFONPHOBIE ZU ÜBERWINDEN: DIE SCHLÜSSEL ZU ERFOLGREICHEM VERKAUFEN AM TELEFON

1. *Gestalten Sie Ihre Telefongespräche unterhaltsam und locker.* Lassen Sie die Leute Ihr wirkliches Ich kennenlernen. Denken Sie daran, es kann sein,

daß sie viele Anrufe von Verkäufern erhalten, die sich um Aufträge bemühen, und Sie möchten nie so wie ein Verkäufer klingen, da Sie Ihre Interessenten so verschrecken könnten, daß sie Sie wie einen Verkäufer behandeln. Sie möchten eher wie der erfolgreiche Fachmann behandelt werden, der Sie ja sind. Führen Sie Ihr Telefongespräch so, wie es die Top-Geschäftsleute tun, wenn sie wichtige Leute anrufen, denen sie empfohlen wurden – ihre Telefongespräche hören sich genau so an, als ob sie mit ihren Kunden sprechen würden.

Außerdem sind Sekretärinnen und Empfangsdamen darin geschult, Verkäufer (und jeden, der sich so anhört) von Ihren Chefs fernzuhalten. Sie brauchen keine zusätzlichen Hindernisse – Sie müssen so schnell wie möglich an diesen Wachhunden vorbeikommen. Zum Beispiel:

Berater: Hallo! Ist Bill da?
Sekretärin: Sicher, einen Moment bitte.

In 80 Prozent der Fälle wird Sie die Sekretärin sofort durchstellen, weil es sich so anhört, als ob Sie ihn kennen würden. Und man hat ihr vorher gesagt, sie solle seine Kumpel vom Golf und seine Freunde nicht abwimmeln. Diese lässige Art funktioniert sehr viel besser als Verkaufsversuche wie der folgende, mit denen sich Sekretärinnen täglich auseinandersetzen müssen:

Berater: Guten Morgen. Kann ich bitte mit Mr. William Wilson sprechen?
Sekretärin: Um was geht es?
Berater: Ich bin von der Firma ABC – EDV-Beratung. Ich möchte bitte mit Mr. William Wilson sprechen.
Sekretärin: Er hat zu tun, und außerdem haben wir bereits einen EDV-Berater.

Sie brauchen sich nicht so abwimmeln zu lassen. Verwenden Sie eine formlose Anrede:

Berater: Hallo! Ist Bill da?

Wenn die Sekretärin Verdacht schöpft, wird sie fragen:

Sekretärin: Wen kann ich melden?
Berater: Hier spricht Art Smart.

Je weniger Informationen Sie Sekretärinnen und Rezeptionistinnen geben, desto weniger Munition liefern Sie ihnen, um Sie abfahren zu lassen, Ihnen Schwierigkeiten zu bereiten und Ihre Zeit zu verschwenden. Wenn die Sekretärin nicht locker läßt:

Sekretärin: Darf ich fragen, um was es geht?
Berater: Selbstverständlich.[Es schadet nicht, wenn Sie hier etwas ungeduldig klingen.] Jill Twill sagte mir, ich solle Bill anrufen.

Noch besser wäre es, wenn Jill so freundlich war, Bill anzurufen und Ihren Anruf anzukündigen.

Berater: Selbstverständlich. Bob erwartet meinen Anruf.

Ein ungezwungener und lässiger Ton nimmt den Telefongesprächen die Schärfe, und die Chemie wird schneller aufgebaut.

2. *Sie müssen findig sein, um den Interessenten zu erreichen.* Wenn Sie sich davor fürchten, sich mit Sekretärinnen auseinanderzusetzen, rufen Sie dann an, wenn sie nicht im Büro sind: vor 8.30 Uhr oder 9.00 Uhr, während der Mittagszeit oder nach 17.00 Uhr. Rufen Sie potentielle Kunden an Feiertagen an – viele von ihnen möchten während dieser Zeit einen Arbeitsrückstand aufholen.

Oft haben die Leute, die Sie zu erreichen versuchen, keinen Acht-Stunden-Arbeitstag.

Behandeln Sie jede Sekretärin oder Rezeptionistin mit dem größten Respekt. Diese können verhindern, daß Sie zu den potentiellen Kunden vordringen können, wenn Sie sie aber zu Verbündeten machen, werden sie keine Mühe scheuen, um Ihnen zu helfen. Ich erinnere mich immer wieder selbst daran, wirklich freundlich zu Rezeptionistinnen und Sekretärinnen zu sein und einen guten Eindruck bei ihnen zu hinterlassen. Oft frage ich nach ihrem Vornamen:

Sekretärin: Büro von Mr. Florida.
Ich: Guten Morgen. Hier spricht Allan Boress. Ist Frank da?
Sekretärin: Nein, tut mir leid, er ist nicht da.
Ich: Wie ist Ihr Name, bitte?
Sekretärin: Mary.
Ich: Mary, wann ist eine gute Zeit, ihn zu erreichen?
Sekretärin: Oh, er wird am späten Nachmittag wieder da sein.

In dieser Phase können Sie eine Nachricht hinterlassen – was ich nicht empfehle – oder einfach noch einmal anrufen. Ich empfehle es nicht, Nachrichten zu hinterlassen, um ständiges Hin- und Hertelefonieren zu vermeiden. Es kann auch sein, daß derjenige nicht weiß, wer Sie sind, oder er ist vielleicht zu abgelenkt, um Sie zurückzurufen.

Sekretärin: Möchten Sie eine Nachricht hinterlassen?
Ich: Nein, danke. Ich bin bei einem Kunden und nicht zu erreichen. Ich werde Frank später noch einmal anrufen. Danke.

Denken Sie immer daran, wenn Sie freundlich zu den Leuten (einschließlich Sekretärinnen und Rezeptionistinnen) sind, wird die große Mehrheit von ihnen keine Mühe scheuen, um Ihnen zu helfen. Dies scheint vor allem auf Mitarbeiter zuzutreffen, die anderen zuarbeiten. Sie sind meistens unterbezahlt, überarbeitet und bekommen selten eine Anerkennung.
Und was ist mit Voice Mail? Ich liebe Voice Mail. Ich kann eine ausführliche Nachricht hinterlassen, wenn ich will, und ich muß mich überhaupt nicht mit einer Sekretärin befassen. Oft, wenn ich eine Sekretärin am Telefon habe und derjenige, den ich zu erreichen versuche, nicht hier ist, frage ich, ob es eine Voice Mail-Box gibt. Wenn ja, dann hinterlasse ich eine Nachricht mit dem Grund meines Anrufes und bereite so den Interessenten auf meinen nächsten Anruf vor (so habe ich seine Aufmerksamkeit, wenn wir dann miteinander sprechen).
Lassen Sie Voice Mail für sich arbeiten. Hinterlassen Sie eine Nachricht, und sagen Sie, wer Sie sind, warum Sie anrufen und den genauen Zeitpunkt, wann die potentiellen Kunden Ihren nächsten Anruf erwarten können. Dann werden sie besser darauf vorbereitet sein, mit Ihnen zu sprechen, und sie werden nicht so überrascht sein, wenn Sie anrufen.

3. *Behalten Sie Ihr wirkungsvolles äußeres Erscheinungsbild bei, während Sie telefonieren.* Viele Anbieter von freiberuflichen Dienstleistungen empfinden ihre Telefongespräche als effizienter und einflußreicher, wenn sie das Gespräch stehend führen oder in ihrem Büro auf und ab gehen, anstatt krumm dazusitzen und auf ihren Schreibtisch zu starren. Wie Sie stehen, ob Sie, während Sie sitzen, auf den Schreibtisch starren oder ob Sie Ihren Kopf hochhalten – all dies kann sich auf die Ergebnisse Ihres Gespräches auswirken. Eine Investition für ein langes Telefonkabel oder ein Mobiltelefon könnte sich lohnen.

4. *Fragen Sie sich: „Was würde ich tun, wenn ich keine Angst hätte?“* Sogar die besten Geschäftsleute verspüren gelegentlich den vertrauten Angstkitzel,

wenn sie auf ihr Telefon starren. Wenn Ihnen dies das nächste Mal passiert, meistern Sie Ihre Handlungen und Telefongespräche mit Leichtigkeit, indem Sie sich zuerst fragen: „Was würde ich tun, wenn ich keine Angst hätte?“ Wahrscheinlich werden Sie sich selbst antworten: „Ich würde den Hörer jetzt abnehmen und anrufen ...“

Es ist erstaunlich, wie durch das Stellen dieser einfachen Frage die natürliche Angst vor dem Telefon verschwindet (vor allem, wenn Sie Leute anrufen, die Sie nicht so gut kennen), und es gibt Ihnen Kraft, den Anruf jetzt zu erledigen.

5. *Vermeiden Sie den Montagmorgen, um solche Gespräche zu führen.* Am Montagmorgen ist es besonders schwierig, jemandens Aufmerksamkeit zu gewinnen, vor allem, wenn Sie versuchen wollen, Chemie aufzubauen oder Termine zu vereinbaren. Die Leute sind zu sehr davon abgelenkt, sich auf ihre eigene Arbeitswoche einzustellen.

Ich habe festgestellt, daß der Freitagnachmittag eine gute Zeit ist, um Termine zu vereinbaren. Da beruhigen sich die meisten Leute von einer hektischen Arbeitswoche und sind meistens entspannter und empfänglicher. Machen Sie jedoch nicht den Fehler, alle Ihre Anrufe auf den Freitag zu verlegen; sie werden feststellen, daß viele Leute gar nicht mehr da sind.

6. *Machen Sie sich keine Sorgen, daß Ihr Anruf die potentiellen Kunden stören könnte.* In neun von zehn Fällen wird Ihr Anruf nicht jemanden unterbrechen, der nicht mit Ihnen sprechen oder Ihnen seine ungeteilte Aufmerksamkeit schenken kann. Sie können eventuell den Gesprächspartner fragen, ob er ein paar Minuten Zeit hat, um mit Ihnen zu sprechen.

7. *Tätigen Sie all Ihre Telefonanrufe hintereinander.* Es ist leichter, in Schwung zu kommen, wenn Sie sich Termine setzen und all Ihre Telefonanrufe hintereinander erledigen. Planen Sie eine Arbeitspause ein, nehmen Sie den Hörer ab, und genießen Sie es.

8. *Rechnen Sie damit, daß Sie in längere Gespräche verwickelt werden, wenn Sie einen Termin vereinbaren wollen.* Wenn Sie die Verkaufsuntersuchung am Telefon beginnen (die Chemie erzeugen und herausfinden, wo jemand Probleme hat), führt dies zu mehr effizienten persönlichen Verkaufsgesprächen und erhöht die Wahrscheinlichkeit, daß der Interessent den Termin einhält.

Wenn Sie Verkaufsgespräche am Telephon starten, ist es unklug, bloß „Hallo“ zu sagen und dann möglichst rasch einen Termin zu vereinbaren. Rechnen Sie damit, daß das Gespräch ungefähr fünf bis zehn Minuten dauert, wenn Sie damit beginnen, sich selbst dem potentiellen Kunden zu verkaufen. Finden Sie etwas über sein Geschäft heraus, wie lange er denjenigen, von dem Sie seinen Namen haben, kennt, und beginnen Sie, seinen Problemen zuzuhören.

9. *Vereinbaren Sie jetzt einen Termin für eine persönliche Besprechung.* Vergessen Sie nicht am Ende des Telefonats den Termin für ein persönliches Gespräch zu vereinbaren.

EIN MUSTER-TELEFONGESPRÄCH

Wir hören nun ein typisches Telefongespräch zwischen E.J. und Lou, jemand, dem er empfohlen wurde:

E.J. : Hallo! Ist Lou da?
Sekretärin: Einen Moment bitte.
E.J.: Lou? Hallo, hier spricht E.J. Jackson. Wie geht es Ihnen?
Lou: Gut, danke.
E.J.: Kommt Ihnen mein Name bekannt vor?
Lou: Ah, ja. Calvin Katt sagte, Sie würden mich anrufen.

Wenn Lou E.J.s Name nicht erkannt hätte, könnte die Unterhaltung ungefähr folgendermaßen beginnen:

E.J.: Kommt Ihnen mein Name bekannt vor?
Lou: Nein, tut mir leid. Um was geht es?
E.J.: Kommt Ihnen der Name Calvin Klatt bekannt vor?
Lou: Natürlich, jetzt erinnere ich mich. Calvin Katt sagte, Sie würden mich anrufen.

Zurück zum Gespräch:

E.J.: Es war nett von Calvin, uns miteinander bekannt zu machen. Woher kennen Sie ihn?
Lou: Oh, Calvin und ich sind miteinander in Peotone aufgewachsen.
E.J.: Erzählte Calvin Ihnen, warum er mich an Sie verwiesen hat?
Lou: Ja, das hat er getan. Calvin sagte, er habe Sie vor kurzem als neuen Unternehmensberater engagiert, und er ist so begeistert, daß er dachte, wir sollten auch miteinander sprechen.
E.J.: Es ist sehr freundlich von ihm, das zu sagen. Übrigens, mit welchen Geschäften befassen Sie sich?
Lou: Wir stellen das Schlangenöl her, das den meisten Parfüms und Duftwässern, die in diesem Land produziert werden, beigemischt wird. Wir machen das schon seit achthundert Jahren. Es begann in Indien im 13. Jahrhundert.

E.J.: Das hört sich sehr spezialisiert an. Ist die Konkurrenz in diesem Industriezweig groß?

Lou: Oh ja. Eine ganze Masse von zweifelhaften Geschäftsleuten hat sich auf den Markt gedrängt, und sie versuchen ständig, unsere Kunden abzuwerben. Uns ist es jedoch gelungen, die meisten unserer Kunden zu halten.

E.J.: Hat sich die Wirtschaftslage irgendwie auf Sie ausgewirkt?

Lou: Sicher. In Zeiten wie diesen versuchen einige der Parfümhersteller synthetische Stoffe anstatt der echten zu mischen. Das hat uns schon geschadet.

E.J.: Darf ich fragen, warum Sie Calvin sagten, es wäre in Ordnung, wenn ich Sie anriefe?

Lou: Er schien so begeistert, weil er endlich eine Änderung herbeigeführt hat, daß ich dachte, es müsse dafür einen Grund geben. Heutzutage braucht man jedes Schlupfloch, das man finden kann. Calvin sagte, Sie würden ihm in vielen Bereichen außerhalb der reinen Unternehmensberatung helfen. Alles, was unser derzeitiger Berater tut, ist, unsere Telefonanrufe zu beantworten. Er setzt sich nicht einmal hin und überprüft regelmäßig die Geschäftslage. Ich dachte, es sei sinnvoll, wenn ich persönlich mit Ihnen sprechen könnte.

E.J.: Gut. Haben Sie Ihren Terminkalender zur Hand?

Lou: Sicher.

E.J.: Ich habe am nächsten Dienstag oder Freitag Zeit für ein Mittagessen. Wie sieht es in Ihrem Terminplan aus?

Lou: Freitag paßt mir besser.

E.J.: 11.45 Uhr, um dem Trubel zu entkommen?

Lou: Perfekt.

E.J.: Ich komme um 11.45 Uhr vorbei und hole Sie ab. Ich würde mir gerne nach dem Mittagessen Ihren Betrieb ansehen, wenn das in Ordnung ist. Bitte tun Sie mir einen Gefallen: Würden Sie so nett sein, mir ein paar Punkte zu notieren, die wir unbedingt besprechen sollten, vielleicht irgendwelche Probleme, auf die Ihr derzeitiger Berater nicht eingeht. Ich würde das sehr schätzen.

Lou: Sicher. Bis nächste Woche.

E.J.: Danke. Auf Wiederhören.

Sehen Sie, wie leicht E.J. Lou in ein Gespräch über sein Geschäft verwickelte? Die Leute lieben es, über ihre Geschäfte und über sich zu sprechen. Beachten Sie auch, daß E.J. Lou Hausaufgaben aufgab, nämlich eine

Liste mit den Problemen zu erstellen, über die sie während des Mittagessens sprechen könnten. Dieses lockere Gespräch ist typisch für gute Unterhaltungen am Telefon zur Vereinbarung von Terminen, die zu einem guten Gesprächsklima und zu neuen Kunden führen.

DIAGNOSE UND BEHANDLUNG: ENTWICKELN SIE EINE POSITIVE SUCHT: VERWENDEN SIE IHR TELEFON REGELMÄSSIG, UM PATIENTEN ZU DURCHLEUCHTEN UND TERMINE FÜR EINE UNTERSUCHUNG FESTZULEGEN

- Wenn es jetzt auch neu und unangenehm für Sie sein mag, das Telefon zu benützen, um Ihr Geschäft aufzubauen; je mehr Sie das Telefon effizient nützen, um Termine zu vereinbaren, besseren Kontakt mit Ihren Kunden und Referenzgebern zu pflegen und Arbeit zu verkaufen, desto mehr werden Sie es mögen.
- Wenn Sie das Telefon während des Verkaufsprozesses richtig nützen, bietet es die folgenden durchschlagenden Vorteile:
  - Das Sprechen am Telefon ist wie eine Beichte, und die Interessenten sagen vielleicht viel mehr, als wenn sie Ihnen persönlich gegenüberstehen würden.
  - Sie haben die ungeteilte Aufmerksamkeit des Interessenten.
  - Es geht schneller als eine persönliche Besprechung.
  - Es kann weniger schiefgehen, weil es weniger Variablen gibt (zum Beispiel die Art, wie Sie sich kleiden oder wie Sie handeln).
  - Sie können sich schneller von Ihrer Konkurrenz abheben und ein angenehmes Gesprächsklima schaffen.

- Leider hat die Verwendung des Telefons auch die folgenden Nachteile:
  - Sie haben ungefähr acht Sekunden Zeit, um die Aufmerksamkeit des Gesprächspartners zu gewinnen.
  - Voice Mail-Systeme und Sekretärinnen (auch als Wachhunde bekannt) können einen Kontakt verhindern, wenn Sie nicht wissen, wie Sie an ihnen vorbeikommen beziehungsweise wie Sie sie zu Ihrem Vorteil einsetzen können.

- Verwenden Sie das Telefon, um:
  1. Termine mit superwichtigen Leute (Personen, denen Sie empfohlen wurden) zu vereinbaren.
  2. Den Kontakt mit Kunden zu pflegen und zu verbessern.

3. Die Beziehung zu Referenzgebern aufzufrischen und zu verbessern.
4. Termine mit wichtigen Leuten zu vereinbaren.
5. Zu verkaufen.

➤ Die Schlüssel für erfolgreiches Verkaufen per Telefon sind:

- Ihre Telefongespräche sollten unterhaltend und locker sein.
- Sie müssen findig sein, um den Interessenten zu erreichen.
- Behalten Sie Ihre wirkungsvolle äußere Erscheinung bei, während Sie telefonieren.
- Fragen Sie sich: „Was würde ich tun, wenn ich keine Angst hätte?"
- Vermeiden Sie, Telefongespräche am Montagmorgen zu führen.
- Machen Sie sich keine Gedanken darüber, ob Sie Leute stören könnten.
- Tätigen Sie alle Telefongespräche hintereinander.
- Rechnen Sie damit, in echte Gespräche verwickelt zu werden, wenn Sie Termine vereinbaren. Beginnen Sie mit der Verkaufsuntersuchung bereits am Telefon!
- Vereinbaren Sie Termine für persönliche Besprechungen.

KAPITEL 15

DAS EXPERTENSYSTEM IN AKTION! (VORSICHT, DAS KÖNNTE SÜCHTIG MACHEN)

Ich habe in diesem Buch nie behauptet, daß Verkaufen leicht sei. Der Zweck dieses Buches ist, Ihnen den Schmerz und die Leiden vermeiden zu helfen, die ich während des Lernprozesses, wie man erfolgreich freiberufliche Dienstleistungen verkauft, ertragen mußte. Mein Ziel ist, Sie dabei zu unterstützen, sich wohler damit zu fühlen, die größte Kunst der Welt anzuwenden und erfolgreicher zu werden. Ich hoffe, Ihnen eine ganz neue Perspektive zu vermitteln, was Verkaufen von Dienstleistungen wirklich bedeutet.

Die Verkaufsuntersuchung wurde entwickelt, damit Sie den Verkaufsprozeß kontrollieren. Das heißt aber nicht, daß Sie von nun an Verkaufsabschlüsse nur noch völlig schmerzlos tätigen. Mißerfolge gehören einfach zum Verkaufen dazu; mein Ziel ist, daß Sie viel weniger ertragen müssen und viel effizienter werden, als dies der Fall wäre, wenn Sie dieses Buch nicht gelesen hätten.

WAS HABEN SIE GELERNT?

In diesem Buch haben Sie folgendes gelernt:

- *Was Freiberufler vom Verkaufen zurückhält.* Manche Leute erkennen Ihre Ausreden und Fehler nie, daher können sie sie auch nicht vermeiden.
- *Die gemeinsamen Charakterzüge der Top-Geschäftsleute in den freien Berufen – wodurch sie sich von ihrer Konkurrenz unterscheiden.* Da Sie nun wissen, wie und warum diese Leute anders sind, können Sie deren Verhalten und deren Methoden nachahmen, um viel erfolgreicher in der Akquisition zu werden.

- *Die Unterscheidung zwischen Verkauf und Marketing.* Die meisten Freiberufler glauben irrtümlicherweise, Marketing sei ein fixer Ablauf ganz bestimmter Handlungsschritte, der am besten von einer Marketingabteilung durchgeführt wird. Das Wesentliche beim Marketing sind Kontakte – wenn Sie sich einmal entschieden haben, was Sie verkaufen wollen, müssen Sie lediglich die Plätze aufsuchen, wo sich Ihre Käufer und Referenzgeber aufhalten. Was lesen sie? Welchen Organisationen gehören sie an? Wer betreut deren Industriezweige? Jeder einzelne Kontakt, den Sie mit einem Kunden, einem Referenzgeber oder einem potentiellen Kunden haben, ist Marketing. Je mehr Kontakte Sie haben – egal, welcher Art diese Kontakte sind -, desto wahrscheinlicher ist es, daß diese Personen von Ihnen kaufen und weiterhin kaufen werden.
- *Die größten Fehler beim Verkaufen.* Jetzt, da Sie diese kennen, werden Sie viel effizienter und erfolgreicher sein. Manche machen denselben Fehler immer wieder, weil sie nicht erkennen, was sie falsch machen.
- *Die Verkaufsuntersuchung.* Sie werden sich niemals wieder zurückgewiesen fühlen, weil Sie nun erkennen, daß sich jemand, damit Sie an ihn verkaufen können, dafür qualifiziert haben muß. Hat er sich nicht als Käufer qualifiziert, kann man ihm nichts verkaufen. Alles, was Sie tun können, ist, die Untersuchung nach bestem Wissen durchzuführen. Die Kenntnis darüber und das Repertoire an Fertigkeiten sind wundervolle Werkzeuge, um ausgeglichen zu bleiben. Die Untersuchung ermöglicht es Ihnen nicht nur ein konstantes Verkaufserfolgs-Level zu halten, sondern eine höhere Abschlußquote zu erreichen, als Sie sich je erträumt haben. Damit es funktioniert, müssen Sie sie selbstverständlich anwenden!
- *Die Wichtigkeit, beim Verkauf freiberuflicher Dienstleistungen eine Chemie herzustellen, und wie Sie das tun.* Im Vergleich zum Verkauf eines materiellen Produktes, wie zum Beispiel eines Kopierers, ist es beim Verkauf von Dienstleistungen erforderlich, daß sich der Käufer mit dem Anbieter der Dienstleistungen wohl fühlt. Eine große Mehrheit von Freiberuflern findet das nie heraus, und sie verliert dadurch Aufträge, die sie sonst bekommen hätte. Nun haben Sie einen gewaltigen Vorteil.
- *Wie Sie Menschen dazu bringen können, sich Ihnen anzuvertrauen und Ihnen genau zu erzählen, welches ihre Probleme, Bedürfnisse, Erfordernisse, Wünsche und absoluten Notwendigkeiten sind (wo es weh tut).* Wenn Sie diese Belange kennen, werden Sie es als viel einfacher empfinden, einen Verkauf zu tätigen. Sie haben keinen Druck mehr; Sie kontrollieren den Verkauf. Und Sie haben erfahren, wie wichtig es ist, daß die potentiellen Käufer auch bereit zum Kauf sind. Glauben Sie mir: 99 Prozent Ihrer Konkurrenten haben die Rolle

dieser Bereitschaft beim Verkaufsprozeß nicht erkannt oder es nicht als festen Bestandteil betrachtet. Sie glauben, sie hätten Käufer, was aber nicht der Fall ist, und so verschwenden sie enorm viel Energie, Zeit und Geld. Sie können Ihre überaus wertvolle Zeit nur in Käufer investieren, die Ihnen genau gesagt haben, warum sie kaufen müssen, und die auch bereit dazu sind.

- *Wie Sie die Leute sorgfältig in bezug auf Zahlungsbereitschaft und Zahlungsfähigkeit qualifizieren, und die Bedeutung der Probleme, da diese in direktem Zusammenhang damit stehen, wieviel (mehr) Geld Sie für Ihre Arbeit bekommen.*
- *Wie Sie die Fallen überwinden, die während des Entscheidungsfindungsprozesses auf Sie warten.* Während dieses Prozesses werden die meisten Geschäfte verloren. Nun wissen Sie, wie Sie jemanden sorgfältig für diesen Prozeß qualifizieren und wie Sie den Prozeß speziell zu Ihren Gunsten beeinflussen können.
- *Die Bedeutung, ein Geschäft schon beim ersten Verkaufsgespräch abzuschließen, und wie Sie ein schriftliches Angebot erstellen und/oder eine Präsentation durchführen (nur falls erforderlich), welche den Vorstellungen des Käufers entsprechen.*
- *Sie haben mehr gelernt, als 90 Prozent Ihrer Kollegen in ihrem ganzen Leben – während sie weiter frustriert verkaufen – lernen werden.* Sie wissen nun, wie Sie einen Prozeß steuern, in dem die Leute von sich aus abschließen.
- *Effizienter Verkauf am Telefon.* Wir besprachen, wie Sie sich selbst verkaufen, wie Sie sich verhalten müssen, um am Telefon so erfolgreich wie möglich zu sein, und wozu das Telefon verwendet werden sollte.

Dieses ganze Wissen ist das Ergebnis von vierzehn Jahren voller Interviews, Verkaufsgesprächen und dem Studium der größten Kunst der Welt. Nun besitzen Sie alle notwendigen Fertigkeiten, um Ihre Abschlußrate in sensationelle Dimensionen zu pushen.

EINE GESUNDE EINSTELLUNG

Es hilft, die richtige Einstellung zu wahren, deshalb habe ich diese Ideen, die mich immer an der absoluten Spitze meines Verkaufsspiels halten, miteinbezogen. Hier einige Gedanken, die Sie sich merken sollten, um motiviert zu bleiben:

1. *Niemand kann an jeden verkaufen.* Lee Iacocca ist einer der Besten im Verkauf. Wie viele Leute fahren keinen Chrysler? Wie viele Leute haben Ronald Reagan oder Bill Clinton, zwei der weltbesten Verkäufer, nicht gewählt? Wenn Sie also das nächste Mal feststellen, daß Sie den Auftrag, von

dem Sie dachten, Sie hätten ihn in der Tasche, nicht bekommen, denken Sie daran, daß niemand an jeden verkaufen kann, nicht einmal Sie.

2. *Manche Geschäfte sollen einfach nicht sein.* Erinnern Sie sich daran, als Sie das erste Mal vom anderen Geschlecht sitzen gelassen wurden? Da gingen Sie eine ganze Litanei von „Hätte ich doch ..." durch: „Hätte ich doch dies getan ..." oder „Hätte ich doch das getan ..."

Manche Beziehungen sind einfach nicht möglich, und in der Regel kommen wir ohne sie besser weg. Manche Geschäftsbeziehungen sollen eben auch nicht sein. Denken Sie daran, ein sehr wichtiger Satz beim Verkaufen ist: Der nächste, bitte!

3. *Die Käufer haben den Test nicht bestanden.* Wenn Sie den Auftrag nicht bekommen, muß das nicht unbedingt etwas mit Ihnen zu tun gehabt haben, wenn Sie die Verkaufsuntersuchung nach bestem Wissen durchgeführt haben; den Auftrag nicht zu bekommen, heißt in diesem Fall einfach, daß die Interessenten den Test nicht bestanden haben! Sie haben nicht genug Probleme? Also haben sie den Test nicht bestanden. Sie haben nicht genügend Bereitschaft gezeigt, etwas zu verändern? Also haben sie den Test nicht bestanden. Sie sind nicht willens, Ihr Honorar zu bezahlen? Also haben sie den Test nicht bestanden. Sie bekommen keinen Anhaltspunkt, wie die Entscheidung getroffen wird? Also haben sie den Test nicht bestanden. Man sagt Ihnen nicht, was nötig ist, damit Sie beauftragt werden? Sie haben mit Ihnen gespielt, und sie haben den Test nicht bestanden. Der nächste, bitte!

4. *Sie dürfen versagen.* Zum ersten Mal in Ihrem Leben haben Sie die Erlaubnis zu versagen! Genaugenommen sollten Sie versagen, wenn Sie Risiken auf sich nehmen. Oft lernen wir nur durch unsere Fehler.

In Ihrer Rolle als Verkäufer von freiberuflichen Dienstleistungen ist ein Mißerfolg akzeptabel und korrekt. Je mehr Fehlschläge, desto besser! Je öfter Sie Mißerfolge erleiden, um so erfolgreicher werden Sie sein.

5. *Setzen Sie für ein „Nein" genauso Ihre Ziele wie für ein „Ja".* Ja, genau – setzen Sie Ziele für die Leute, die mit Ihnen keine Geschäfte machen wollen! Setzen Sie Ziele für Leute, die Ihnen keinen Auftrag zukommen lassen wollen oder sich nicht mit Ihnen treffen wollen. Je öfter Sie „Nein" hören, desto besser, denn dann werden Sie öfter „Ja" hören. Betrachten Sie den Verkauf als Spiel, in dem Sie ein Meister sind. Wenn Sie lernen, trotz einiger Mißerfolge stolz auf Ihre Leistung zu sein, weil Sie immer Ihr Bestes geben, werden Sie kein Problem haben, motiviert zu bleiben.

6. *Greifen Sie nach den Sternen.* Ungefähr im Jahre 1956 hatte Perry Como einen Hit mit dem Titel: „Catch a Falling Star" (Fang den Stern auf, der

vom Himmel fällt). Können Sie sich erinnern? Ich weiß immer noch nicht, warum Guns N Roses noch keine Coverversion davon gemacht haben! Jedenfalls, um Ihr Gedächtnis aufzufrischen, der Song ermutigte, nach einem Stern zu greifen und ihn einzustecken, und genau das sollten Sie tun. Sie schieben es schon lange auf, also nehmen Sie jetzt die Gelegenheit wahr, nach dem Stern zu greifen und ihn buchstäblich in die Tasche zu stecken. Nehmen Sie jetzt sofort einen Notizzettel, schreiben Sie Ihr Einkommensziel für dieses Jahr auf, und stecken Sie das Blatt in Ihre Brieftasche oder Ihren Kalender, so daß Sie es immer wieder sehen. Bewahren Sie den Zettel irgendwo auf, wo es sich nicht vermeiden läßt, ihn zu sehen. Tun Sie das jetzt sofort.

Das ist keine neue Idee, aber es dauerte Jahre, bis ich danach handelte. Ich weiß nicht warum, aber wenn man ein schriftlich fixiertes Ziel hat, das einem mehrmals täglich ins Auge springt, hilft es dabei, dieses auch zu verwirklichen. Ich habe viele Ziele erreicht, indem ich nach dem Stern griff, und ihn in die Tasche steckte. Und Sie können und wollen das auch.

7. *Es gibt keinen perfekten Verkauf.* Sie müssen nur eine Nasenlänge voraus sein. Wenn Sie dieses Buch gelesen haben, sind Sie 90 Prozent Ihrer Konkurrenten voraus, die nichts anderes tun, als sich über das Geschäft zu beschweren. Nie würden sie Geld in ein Buch über das Verkaufen investieren.

Es gibt keinen einwandfreien Verkauf. Wenn Sie den Großteil der einzelnen Schritte der Verkaufsuntersuchung nach bestem Wissen und Gewissen durchführen, werden Sie von den Ergebnissen begeistert sein.

8. *Lernen Sie, eine gesunde Distanz zu Ihren Kunden einzuhalten, so wie es ein Arzt tut.* Ihnen werden Menschen begegnen, die Ihre Hilfe brauchen, aber Ihre Dienste nicht in Anspruch nehmen. Lernen Sie, sich von diesen Leuten zu distanzieren. Gehen Sie weiter zu denjenigen, denen Sie helfen können, und die es Ihnen gestatten, sie zu unterstützen.

9. *Bewahren Sie den richtigen Durchblick.* Einer meiner Mentoren lehrte mich: „Verkaufen ist nur eine hysterische Aktivität auf dem Weg ins Grab." Er hatte recht. Betrachten Sie den Verkaufsprozeß aus der richtigen Perspektive.

10. *Seien Sie fest entschlossen, Spaß zu haben.* Was tun Sie gerne? Normalerweise nur solche Dinge, die Sie beherrschen. Seien Sie bereit und entschlossen, die Verkaufsuntersuchung gerne zu machen.

11. *Schützen Sie Ihre Gefühle.* Seien Sie absolut darauf bedacht, Ihre Gefühle von niemandem verletzen zu lassen. Sie sind erwachsen; es ist Zeit, die Art und Weise, wie Sie in bestimmten Situationen reagieren, unter Kontrolle zu bekommen.

Es ist ein Unterschied zwischen dem, was uns widerfährt (die Tatsachen), und dem, wie wir die Situation interpretieren. Wenn jemand Ihren Telefonanruf nicht beantwortet, ist es eine Tatsache, daß man Ihren Anruf nicht beantwortet hat!

Wir folgern daraus oft, daß diese Handlung (oder das Fehlen dieser Handlung) bedeutet, andere wären nicht interessiert, sie spielen mit uns, das Geschäft wäre geplatzt und so weiter. Sobald Sie aufgehört haben, sich darüber Gedanken zu machen, werden Sie um so glücklicher sein, wenn Sie Ihre Firma aufbauen.

12. *Denken Sie daran: Sie sind bereits erfolgreich!* Die beste Definition des Begriffs Erfolg, die ich je sah, stammt von einem Mann, den viele als den Redner ansehen würden, der die Leute am meisten motivierte: der verstorbene Earl Nightingale. Er brauchte 30 Jahre an Studium und Nachdenken, um auf folgendes zu kommen: „Erfolg ist die schrittweise Verwirklichung eines würdigen Ziels."

Erfolg ist nicht das Lexus Coupé, das Sie immer schon wollten – es ist ein Ziel! Bringen Sie diese beiden Dinge nicht durcheinander. Sie sind erfolgreich, weil Sie dieses Buch gelesen haben; Sie haben etwas getan, um sich auf Ihrem Weg, mehr Aufträge hereinzuholen, zu verbessern.

13. *Sie brauchen den Auftrag nicht!* Die wertvollste Lektion, die ich je lernte und die ich nun an Sie weitergebe, ist, daß Sie morgen früh nicht am Hungertuch nagen werden und Sie den Auftrag nicht *brauchen*.

Ich schlage Ihnen nicht vor, arrogant zu sein. Aber diese Haltung ist extrem wirksam, weil Sie damit ans Steuer kommen. Wollen Sie den Auftrag? Vielleicht. Wenn Sie aufhören, den Auftrag zu *brauchen*, werden Sie sich mit den Leuten nicht mehr wegen des Honorars herumschlagen müssen. Potentielle Kunden werden von Dienstleistungsanbietern angezogen, die bereits sehr erfolgreich sind und den Auftrag nicht brauchen.

14. *Was würden Sie tun, wenn Sie keine Angst hätten?* Häufig stellen mir Seminarteilnehmer Fragen, wie „Allan, sagen Sie das wirklich zu einem Kunden?" oder „Tun Sie das wirklich?" Natürlich sage und tue ich diese Dinge – es gibt in diesem Buch keine Theorie, sondern nur das, was ich praktiziert und von den Top-Geschäftsleuten in den freien Berufen gelernt habe.

Seit mir bewußt ist, daß ich älter werde und mir der Gedanke, daß wir alle sterben müssen, immer klarer wird, habe ich mir fest vorgenommen, mir nicht, wenn ich ins Grab steige, folgende Frage stellen zu müssen: „He Allan, was hättest du in deinem Leben anders gemacht, wenn du keine Angst gehabt hättest?"

Dann ist es nämlich zu spät.

Auf diese Art und Weise wickle ich meine Geschäfte ab – ich stelle die Fragen, die gestellt werden müssen, obwohl ich vielleicht Angst habe. Ich mache die Anrufe, die gemacht werden sollten. Ich stelle den Leuten Fragen, die ich nicht stellen würde, wenn ich Angst hätte.
Der allerbeste Weg, Angst in jeder Situation zu überwinden, war, mir folgende Frage zu stellen: „Was würdest du tun, wenn du keine Angst hättest?"
Aus welchem Grund auch immer – sich diese einfache Frage zu stellen, bewirkt auf wunderbare Weise, Ihre Angst zu beseitigen. Von Ihrer Angst befreit, können Sie nun den Hörer abnehmen, Ihre Frage stellen, Ihren Wunsch anbringen und tun, was getan werden muß, um mehr Geschäfte zu machen und mehr Risiken zu übernehmen.

Ich möchte das Buch beenden mit „Ich würde mehr Gänseblümchen pflücken" (anonym):

> Wenn ich mein Leben noch einmal leben müßte, würde ich mehr Gänseblümchen pflücken. Ich würde versuchen, das nächste Mal mehr Fehler zu machen. Ich wäre dümmer, als ich es auf dieser Reise gewesen bin. Ich würde mich entspannen, ich wäre locker. Es gibt nur sehr wenige Dinge, die ich ernst nehmen würde. Ich würde mehr Reisen unternehmen und wäre dabei sorgloser. Ich wäre verrückter. Ich wäre nicht so hygienisch. Ich würde mehr Chancen wahrnehmen. Ich würde mehr Berge besteigen und mehr Flüsse durchschwimmen und mehr Sonnenuntergänge beobachten. Ich würde mehr Eiscreme essen, und weniger Bohnen. Ich hätte mehr tatsächliche Schwierigkeiten, und weniger eingebildete.
> Wie Sie sehen, bin ich einer derjenigen, die praktisch, vernünftig und normal leben, Stunde für Stunde, Tag für Tag ... Ich habe schon meine verrückten Momente, und wenn ich mein Leben noch einmal leben müßte, hätte ich noch mehr davon; in der Tat würde ich versuchen, nichts anderes zu haben. Nur Momente, einen nach dem anderen, anstatt so viele Minuten im voraus zu leben. Ich war immer einer derjenigen, die nirgendwo hingehen ohne ein Thermometer, eine Wärmflasche, Mundwasser, einen Regenmantel und eine Straßenkarte.
> Wenn ich mein Leben noch einmal leben müßte, würde ich im Frühling früher und im Herbst länger barfuß gehen. Ich würde mehr schwänzen, ich würde mehr Karussell fahren und mehr tanzen. Ich würde mehr am Strand und in der Sonne die Dinge tun, die Spaß ma-

chen. Ich würde mehr Purzelbäume schlagen und mich im Gras rollen und überall barfuß gehen.
Wenn ich mein Leben noch einmal leben müßte, würde ich mehr Zeit an lustigen Orten verbringen. Ich würde versuchen, mehr Zeit mit Gott und jenen, die ich liebe, zu verbringen. Ich würde öfter laut beten und mich nicht darum kümmern, was die Leute von mir denken. Ich würde mehr von mir geben und mehr von Dir nehmen. Ich wäre einfach nur mehr und mehr ich selbst ...
... Ja, das nächste Mal würde ich mehr Gänseblümchen pflücken.

Gutes Geschäft!

Stichwortverzeichnis